Gernot Beger

Die zehn größten Irrtümer des Neuen Testaments

Meiner Frau Petra gewidmet,
der ich unendlich viel verdanke,
und natürlich meiner Co-Autorin Chaka

Gernot Beger

Die zehn größten Irrtümer des Neuen Testaments

Tectum Verlag

Mein besonderer Dank für die Unterstützung bei der Erstellung dieses Buches gilt Angela Middeldorf und Reinhard Antrup.

Gernot Beger

Die zehn größten Irrtümer des Neuen Testaments

ISBN: 978-3-8288-3711-9

Umschlagabbildung: shutterstock.com © Alexey Kashin (bearbeitet)
Umschlaggestaltung: Norman Rinkenberger | Tectum Verlag
Druck und Bindung: Totem, Inowrocław, Polen

Besuchen Sie uns im Internet
www.tectum-verlag.de

MIX
Papier aus verantwortungsvollen Quellen
FSC® C083411

Bibliografische Informationen der Deutschen Nationalbibliothek
Die Deutsche Nationalbibliothek verzeichnet diese Publikation in der Deutschen Nationalbibliografie; detaillierte bibliografische Angaben sind im Internet über http://dnb.ddb.de abrufbar.

Inhalt

Vorwort

Ein Vorwort liest sowieso keiner, meinte mein älterer zweibeiniger Chef-Autor und wollte mit diesem Argument dieses Vorwort zu einem Nachwort machen – natürlich am Ende des Buches. Aber ich habe mich durchgesetzt, weil Sie dies hier vor dem Lesen wissen sollten, denn es ist wichtig. Nicht nur, weil ich diesen Teil des Buches alleine formuliert habe. Bei dem restlichen Buch fühle ich mich nämlich eher unterrepräsentiert. Auch nicht, weil ich an dieser Stelle den sachdienlichen Hinweis anbringen kann, dass einige Themen im Anhang noch umfangreicher – um nicht zu sagen – komplizierter behandelt werden, als ohnehin schon im Hauptteil. Nein, der eigentliche Grund für dieses Vorwort ist eine Warnung. Wollen Sie sich das wirklich antun, ein solches Buch zu lesen? Dieses Buch hat meine heile Welt ziemlich durcheinander gebracht. Möglicherweise wird es Ihnen ja ähnlich ergehen. Dabei bin ich weder leichtgläubig noch tue ich alles, was man mir sagt. Mein Herrchen kann dies sicherlich bestätigen! Vielleicht sollten Sie das Buch einfach verschenken oder ungelesen als Deko ins Bücherregal stellen. Es sei denn, Sie sind ein phantasieloser Atheist oder ein berufsmäßig gläubiger Theologe, dann dürfte es wohl ohnehin egal sein. Also machen Sie was Sie wollen, aber ich habe Sie gewarnt.

Chaka 

Fromme Hunde können sprechen

Es war ein warmer Herbstvormittag, dessen hohe Temperaturen durch eine folgenschwere Überraschung in den Schatten gestellt werden sollten. Ich wollte den Nachmittag zu einem ausgiebigen Spaziergang nutzen und hatte mir dazu von einer Hundezüchterin eine junge Ridgebackhündin mit Namen Chaka ausgeliehen. Meine Frau Petra und ich spielten schon seit geraumer Zeit mit dem Gedanken, uns einen Hund zuzulegen. Nach der Hälfte der Wegstrecke hatten wir Rast unter einem schattigen Baum in einem weitläufigen Waldgebiet gemacht. Ich saß schwitzend auf dem Boden an einem Baum gelehnt, während der Hund hechelnd vor mir lag. Eine anmutige wohlproportionierte Hündin, dachte ich. Mit kurzem braunen Fell und einem ridge auf dem Rücken.

Du würdest schon gut zu uns passen, sagte ich mit halblauter Stimme und schaute ihr in die dunkelbraunen Augen. Das müsste ich mir noch überlegen, erhielt ich als Antwort. Was, wie bitte? Ich war perplex. Hörte ich recht? Ein Hund, der sprechen konnte? Und dies mit einer wohlklingenden, ruhigen Stimme. Es dauerte eine Weile, bis ich mich gesammelt hatte und realisierte, dass dieses wundersame Wesen mein großzügiges Angebot in Frage stellte.

Was könnte denn die Entscheidung einer intelligenten Hündin positiv beeinflussen, zu uns zu ziehen, fragte ich. Das ist recht einfach, war ihre Antwort. Ihr müsst mich immer gut behandeln, regelmäßig mit mir spielen, ihr solltet einen großen Garten und immer einen vollen Napf für mich haben.

Aha, dachte ich, die Kleine weiß was sie will. Ich hatte schon mit ausgefallenen extravaganten Bedingungen gerechnet. Ich mache dir einen Vorschlag: Wir können ja noch ein paar Mal gemeinsam ausgehen, ich zeige dir unser Haus und du kannst dir dann überlegen, ob du zu uns kommen möchtest.

Es ging alles ziemlich schnell. Das Futter sagte Chaka zu, unser Garten gefiel ihr und mit uns könnte sie sich wohl arrangieren, meinte sie bereits nach wenigen Tagen und zog bei uns ein.

Womit verdienst Du eigentlich dein Geld und wofür gibst du es aus, hatte Madame vorher wissen wollen. Sie war wohl kein Typ, der eine Katze im Sack kaufte.

Nun, ich schreibe Bücher und von dem wenigen Geld, das ich dafür bekomme, werde ich künftig wohl hauptsächlich Hundefutter kaufen müssen. Chaka wollte dann wissen, ob es Tierbücher wären, die ich schrieb und ob ich ihr daraus vorlesen würde. Ich erklärte ihr, dass sich mein aktuell anstehendes Buchprojekt mit den wichtigen Fragen des Lebens beschäftigt.

Verstehe, meinte sie, du gehst also den Fragen nach, wo man die besten Leckereien einkaufen und wo man am meisten erleben kann? Nicht direkt, antwortete ich ausweichend. Chaka, stell dir vor, es gibt noch ganz andere bedeutende Themen, die mit Fressen und Vergnügen nichts zu tun haben.

Tatsächlich? Und das wären? Hast du dir schon einmal Gedanken gemacht, fragte ich sie, warum wir auf der Welt sind, was der Sinn unseres Lebens ist, ob es einen Schöpfer für all die Lebewesen und Dinge gibt, die existieren und welchen Einfluss die Religion auf unser Leben hat?

Chaka sah mich mit erstaunten Augen an und legte ihre Stirn in noch stärkere Falten, als sie es normalerweise schon tat. Deswegen schreibst du echt ein ganzes Buch? Das finde ich ja höchst bemerkenswert! Und nach einer kurzen Pause teilte sie mir ihre großzügige Entscheidung mit. Das interessiert mich auch. Ich helfe dir dabei. So hatte ich mir innerhalb weniger Tage nicht nur ein Haustier, sondern auch eine Co-Autorin für mein Buchprojekt zugelegt.

Am folgenden Tag machten dann Chaka und ich unseren morgendlichen Spaziergang, während meine Frau zu ihrer Arbeitsstelle gefahren war. Die ersten Sonnenstrahlen arbeiteten sich schräg durch die Baumkronen und ließen einen regenfreien Herbsttag erwarten. Nach dem anschließenden Frühstück saß ich vor dem PC und Chaka lag neben dem Schreibtisch auf ihrer Hundedecke.

Sind das wirklich so wichtige Fragen, die du gestern gestellt hast? Ob es einen Herrgott gibt und welche Bedeutung die Religion hat, fragte Chaka. Ich konnte heute Morgen so richtig schön herum toben, ein paar Häschen erschrecken, habe jetzt den Magen angenehm voll und kann von starken Rüden träumen, das ist doch die Hauptsache!

Den Einwand von Chaka, dass es auf der Welt wichtigere Themen gibt als die Frage nach einem Schöpfergott, teilen sicherlich auch viele Zweibeiner. Für Chaka ist die Sache ohnehin klar. Es gibt ein Wesen, das über den Naturgesetzen steht und das wir Gott nennen. Sonst würden wir ja nicht existieren, so ihre simple Schlussfolgerung. Es ist nach ihrer Meinung der Gott, der in der Bibel beschrieben wird und durch seinen Sohn, Jesus, zu uns gesprochen hat. Dort, genauer gesagt im Neuen Testament, erfahren wir, nach welchen göttlichen Regeln wir leben sollen. Wer sich hieran hält, wird reichlich belohnt: mit einem Leben nach dem Tod im Himmel. Gläubige Christen predigen dies seit 2000 Jahren. Ebenso lange halten Skeptiker dagegen.

Jeder soll nach seiner Façon selig werden, sagte schon Friedrich der Große und meinte damit die Toleranz gegenüber den Religionen. Dies war zu einer Zeit, als die Landesfürsten ihren Untertanen oftmals die Religionszugehörigkeit vorschrieben, eine erstaunlich liberale Ansicht. Heute dürften sich die meisten Zwei- und Vierbeiner dieser Auffassung anschließen und den Glauben für eine Privatsache halten. Aber Achtung, darf dies wirklich so gesehen werden? Die Religionszugehörigkeit ist doch dann nicht privat, wenn der Glaube eine potenzielle Ursache für ein bestimmtes Handeln darstellt. Dies gilt insbesondere dann, wenn eine Glaubensgemeinschaft der Überzeugung ist, die alleinige Wahrheit zu besitzen und versucht, diese den anderen überzustülpen.

Ob Ehescheidung oder Abtreibung, Pille, Sterilisation, Retortenkinder, Homosexualität, embryonale Stammzellenforschung oder Sterbehilfe, über diese und andere Themen mag es unterschiedliche moralische Ansichten geben. Eine absolute und allein richtige Meinung gibt es sicherlich nicht.

Aber genau dies wollen uns die christlichen Kirchen weismachen. Sie führen die Bibel als ihre Kronzeugin an. Insbesondere das Neue Testament ist für sie das unmittelbare Wort Gottes. Sie fühlen sich berufen, diese Schriften auszulegen, die Moralvorstellungen unserer Gesellschaft zu bestimmen und die entsprechenden Gesetze zu beeinflussen. Mit ganz konkreten Einschnitten für unser Leben. Als mein Vater vor Jahren an einer unheilbaren Lungenkrankheit litt, hatte er noch Glück im Unglück. Er starb im Krankenhaus an einem simplen Infekt. Ihm blieb der qualvolle Tod des langsamen Erstickens erspart. Einer aktiven Sterbehilfe hätte er zugestimmt, wenn sie denn, wie in den Niederlanden und der Schweiz, erlaubt gewesen wäre. In Deutschland ist das unverändert nicht möglich. Warum? Weil die Kirchen mit ihrem Einfluss solche Gesetze verhindern.

Diese Einflussnahme der Kirchen auf Gesetze und Politik ist in wichtigen anderen Ländern sogar noch stärker als in Deutschland. Nehmen wir zum Beispiel unsere westliche Führungsmacht, die Vereinigten Staaten von Amerika. Dort gibt es deutlich mehr gläubige, fundamentale Christen als bei uns – mit oftmals schwerwiegenden Folgen. Kein amerikanischer Politiker, der sich um das Amt des Präsidenten bewirbt, darf öffentlich die Existenz von Himmel und Hölle bezweifeln. Die vielleicht mächtigste Person dieser Welt, die über Kriege, Wirtschaftssanktionen und über die Geschicke anderer Länder in maßgeblicher Weise mitentscheidet, lässt sich von der Heiligen Schrift beeinflussen. Jedenfalls dann, wenn sich die vielseitigen – und oftmals auch widersprüchlichen – Handlungsanweisungen der Bibel mit den wirtschaftlichen Interessen der Politik decken. Nicht nur der amerikanische Präsident, auch zahlreiche Vertreter seiner Regierung fassen ihre beruflichen Aufgaben als religiöse Verpflichtung auf und handeln entsprechend.

Daher ist die Frage zu stellen, mit welchem Recht, mit welcher Legitimation die Kirchen in den christlichen Ländern dieser Welt Gesetzgebung und Politik beeinflussen. Weil alles aus dem Neuen Testament abgeleitet werden kann? Wirklich?

Dann untersuchen wir doch, wie glaubwürdig dieses Neue Testament wirklich ist, das so etwas wie die Allgemeinen Geschäftsbedingungen der christlichen Kirchen darstellt. Meine Co-Autorin Chaka und ich wollen in unserem Buchprojekt klären, wie sicher wir sein können, dass die Evangelien und die Briefe, die das Neue Testament ausmachen, historisch sind. Fast keiner der Gläubigen nimmt den Bibeltext Wort für Wort für bare Münze. Einige Fehler und Irrtümer sind zu augenscheinlich, um mit wachem Verstand unbemerkt zu bleiben und werden von der Kirche auch eingeräumt. Die Frage ist nun: Sind es nur kleine Ungenauigkeiten und Irrtümer, über die man großzügig hinwegsehen kann oder sind sie so fundamental, dass sie den Glauben wie ein Kartenhaus zusammenfallen lassen? Die religiösen Gebote und Verbote wären dann für die Katz.

Als Chaka dies hörte, schüttelte sie verneinend den Kopf, obwohl ihr die Erwähnung ihrer samtpfotigen Lieblingsfeinde im Zusammenhang mit etwas Negativem schon gefiel. Jeder gebildete Hund glaubt der Bibel und die meisten Menschen auch, sagte sie mit großer Überzeugung. Von den kleinen Ungenauigkeiten mal abgesehen, räumte sie großzügig ein.

Schauen wir uns doch einfach unvoreingenommen das Neue Testament an, schlug ich vor. Begleiten wir Jesus in den folgenden zehn Kapiteln auf seinem irdischen Lebensweg, von seiner Geburt bis zu seinem Tod und sogar darüber hinaus. Prüfen wir kritisch, ob die Bibel wirklich göttliche Wahrheiten vermittelt oder nur phantasievolle Geschichten, die einer historischen Grundlage entbehren und für uns keine Bedeutung haben sollten.

Wir starten im nächsten Abschnitt mit einem Thema, das für Chaka und für jeden anderen Rassehund von besonderer Bedeutung ist: dem Stammbaum.

Kapitel 1: Hat Gott einen Stammbaum?

Chaka war irritiert. Wieso braucht Gott denn einen Stammbaum, wollte sie wissen. Er ist doch nicht für die Zucht vorgesehen. Nein, bestimmt nicht, bestätigte ich schmunzelnd. Der Stammbaum dient wie bei dir als Nachweis der Abstammung. Schließlich behaupten die christlichen Kirchen, Jesus sei der Messias und der Sohn Gottes. Sie versuchen dies durch den Stammbaum zu dokumentieren. Deswegen startet das Matthäusevangelium auch mit einer langatmigen und knochentrockenen Aufzählung, die einem Telefonbuch alle Ehre machen würde: *„Abraham zeugte Isaak, Isaak zeugte Jakob, Jakob zeugte Juda und seine Brüder“* und so weiter. Viele Bibelleser haben hier schnell weiter gelesen, bevor ihnen schon auf der ersten Seite die Augen zufielen. Dabei birgt dieser Stammbaum handfeste Überraschungen.

Die gläubigen Juden hatten immer schon eine Vorliebe für Stammbäume. Denn nur über den Stammbaum konnte man darlegen, dass man zum auserwählten Volk der Juden gehörte und nach dem Tod zusammen mit den Vorfahren die himmlischen Freuden teilen konnte. Jede typische jüdische Genealogie jener Zeit berücksichtigte dabei ausschließlich die männliche Linie. Denn im kulturellen Umfeld, in das Jesus hineingeboren wurde, war der entscheidende Faktor der eigene Vater.

Matthäus führte daher vierzig männliche Namen auf, von Abraham bis hin zu Josef, dem Mann der Maria, der Mutter Jesu. Zusätzlich, und das ist absolut ungewöhnlich, erwähnt Matthäus auch vier Frauen. Es sind Tamar, Rahab, Rut und die Frau des Uria (Mt 1,3-6). Noch überraschender ist die Tatsache, dass jede dieser Frauen eine Ausländerin war und im Alten Testament einen sexuell anrüchigen Ruf hatte. Die erste, Tamar, eine Witwe, wollte unbedingt ein Kind haben und ließ sich dadurch schwängern, dass sie als Prostituierte verkleidet ihren eigenen Schwiegervater verführte. Rahab arbeitete als Schankwirtin oder „Prostituierte“, was seinerzeit keinen großen Unterschied ausmachte. Rut war eine Moabiterin, was für sich schon ausreichte, um sie zu diffamieren, da es den Israeliten verboten war, mit Moabiterinnen, die als ungezügelte Verführerinnen galten, das Geringste zu tun zu haben. Rut verführte Boas und bewegte ihn, sie zu heiraten. Urias Frau – Matthäus nennt nicht einmal ihren Namen, so stark ist sein Fremdschämen hinsichtlich ihres Verhaltens – war die berüchtigte Bathseba. Sie hatte ein ehebrecherisches Verhältnis mit König David und wurde davon schwanger.[1]

Der Gleichklang männlicher Namen des Stammbaums von Jesus wird durch die Erwähnung dieser – jüdischen Lesern wohl bekannten – berüchtigten Frauen geradezu entstellt. Sie gehören einfach nicht in eine formelle Genealogie. Aber es kommt sogar noch schlimmer. Am Ende der Liste, mit dem letzten Vers wählte er eine überraschende und vielsagende Formulierung. Matthäus schrieb: *„Jakob zeugte Josef, den Mann der Maria, von welcher ist geboren Jesus, der da heißt Christus“.* Was jeder in einer klassischen männlichen Genealogie erwartet hätte, wäre: Jakob zeugte Josef, Josef zeugte Jesus, der da heißt Christus.

Matthäus nutzte das Verb „zeugen“ (griechisch gennáo) neununddreißig mal aktivisch mit einem maskulinen Subjekt. Bei Josef angekommen, wich er aber in signifikanter Weise von seiner bisherigen Formulierung ab. Er verwendete dasselbe Verb passivisch und mit einem weiblichen Charakter: von welcher ist geboren Jesus. Damit schleicht sich unversehens eine fünfte Frau in den Stammbaum ein: Maria. Matthäus bereitete den Leser auf die Geschichte vor, die unmittelbar darauf folgt und in der wir erfahren, dass Maria, ein verlobtes Mädchen, von einem Mann geschwängert wurde, der nicht ihr Ehemann sein wird.[2]

Während Matthäus die Frage der Abstammung des Josef von König David über 28 Zwischengenerationen löste, benötigte Lukas (Lk 3,23f) dafür immerhin 41 Generationen. Und was noch schlimmer ist: Bei den Namen in den Listen gibt es keine Übereinstimmung, was in der Folge Generationen von Exegeten Kopfzerbrechen bereitete.[3]

Übrigens, beim Evangelium nach Johannes gibt es keinen Stammbaum und auch keine Zeugung durch den Heiligen Geist. Er nennt Jesus schlicht den Sohn Josefs (Joh 1,45).

Als ich Chaka diese Zeilen vorlas, rief sie sofort: Aber die Größe des Stammbaums ist doch nicht entscheidend. Maria ist natürlich vom Heiligen Geist geschwängert worden, ihn konnte sie kaum heiraten. Und den Heiligen Geist können die Evangelisten wohl auch nicht im Stammbaum von Jesus aufführen. Ja, den Heiligen Geist zu heiraten war damals und ist heute ein schwieriges Unterfangen, antwortete ich. Bei jedem Standesbeamten würde das zu Stirnfalten führen, die noch sorgenvoller aussähen, als sie es bei dir je sein könnten.

Was mich beim Studium des Stammbaums von Jesus im Matthäusevangelium irritiert, ist der Umstand, dass Maria durch ihre Erwähnung auf die Stufe der anderen vier leichtlebigen Frauen gestellt und damit regelrecht diskreditiert wird. Erfolgte dies mit Absicht? Matthäus unterstützte damit jedenfalls die Vorwürfe von damaligen jüdischen Religionsgelehrten, die Maria als Flittchen bezeichneten. Erstaunlicherweise wurden auch in den Evangelien selbst Zweifel an der rechtmäßigen Geburt von Jesus laut. Aber eins nach dem anderen. Was ist zu dem Vorwurf, Maria habe vorehelichen Geschlechtsverkehr gehabt, zu sagen? Es gibt Geschichten und Gerüchte, die bereits in früher Zeit kursierten und es gibt hierzu einen Namen: Pantera.

Pantera, ein Name mit spektakulärem Klang

Eine Version der Panterageschichte verdanken wir dem griechischen Philosophen Kelsos. In einem um das Jahr 178 verfassten Werk mit dem Titel „Alethès lógos“ (Die wahre Lehre) behandelt er den Vorwurf, Maria sei „von einem römischen Soldaten namens Pantera“ geschwängert worden. Auch wenn Kelsos ein Gegner des Christentums war, ist es unwahrscheinlich, dass er den Namen oder den Beruf des Mannes, der seiner festen Überzeugung nach der leibliche Vater Jesu war, einfach erfand. Er schrieb vielmehr das nieder, was er in jüdischen Kreisen gehört hatte.[4]

Der amerikanische Bibelforscher Professor James D. Tabor weist in seinem Buch „Die Jesus-Dynastie“ darauf hin, dass der Name Pantera in dem in zahlreichen Fassungen überlieferten legendenhaften mittelalterlichen jüdischen Text „Toldoth Jeschu“ zu finden ist. Unter anderem wird folgende Geschichte, die sich in Marias Geburtsstadt Sepphoris abspielte, erzählt. Danach war Maria mit einem Mann aus dem Haus Davids namens Jochanan verlobt. Auf der anderen Straßenseite von Marias Elternhaus wohnte ein gut aussehender römischer Soldat mit Namen Jusuf, Sohn des Pantera, der sie verführte.[5]

Die Aussage von Kelsos und der Text von „Toldoth Jeschu“ passen so weit zusammen.

Der Name Pantera kommt noch mehrfach in der rabbinischen Literatur vor. Es gibt auch die Vermutung, Jesus sei mit dem Spottnamen „Sohn des Panthers“ belegt worden, um damit die wilde und hemmungslose Art seines wirklichen Vaters anzuprangern. James D. Tabor warnt davor, die frühen Texte, die Jesus als „Sohn von Pantera“ bezeichnen, als Polemik abtun. In der jüdischen Kultur war es üblich, zur näheren Identifizierung einer Person an deren Namen denjenigen des Vaters anzufügen. Diese Praxis hatte den Sinn, die Identität zu benennen, nicht zu verspotten.[6]

In Zusammenhang mit dem römischen Soldaten Pantera eröffnet die Forschungsarbeit des deutschen Theologen und Historikers Adolf Deißmann einen außergewöhnlichen Denkansatz. 1906 veröffentlichte Deißmann den Aufsatz „Der Name Panthera“. In dieser Arbeit behandelte er die verschiedenen antiken Inschriften aus der Zeit um das 1. Jahrhundert, in denen der Name Pantera oder Panthera vorkommt.[7] Deißmann zeigte überzeugend auf, dass der Name während der fraglichen Zeit in Gebrauch war und besonders von römischen Soldaten bevorzugt wurde.

Ein Beispiel, das er anführt, ermöglicht eine faszinierende Überlegung. Deißmann erwähnt einen Grabstein, der 1859 auf einem römischen Friedhof in Bingerbrück, wenige Kilometer von Bad Kreuznach entfernt, entdeckt wurde. Die komplette übersetzte Inschrift lautet: „Tiberius Julius Abdes Pantera aus Sidon, 62 Jahre alt, ein Soldat mit vierzigjähriger Dienstzeit von der 1. Bogenschützenkohorte, liegt hier begraben“.[8] Pantera war sein Zuname. Die Namen Tiberius Julius wurden angenommen. Sie zeigen an, dass Pantera kein geborener römischer Bürger war, sondern ein freigelassener Sklave, der von Kaiser Tiberius aufgrund seines geleisteten Militärdienstes das römische Bürgerrecht erhielt. Wer sich bei der römischen Armee meldete, verpflichtete sich zumeist für 25 Jahre, aber Pantera wurde Berufssoldat und diente 40 Jahre lang bis zu seinem Tod im Alter von 62 Jahren.

Deißmann wies darauf hin, dass dieser bestimmte Pantera um die Mitte des 1. Jahrhunderts gestorben sein musste und aus Palästina nach Germanien gekommen war. Dieses geradezu unwahrscheinliche Zusammentreffen von Name, Zeit und Ort bildet die Grundlage für eine gewagte Spekulation.

Ist es auch nur entfernt vorstellbar, dass unter den vielen Gedenksteinen aus der entsprechenden Epoche ausgerechnet diese Tafel das Grab des Vaters Jesu markiert haben könnte – und dazu in Deutschland? Die Chancen dürften verschwindet gering sein, aber die Indizien sollten nicht vorschnell abgewiesen werden. Pantera war ein römischer Legionär. Er stammte aus Sidon, einer Hafenstadt am Mittelmeer nördlich von Tyros, das wiederum knapp 70 Kilometer von Sepphoris entfernt liegt. Und er war ein Zeitgenosse Marias, der Mutter Jesu. Die Bogenschützenkohorte, der Pantera angehörte, war bis ins Jahr 6 n.Chr. in Palästina stationiert. Danach wurde sie nach Dalmatien und im Jahre 9 n.Chr. in das Gebiet zwischen Rhein und Nahe verlegt. Damit haben wir den richtigen Namen, den richtigen Beruf, den richtigen Ort und die richtige Zeit. Ein konkreter Beweis ließe sich nur durch DNA-Untersuchungen von identifiziertem Knochenmaterial erzielen, was aber leider unmöglich ist, da die Urne des Abdes Pantera seinerzeit in Bingerbrück bei Grabungsarbeiten zerstört wurde.[9]

Lassen wir es dahin gestellt, ob der erwähnte Pantera, von dem erzählt wird, dass er Maria verführte, in Bingerbrück begraben wurde. Wenn man den Überlieferungen eine gewisse historische Glaubwürdigkeit einräumt, so ist es durchaus denkbar, dass Maria von einem römischen Legionär vergewaltigt wurde. In Anbetracht der unruhigen Zeiten, in die Jesu Geburt fiel, ist dies nicht so unwahrscheinlich. Vielleicht war die ungewollte Schwangerschaft von Maria auch der Grund, warum ihre Eltern mit ihr Sepphoris verließen und in das kleine abgeschiedene Nazareth zogen, wo sie keiner kannte.

Nicht allen Evangelisten ist Jesu Geburt koscher

Bei der Panterageschichte hatten wir es bisher vornehmlich mit nichtchristlichen Quellen zu tun. Aber auch in unseren Evangelien finden sich vereinzelte Hinweise darauf, dass gewisse Zweifel an der Rechtmäßigkeit von Jesu Geburt kursierten. Im Markusevangelium gibt es eine wichtige Szene, die beschreibt, wie Jesus als Erwachsener nach Nazareth zurückkehrt. Die Dörfler untereinander tuscheln allerlei über ihn. Man achte sorgfältig auf ihre Ausdrucksweise: *„Ist das nicht der Zimmermann, der Sohn der Maria und der Bruder von Jakobus, Joses, Judas und Simon?“* (Mk 6,3). Matthäus schöpfte aus Markus und berichtete dieselbe Geschichte, aber man schaue, wie durchdacht er den Sachverhalt umformulierte: *„Ist das nicht der Sohn des Zimmermanns? Heißt nicht seine Mutter Maria, und sind nicht Jakobus, Joses, Simon und Judas seine Brüder?“* (Mt 13,55). Die geringfügige, aber entscheidende Variation ist sehr aufschlussreich. Während Jesus bei Markus der *„Sohn der Maria“* ist, wird er bei Matthäus zum *„Sohn des Zimmermanns“*.

Ist dieser kleine Unterschied denn so wichtig, fragte Chaka verwundert. Ja, antwortete ich. Diese geschickte Umformulierung von Matthäus hat weitreichende Folgen. Im Judentum werden Kinder, wie bereits erwähnt, unweigerlich als Söhne oder Töchter des Vaters – nicht der Mutter – angesprochen. Selbst dann, wenn der Vater schon gestorben ist. Indem man Jesus als *„Sohn der Maria"* bezeichnet, deutet man implizit auf einen ungenannten Vater hin (vom Heiligen Geist konnten die Dörfler nichts wissen). Damit galt Jesus als Bastard.

Das Johannesevangelium unterstützt diese Aussage. Irgendwann hielt sich Jesus in Jerusalem auf und lieferte sich Wortgefechte mit seinen jüdischen Kritikern. Als die Diskussion immer hitziger wurde, drohte sie fast in Handgreiflichkeiten auszuarten. Eine der Erwiderungen, die die Kritiker Jesus entgegenschleuderten, lautete: *„Wir stammen nicht aus einem Ehebruch"* (Joh 8,41) – im Gegensatz zu dir, wäre man versucht zu ergänzen. Das war ein gemeiner Tiefschlag: Ein eindeutiger Versuch, Jesu Ansehen durch Hinweis auf ein Gerücht über seine uneheliche Geburt zu untergraben.

Die sogenannten Pilatus-Akten, ein christlicher Text aus dem 4. Jahrhundert, schildern die Vernehmung Jesu durch Pontius Pilatus. Eine der Beschuldigungen, die seine Feinde gegen ihn vorbrachten, lautete, er entstamme „unzüchtigem Verkehr". Wohl niemand fasst diesen Text als die realistische Schilderung des Jesus-Prozesses auf, aber er liefert einen Beleg für die Nachhaltigkeit des Vorwurfs der Unehelichkeit.[10]

Also, meldete sich Chaka, lass mich mal sortieren, was du gesagt hast. Zwei der Evangelisten, Markus und Johannes, schreiben tatsächlich nichts über die Zeugung durch den Heiligen Geist. Sie erwähnen vielmehr Ereignisse aus dem Leben Jesu, die das Gegenteil vermuten lassen. Aber die anderen beiden, Matthäus und Lukas sind fest davon überzeugt. Und dafür müssen sie doch Gründe haben.

Ja, aus ihrer Sicht haben sie die schon, antwortete ich. Nach ihrer Vorstellung konnte und durfte der göttliche Jesus nicht von Menschen gezeugt werden. Hierzu war nur Gott selbst in der Lage. Für diese Überzeugung war von Vorteil, dass der Glaube an von Göttern gezeugten Menschen in der antiken griechisch-römischen Welt weit verbreitet war. Es gab ganze Heerscharen von bedeutenden Persönlichkeiten, denen nachgesagt wurde, sie seien die Frucht der Verbindung einer sterblichen Frau mit einem Gott: Platon, Empedokles, Herakles und Pythagoras. Es ist durchaus einsichtig, dass die Urchristen, die Jesus für ebenso erhaben und himmlisch hielten wie es die Griechen bezüglich ihrer Götter taten, ihm eine solche übernatürliche Geburt zuschrieben. Es war eine Möglichkeit zu unterstreichen, dass Jesus zugleich Mensch und Gott war.[11]

Darüber hinaus hatten Matthäus und Lukas mit der Erzeugerrolle des Heiligen Geistes gleich zwei Fliegen mit einer Klappe geschlagen: Die göttliche Herkunft Jesu untermauert und das Stigma der unehelichen Schwangerschaft von Maria beseitigt. Dieser geniale Schachzug war allerdings nur möglich, weil die damals geltende aristotelische Biologie in der Frau nur das leere Gefäß für den allein zeugenden männlichen Partner sah. Nach dieser Logik sind Frauen an der Zeugung nicht aktiv beteiligt. Selbst heute noch reden wir davon, dass Frauen „ein Kind empfangen“, also nur passiv an der Zeugung beteiligt sind. Spätestens mit der Entdeckung vom weiblichen Ei im Jahre 1827 durch K. E. von Baer und der damit verbundenen Erkenntnis des hälftigen Anteils der Frau an der Zeugung, lässt sich der Gedanke der göttlichen Zeugung Jesu nicht mehr aufrecht erhalten. Die menschliche Maria war hälftig beteiligt.

Was würdest du sagen, meldete sich Chaka wieder, wenn das weibliche Ei ebenfalls durch Einwirkung des Heiligen Geistes ersetzt worden wäre? Gut gedacht, räumte ich nach einer Überlegungspause ein. Dann wäre Maria allerdings nicht die genetische Mutter, sondern nur die Leihmutter Jesu.

Trotz des Einwandes von Chaka sind die Hinweise gegen eine Vaterschaft durch den Heiligen Geist erdrückend. Dies hat die katholische Kirche allerdings nicht von dem Dogma abgehalten, dass Maria eine „immerwährende Jungfrau" (semper virgo) gewesen sei. Danach war sie ihr Leben lang Jungfrau und hat überhaupt nie mit irgendeinem Mann geschlechtlich verkehrt.

Die Mär von der immerwährenden Jungfrau

Viele antike Göttinnen waren Jungfrauen, etwa Artemis, Athene und Dike. Die Geburt Jesu durch eine Jungfrau entsprach somit der heidnischen Umgebung, und Maria konnte leicht als Fortsetzung der großen Muttergöttinnen der antiken Völker angesehen werden. Schon bald erhielt Maria Titel, wie sie die Muttergottheiten hatten, und in den folgenden Jahrhunderten nahm die Marienverehrung orientalisch-ausschweifende Formen an. Seinen Höhepunkt erreichte die Marienverehrung am 1. November 1950, als Papst Pius XII. die leibliche Aufnahme Marias in den Himmel verkündete. Es ist das erste und einzige Dogma, das ausdrücklich auf die 1870 proklamierte päpstliche Unfehlbarkeit bei „Ex-cathedra"-Aussagen gestützt wurde. In der diesbezüglichen Enzyklika Munificentissimus Deus heißt es: „Es ist ein von Gott geoffenbartes Dogma, dass die immerwährende Jungfrau Maria, ... mit Leib und Seele zur himmlischen Glorie aufgenommen wurde.“ Es folgt die Mahnung: „Sollte daher, was Gott verhüte, einer wagen, das entweder zu leugnen oder absichtlich in Zweifel zu ziehen, was von Uns definiert wurde, so soll er wissen, dass er vom göttlichen und katholischen Glauben völlig abgefallen ist“.

Man kann sich zwar schwer vorstellen, dass in Deutschland ausgebildete katholische Theologen solche Aussagen wirklich glauben, aber wenn ihre Kritik öffentlich Anstoß erregt und wenn sie sich zudem schon anderweitig beim Klerus unbeliebt gemacht haben, müssen sie zumindest um ihre kirchliche Existenz fürchten. Als die kirchenkritische Uta Ranke-Heinemann, die weltweit erste Theologieprofessorin, öffentlich die Jungfrauengeburt ablehnte, nahm die Kirche dies zum Anlass, ihr 1987 die Lehrbefugnis zu entziehen. Genau so erging es 1991 dem Theologen Eugen Drewermann. Trotzdem werden seine Werke in der Theologie bis heute zu Rate gezogen. Nur nicht in Rom.

Chaka meldete sich stirnrunzelnd zu Wort: Wie ist das denn mit den Geschwistern von Jesus? Wurden sie ebenfalls vom Heiligen Geist gezeugt?

Nein, antwortete ich, der Heilige Geist wird zwar auch heute noch gelegentlich bei überraschenden Schwangerschaften als Erklärungsversuch bemüht, aber das ist nicht ernst gemeint. Ernst meint es aber in dieser Sache die Katholische Kirche mit ihrem Dogma und schießt dabei ein Eigentor. Sobald man den Standpunkt einnimmt, Maria sei eine „immerwährende Jungfrau“ gewesen, muss man die Brüder und Schwestern Jesu irgendwie wegerklären.[12] Dabei deutet der nachfolgende, bereits erwähnte Markustext darauf hin, dass Jesus wahrscheinlich das älteste von mindestens sieben Kindern war: *„Es ist doch der Zimmermann, Marias Sohn. Wir kennen seine Brüder Jakobus, Joses, Judas und Simon. Und auch seine Schwestern leben alle unter uns“* (Mk 6,3). Die Schwestern erwähnt Markus nur, ohne ihre Anzahl oder ihre Namen anzugeben, aber frühchristliche Überlieferungen lassen vermuten, es seien zwei gewesen: Maria und Salome.[13] Matthäus, der weitgehend Material von Markus übernahm, hat dieselbe Namensliste, gibt aber anstelle von Joses (eine Kurzform, wie etwa „Hannes“ für Johannes) die vollständige Form Joseph an. Lukas dagegen lässt die Liste völlig aus. Heute sind viele Menschen erstaunt, wenn sie hören, dass Jesus Geschwister hatte.

Um die Doktrin der immerwährenden Jungfräulichkeit Marias zu bestätigen, behauptet die katholische Theologie, Jakobus, Joses, Judas und Simon seien Vettern von Jesus gewesen; die orthodoxe Kirche des Ostens wiederum lehrt, Jesus hätte Stiefgeschwister gehabt, Josefs Kinder aus einer früheren Ehe.

Aus den Evangelien kann aber weder eine Unterstützung für die Vettern- noch für die Stiefgeschwisterversion abgeleitet werden.[14] Das Wort, das für Jesu Brüder verwendet wird, ist adolphoi – und an keiner Stelle im Neuen Testament bedeutet adolphoi Stiefbruder, Stiefschwester oder Vetter.[15] Wenn es sich um Kinder aus einer früheren Ehe handeln würde, ergäbe sich zudem die Frage, warum sie Maria und Josef nicht auf ihrer späteren Reise nach Bethlehem und Ägypten – über die noch berichtet wird – begleiteten.

Paulus, der älteste christliche Autor, spricht unmissverständlich von Jakobus als dem *„Bruder des Herrn“* (Gal 9,5), dann allgemein von den *„Brüdern des Herrn“* (1.Kor 9,5). Ähnliches ist von Hegesippus, einem frühzeitlichen Kirchenhistoriker um das Jahr 170 zu hören. Er nannte Jakobus nicht nur einen Bruder von Jesus, sondern stellt klar, dass er ein „Bruder im Fleische“ gewesen sei. Der frühe christliche Kirchenschriftsteller Tertullian spricht ebenfalls von den Brüdern Jesu. Da Tertullian große Achtung vor der Unberührtheit hatte, sollte man meinen, dass ihm die Sache mit der immerwährenden Jungfräulichkeit bestimmt gefallen hätte. Er nahm diese Idee aber nicht auf. Auch Paulus erwähnt nichts von eine Jungfrauengeburt. Es hört sich eher nach dem Gegenteil an, wenn er schreibt: *„Geboren von einer Frau“* (Gal 4,4), nicht etwa: von einer Jungfrau.[16]

Es gibt keinen rationalen Einwand gegen die Vorstellung, dass Jesus Teil einer großen Familie war. Die Vermutung liegt daher nahe, dass Josef und Maria völlig normal als Mann und Frau zusammenlebten. Die jüdische Kultur sah vor, dass verheiratete Paare Kinder bekamen: Es war eine religiöse Pflicht, keine freie Entscheidung. Die einfachste Erklärung ist die, die wir in den Evangelien finden. In diesem Punkt hat die Bibel Recht.[17]

Die für viele lächerlich anmutende Diskussion um die Jungfräulichkeit Marias ist letztlich wohl auf einen Übersetzungsfehler zurückzuführen. Um die Geburt Jesu in Einklang mit den alttestamentarischen Prophezeiungen zu bringen, berufen sich Lukas und Matthäus auf die griechische Version von Jesaja 7,14. Dort ist von einer Jungfrau (griech. „parthenos“) die Rede. Die ursprüngliche hebräische Fassung verwendete den Begriff „alma“, was jedoch nicht „Jungfrau“, sondern lediglich „junge Frau“ bedeutet.[18]

Als Fazit darf festgehalten werden, dass wir nicht wissen, wer der Vater von Jesus war. Der Heilige Geist war es jedenfalls nicht. Die Evangelien widersprechen sich bei dieser Frage zudem selbst. Einerseits wird versucht, umständlich darzulegen, dass Jesus über Josef aus dem Hause Davids stammt, andererseits wird behauptet, der Heilige Geist habe ihn gezeugt. Beides zugleich ist unmöglich.

Probleme mit der Glaubwürdigkeit der biblischen Erzählungen gibt es nicht nur bei Jesu Vorfahren, sie setzen sich – wie wir im folgenden Kapitel sehen werden – nahtlos mit seiner Geburt fort.

Kapitel 2: Jesus wird geboren ...

Mit Chaka hatte ich an diesem Dezembertag einen längeren Spaziergang gemacht. Der Stadtteil von Münster, in dem wir unterwegs waren, war weihnachtlich beleuchtet und an manchen Stellen roch es nach Glühwein. Ich erinnerte mich an die anheimelnde Stimmung, die ich als Kind in meinem Geburtsort Neuss verspürt hatte, wenn zu dieser Jahreszeit in der Schule Weihnachtsgeschichten vorgelesen wurden. In Münster führten nur wenige Hundebesitzer ihren Vierbeiner aus. Es war zu kalt, zu nass und zu stürmisch. Ich war froh, als wir wieder zu Hause waren.

Die Witterungsverhältnisse in Palästina zu der Zeit, in der Jesus geboren wurde, mögen nach dem Evangelisten Lukas ähnlich denen im winterlichen Münster gewesen sein. Er schreibt: *„In jener Nacht lagerten Hirten auf freiem Feld und hielten Nachtwache bei ihrer Herde ...“* (Lk 2,8). Die besinnliche Geschichte von Lukas hat nur einen Fehler. Sie konnte sich nicht zur Weihnachtszeit ereignet haben. Und zwar alleine schon aus einem einfachen Grund: Bethlehem liegt recht hoch, exakt 778 Meter über dem Meeresspiegel, und die Hügel rund um den Ort Bethlehem sind zu Weihnachten normalerweise mit Schnee bedeckt. Deshalb lagerten dort um die Weihnachtszeit bestimmt nicht nachts Hirten mit ihren Herden unter freiem Himmel. Sie wären jämmerlich erfroren.

Die Frage der Jahreszeit ist nur eine kleine und nicht die einzige Inkorrektheit. Wichtiger ist die Frage, ob Jesus in Bethlehem, wie die Bibel sagt, oder in Nazareth, wie die Historiker meinen, geboren wurde und wann dies war. Und ebenso wichtig ist die Frage, ob die weiteren Geschichten der Evangelisten, mit denen begründet werden soll, warum Jesus in Bethlehem zur Welt kam, zutrafen.

Ist es nicht egal, wo Jesus zur Welt kam? Wichtig ist doch, was in seinem späteren Leben passierte, nicht sein Geburtsort, meinte Chaka. Für uns macht es wirklich keinen Unterschied, wo Jesus geboren wurde, antwortete ich. Für die Juden war es aber sehr wichtig. Lass es mich kurz erklären.

Der Messias musste in Bethlehem geboren werden!
Nach der Prophezeiung im Alten Testament (Micha 5,2) soll der lang erwartete Messias der Juden in Bethlehem, der Stadt Davids, zur Welt kommen. Das Wort „Messias“ stammt übrigens vom hebräischen masiah und bedeutet, dass jemand geweiht und mit Öl gesalbt wird. Die griechische Variante heißt Christos. Daher haben die Christen ihren Namen.[19]

Ähnlich wichtig wie der richtige Geburtsort Bethlehem war den Juden, dass der Messias aus dem Geschlecht Davids stammt. Deshalb hatte Matthäus, wir erinnern uns, zu Beginn seines Evangeliums den Stammbaum von Jesus detailliert aufgeführt, in dem auch David genannt wird. Matthäus bezeichnete Jesus daher als „Sohn Davids“. Bei Lukas verhieß ein Engel Maria, dass ihr Sohn Jesus auf dem *„Thron seines Vaters David“* sitzen würde (Lk 1,32). Die zwei Gedanken hängen eng miteinander zusammen. Nicht jeder Nachkomme Davids bestieg Davids Thron, aber niemand bestieg den Thron, der nicht Davids Nachkomme war.

König David war der berühmteste König Israels. Kurz vor seinem Tod versprach ihm Gott, dass sein „Thron“ ewig Bestand haben und nur, wer seines „Samens“ sei, auf ihm über das

Volk Israel gebieten würde (2 Sam 7,12-16). Wenn also Jesus der Messias war, so musste er vom Hause David abstammen und in Bethlehem geboren werden. Mit der letztgenannten Bedingung hatten die Evangelisten allerdings ein Problem, denn Josef und Maria lebten in Nazareth, einem winzig kleinen und unbedeutenden Ort.

Wie haben die Evangelisten denn diesen Widerspruch gelöst?, meldete sich Chaka wieder. Das war ein schwieriges Unterfangen, antwortete ich. Irgendwie musste Maria von Nazareth zum 155 km entfernten Bethlehem gelangen und zwar genau dann, wenn Jesus geboren wurde. Zur damaligen Zeit war es unüblich, dass man viel reiste. Dafür fehlte das Geld und die Zeit. Zudem war die Wegstrecke nicht nur unbequem, sondern auch anstrengend. Es galt, im Winter, bei Regen, Matsch und Schnee einen Höhenunterschied von – je nach Wegstrecke – nahezu 1.000 Meter zu bewältigen. Insbesondere für eine schwangere Frau waren die fünf Tagesreisen strapaziös und angesichts der vielen Wegelagerer auch nicht ungefährlich. Wie konnte nun nachvollziehbar darlegt werden, dass Maria bei der Geburt von Jesus nicht in Nazareth war, sondern in Bethlehem?

Die Volkszählung

„In jenen Tagen erließ Kaiser Augustus den Befehl, alle Einwohner des Reiches in Steuerlisten einzutragen. Dies geschah zum ersten Mal; damals war Quirinius Statthalter von Syrien. Da ging jeder in seine Stadt, um sich eintragen zu lassen. So zog auch Josef von der Stadt Nazareth in Galiläa hinauf nach Judäa in die Stadt Davids, die Bethlehem heißt; denn er war aus dem Haus und Geschlecht Davids. Er wollte sich eintragen lassen mit Maria, seiner Verlobten, die ein Kind erwartete. Als

sie dort waren, kam für Maria die Zeit ihrer Niederkunft" (Lk 2,1-6). Dies ist der Beginn der Weihnachtsgeschichte aus dem Lukasevangelium. Und dies ist für Lukas die Lösung des Problems, wie Maria von Nazareth nach Bethlehem kam, damit dort ihr Sohn geboren werden konnte.

Chaka legte wieder ihre Stirn in Falten und fragte: Warum muss man denn bei einem Zensus in die Stadt reisen, in der man geboren wurde? Du zahlst doch auch die Hundesteuer da, wo wir beide wohnen und nicht in meinem Geburtsort am Niederrhein. Die Frage ist nicht einfach zu beantworten und beschäftigt schon lange die Fachleute, meinte ich. Zumal es noch einige zusätzliche, recht komplizierte Ungereimtheiten gibt. Aber ich will es versuchen, versprach ich.

Im damaligen römischen Reich waren Volkszählungen in größeren zeitlichen Abständen nicht ungewöhnlich. Sie dienten der Erfassung der Einwohner zum Zwecke der Besteuerung und zur Rekrutierung der wehrfähigen Männer. Es wurde zwischen zwei Arten von Zählungen unterschieden. Zum einen gab es den Reichszensus, bei dem alle römischen Bürger im gesamten Imperium Romanum erfasst wurden. Kaiser Augustus führte einen solchen Zensus im Jahre 8 v.Chr. durch. Zum anderen gab es den Provinzialzensus, die Schätzung der Bewohner einer Provinz, die das römische Bürgerrecht nicht besaßen. Solch ein Provinzialzensus wurde im Jahre 6 n.Chr. in Judäa, wo auch Bethlehem liegt, durchgeführt. Beide Schätzungen sind durch römische und jüdische Dokumente belegt. Aus diesen Unterlagen wissen wir, dass es eine Kopfsteuer und eine Steuer für Haus- und Grundbesitz gab. Während die Kopfsteuer am Wohnsitz festgelegt wurde, musste man wegen der Abgaben für den Grundbesitz in den Ort reisen, in dem sich die Immobilie befand.[20]

Aha, kombinierte Chaka, dann hatten Jesu Eltern also Grundbesitz in Bethlehem und waren vermögend? Das ist eine naheliegende Vermutung, antwortete ich, aber sie trifft nicht zu. In den Evangelien wird genau das Gegenteil vermittelt. Ich möchte dies an zwei Beispielen deutlich machen, die Lukas (Lk 2,24) selbst erzählte.

Jüdische Eltern eines Neugeborenen mussten nach jüdischer Sitte vierzig Tage nach dessen Geburt den Tempel in Jerusalem aufsuchen und ein einjähriges Lamm als Brandopfer darbringen, damit die Mutter wieder rein wurde. Bei Armen reichten auch zwei junge Tauben. Die frommen Eltern von Jesus wählten nicht das Lamm, sondern die preisgünstigere Variante, die beiden Tauben, was schlichtweg das „Armenopfer" genannt wurde.[21]

Das zweite Beispiel betrifft die örtlichen Umstände bei der Geburt von Jesus. Die regelmäßig zu Weihnachten aufgestellten Krippen in einem Kuhstall, in dem Jesus zur Welt kam, zeugen eindrucksvoll von den ärmlichen Verhältnissen der Jesus-Eltern. Hätten sie Grundbesitz oder gar ein Haus in Bethlehem gehabt, wäre es ihnen sicherlich möglich gewesen, für die Geburt ihres Sohnes eine geeignetere Unterkunft zu finden. Das Angebot an Übernachtungsmöglichkeiten im Umfeld von Jerusalem, wozu auch das 8 km entfernte Bethlehem gehörte, war seinerzeit wegen der regelmäßig stattfindenden religiösen Feste so riesig wie in keiner anderen Stadt im Nahen Osten.

Es ist also überhaupt nicht nachvollziehbar, warum die hochschwangere Maria eine so beschwerliche fünftägige Reise unternehmen sollte und auch bei Josef können wir keinen Grund erkennen, die Steuererklärung in Bethlehem abzugeben. Diese Erkenntnis wird noch von anderen logischen Gedanken untermauert. Der in Rede stehende Zensus wurde nicht an einem bestimmten Stichtag durchgeführt. Er zog sich vielmehr über zahlreiche Monate hin, so dass die angehenden Eltern genügend Zeit gehabt hätten, die Reise vor oder nach der Niederkunft durchzuführen. So eilig wäre die Angelegenheit also auf keinen Fall gewesen.

Die bisher erwähnten Unstimmigkeiten, um nicht zu sagen Unsinnigkeiten, werden noch von der folgenden Ungereimtheit verstärkt. Matthäus schreibt in seinem Evangelium: *„Als Jesus zur Zeit des Königs Herodes in Bethlehem in Judäa geboren worden war ...“ (Mk 2,1). Lukas ergänzt: „ ... war Quirinius Statthalter von Syrien“ (Luk 2,2).* Damit haben wir ein handfestes chronologisches Problem. Es gilt, zwei Ereignisse zu synchronisieren, die zeitlich auseinander liegen. Einerseits die Geburt Jesu zu Zeiten des Herodes, der im Jahre 4 v.Chr. starb, und andererseits die Amtszeit des Quirinius, der erst im Jahre 6 n.Chr., als der von Lukas erwähnte Reichszensus stattgefunden haben soll, Statthalter in Syrien wurde. Wir haben es also mit einer zeitlichen Lücke von rund 10 Jahren zu tun.

Vielleicht gab es schon einen früheren Zensus unter Quirinius, der den Historikern nur nicht bekannt ist, bemerkte Chaka. Das Fehlen von Unterlagen beweist ja nicht, das etwas Derartiges nicht passiert ist. Du bist ein kluger Hund, Chaka, bemerkte ich anerkennend. So ähnlich argumentieren auch viele Theologen. Sie wenden in der Tat ein, dass Quirinius möglicherweise bereits zuvor eine Zeit lang Statthalter von Syrien war oder in anderer Form dort das Sagen hatte. Außerdem behaupten sie, könne man die Passage: *„damals war Quirinius Statthalter von Syrien“* auch anders übersetzen. Dann würde es heißen: „Die Zählung fand statt, bevor Quirinius Statthalter von Syrien war“. Jetzt wird es aber ziemlich kompliziert für mein kleines Hundehirn, seufzte Chaka etwas resignierend. Nicht nur für deines, räumte ich ein. Die Sachlage ist schon ziemlich unübersichtlich. Ich habe sie deshalb auch etwas ausführlicher unter der nachstehenden Endnote am Schluss des Buches beschrieben.[22]

Aber ich denke, es ist eher unwahrscheinlich, dass unter Quirinius ein früherer Zensus erfolgte. Die Römer waren sehr ordentliche Leute und haben ihre Steuerschätzungen genau dokumentiert. Außerdem wäre es für die Römer unüblich gewesen, in Gebieten, die eine gewisse Autonomie besaßen, wie es für Bethlehem in Judäa unter dem König Herodes der Fall war, Steuerschätzungen durchzuführen. Darüber hinaus gingen Steuerschätzungen normalerweise mit erheblichen Unruhen oder sogar Aufständen einher und wurden entsprechend beschrieben. Der jüdische Geschichtsschreiber Josephus Flavius berichtet zum Beispiel recht ausführlich über den Provinzialismus im Jahre 6 n.Chr. Gegen diese Steuerschätzung revoltierten die jüdischen Zeloten unter Judas dem Galiläer, was sogar in der Apostelgeschichte des Neuen Testaments Erwähnung findet (Rede des Gamaliel, Apg 5,37).

Selbst wenn wir einen Moment lang unterstellen, dass es zu Jesu Geburt einen früheren Zensus gab, der auch Bethlehem betraf, ist immer noch völlig offen, warum Josef und Maria daran teilnehmen sollten. Es bleibt die sehr starke Vermutung, dass Jesu Eltern keinen Grundbesitz hatten, um im Rahmen eines Zensus in Bethlehem vorstellig zu werden.

Die genannten Argumente in der Frage des Geburtsortes von Jesus sind so schwerwiegend, dass die meisten namhaften Religionswissenschaftler davon ausgehen, dass er in Nazareth und nicht in Bethlehem geboren wurde. Der Geburtsort Bethlehem wurde bewusst aus heilsgeschichtlichen Gründen konstruiert, weil der Messias nun mal aus der Stadt Davids kommen musste.[23]

Einen ähnlich fantasievollen Umgang mit der historischen Wahrheit erleben wir, wenn wir später die Flucht der Heiligen Familie nach Ägypten wegen des von Herodes angeordneten Kindermordes in Bethlehem untersuchen. Die eine Sache hängt nämlich mit der anderen zusammen. Zuerst wollen wir aber etwas Licht in das Geburtsjahr von Jesus bringen.

Kapitel 3: .. und die Probleme nehmen ihren Lauf

Wieso denn das?, fragte Chaka. Wurde Jesus etwa nicht im Jahre Null geboren? Es markiert doch für uns den Beginn unserer Zeitrechnung! Ich hatte diese Frage schon erwartet und erklärte ihr, dass das konkrete Geburtsjahr von Jesus leider im Ungewissen liege. Die Theologen und Historiker haben vielmehr durch mehrere kleine, indirekte Informationen ein Zeitfenster ermittelt, in dem er wohl zur Welt kam. Eins ist aber sicher. Das Jahr Null war es nicht.

Römer und Juden kannten keine Null. Die Römer zählten die Jahre überhaupt nicht fortlaufend. Bis ins sechste Jahrhundert nach Christus nannten sie die Jahre nach den zwei amtierenden Konsuln. Die christliche Zeitrechnung begann erst im Jahre 525 mit dem Mönch Dionysius Exiguus, der die Geburt Jesu für das Jahr 754 seit der Gründung Roms ausrechnete. Das erste Jahr von Jesu Leben hatte die Zahl Eins. Auch dem Mönch war die Null völlig unbekannt, er hätte sie in der damaligen Zeit nur in Indien gefunden. Zu uns kam sie viel später. Der Mathematiker Leonardo Fibonacci hatte die Null in Algier kennen gelernt und 1202 in seinem "Buch der Rechenkunst" benutzt. Im Rechnen setzte die Null sich erst im 17. Jahrhundert durch. Ohnehin kann es ein Jahr Null nur im Nachhinein geben. Weil die Zahl im reellen Leben nicht wirklich existiert, greifen Kalenderexperten und Chronologen zu einem Trick. Das Jahr 1 v.Chr. endete am 31. Dezember, am Tag darauf war der 1. Januar im Jahr 1 n.Chr.

Als Jesus geboren wurde, hat kein Chronist das Geburtsjahr festgehalten. Erst Jahrzehnte später wurde diese Frage wichtig, ohne aber genau beantwortet zu werden. Im vorigen Kapitel hatten wir bereits festgestellt, dass uns die widersprüchlichen Angaben von Lukas über den Zeitpunkt der Geburt Jesu nicht weiterhelfen. Bibelforscher versuchten daher, über einen anderen Ansatz in dieser Frage weiterzukommen. Jesus soll etwa 30 Jahre alt gewesen sein, als er öffentlich auftrat (Luk 3,23). Dies wird von Lukas in die zeitliche Nähe des Wirkens von Johannes dem Täufer gesetzt, was wiederum im 15. Jahr der Regierung des Kaisers Tiberius war. Somit haben wir einen Ankerpunkt, einen feststehenden Zeitpunkt, und können rückrechnend zumindest das ungefähre Geburtsjahr von Jesus ermitteln. Nach dieser Rückrechnung wurde Jesus um das Jahre 2 v.Chr. geboren. Der interessierte Leser findet näheres hierzu unter dieser Endnote.[24]

Die Historiker sind etwas vorsichtiger und öffnen ein recht großes Zeitfenster. Sie vermuten, dass Jesus in der Zeit zwischen 8 v.Chr. und 2 v.Chr. zur Welt kam. Oder gibt es doch einen Weg, das genaue Geburtsjahr zu ermitteln?

Der Stern von Bethlehem

Zu Beginn unserer Zeitrechnung wurde noch keine scharfe Trennlinie zwischen Astrologie und Astronomie gezogen. Die Gelehrten glaubten, dass irdische Ereignisse durch Himmelszeichen angekündigt würden und dass die exakte Beobachtung des Sternenhimmels es ermöglichte, reale irdische Ereignisse vorherzusagen und zu deuten. Dies sollten wir auch berücksichtigen, wenn wir uns die Weihnachtsgeschichte von Matthäus anschauen. In dieser Erzählung: *„kamen Sterndeuter aus dem Osten nach Jerusalem und fragten: Wo ist der neugeborene König der Juden? Wir haben seinen Stern aufgehen sehen und sind gekommen, ihm zu huldigen“ (Mt 2,1-2).* Die Astronomie ist bekanntlich eine exakte Wissenschaft. Daher müsste es doch heute noch möglich sein, festzustellen, wann dieser Weihnachtsstern erschienen ist, vorausgesetzt, es gab ihn wirklich. Dann hätten wir das genaue Geburtsdatum. Schauen wir uns einmal an, ob es in dem erwähnten Zeitfenster, in dem Jesu Geburt vermutet wird, etwas Ungewöhnliches am Sternenhimmel gab.

In den meisten Darstellungen wird der Stern von Bethlehem als Schweifkomet gezeigt. Kometen sind "fliegende Eisberge" aus der Entstehungszeit unseres Sonnensystems. Auf lang gestreckten Ellipsenbahnen rasen sie auf die Sonne zu, entwickeln unter dem Einfluss der Sonnenstrahlung und des Sonnenwindes riesige Dampfwolken und dadurch ihre charakteristischen, zig Millionen Kilometer langen Gas- und Staubschweife. Oft ist ein solcher Komet einige Zeit vor seinem Vorübergang an der Sonne am Morgen- bzw. Abendhimmel sichtbar, um einige Wochen später auf der anderen Seite der Sonne erneut zu erscheinen, wenn er sich wieder von der Sonne entfernt. Diese Tatsache ließe sich mit der mehrfachen Sichtung des „Sterns", wie sie im Evangelium erwähnt wird, vereinbaren. Nun belegen zwar chinesische Aufzeichnungen für das Jahr 5 v.Chr. das Erscheinen eines Kometen, der auch im Vorderen Orient zu sehen gewesen wäre. Aber nur wenige Fachleute halten den Stern von Bethlehem für einen Kometen. Der Grund ist einfach. Kometen mit ihrem Schweif wurden bis in die Neuzeit nicht als Objekte im Reich der Gestirne angesehen, sondern als Erscheinungen in der irdischen Lufthülle. Erst der dänische Astronom Tycho Brahe (1546 – 1601) bewies, dass sie tatsächlich Himmelskörper sind, die sich weit draußen im Raum zwischen den Planeten bewegen.

Außerdem, und das dürfte das ausschlaggebende Argument gegen einen Kometen sein, wirkten sie auf die Menschen früher unheimlich. Das Erscheinen eines Kometen wurde damals in Verbindung mit Seuchen, Hungersnöten, Erdbeben oder Dürren gebracht – auf keinen Fall mit der Geburt eines Königs.

Matthäus spricht davon, dass die Sterndeuter einen Stern haben aufgehen sehen. Er meint damit wohl einen neuen Stern. Wenn ein bestehender Stern, der wegen seiner schwachen Leuchtkraft bisher nicht aufgefallen war, das Ende seiner Lebenszeit erreicht, geschieht etwas sehr Eindrucksvolles. Der Stern zeigt dann ein kurzzeitiges sehr helles Aufleuchten, weil er sich durch eine riesige Explosion selbst vernichtet. Seine Leuchtkraft nimmt dabei millionenfach zu, er wird für Wochen oder Monate so hell wie eine ganze Galaxie. Wir sprechen dann von einer Supernova. Handelte es sich bei dem Stern von Bethlehem vielleicht um eine solche Supernova?

Es ist eher unwahrscheinlich, dass eine solch gewaltige Himmelserscheinung von den Sternenforschern des Altertums unbemerkt geblieben wäre. Denn die sonst so zuverlässigen chinesischen Astronomen verzeichneten für den angenommenen Zeitraum der Geburt Jesu keine Supernova. Hinzu kommt, dass die Explosion eines Sterns Überreste im Weltall hinterlässt. Diese lassen auch heute noch Rückschlüsse über den Zeitpunkt der Sternenexplosion zu. Von den bisher entdeckten Supernova-Resten fallen aber keine in das Zeitfenster, das für die Geburt von Jesus in Frage kommt.

Nachdem der deutsche Astronom Johannes Kepler kurz vor Weihnachten 1603 eine dreifache Jupiter-Saturn-Konjunktion im Sternzeichen der Fische beobachtet hatte, stellte er als einer der Ersten die Vermutung an, dieses seltene Himmelsereignis könne mit dem „Stern von Bethlehem“ in Zusammenhang gebracht werden. Was war passiert? Die beiden Planeten kamen sich sehr nahe und dies sogar dreimal innerhalb eines Jahres.

Tatsächlich ereignete sich solch ein seltenes Schauspiel auch im Jahre 7 v.Chr., also innerhalb des Zeitraums, in dem Jesu Geburt angenommen wird. Jupiter zog am 27. Mai zum ersten Mal an Saturn vorbei, wurde langsamer, hielt inne, bewegte sich dann erneut auf Saturn zu, wanderte am 6. Oktober zum zweiten Mal an ihm vorbei, blieb wieder stehen, drehte um und begegnete dem Saturn am 1. Dezember ein drittes Mal. Begegnungen von Jupiter und Saturn gibt es alle 20 Jahre – doch nur selten kommt es zu einer „dreifachen Konjunktion“. Sie findet durchschnittlich nur alle 854 Jahre im Sternbild der Fische statt. Für die Babylonier war diese dreifache Konjunktion im Jahre 7 v.Chr. aus astrologischer Sicht sehr bedeutsam. Die Planeten waren für sie nicht nur Himmelskörper. Alles, was sich am Himmel abspielte, entsprach nach ihrer Überzeugung Ereignissen auf der Erde. So symbolisierte etwa der Planet Jupiter, "der Königsstern", den höchsten babylonischen Gott "Marduk". Saturn entsprach dem Gott "Kajmanu", der mit dem König Israels in Verbindung gebracht wurde. Die dreifache Planetenkonjunktion fand im Sternbild der Fische statt. Dieses Sternbild stand in Babylon für den Mittelmeerraum, wozu auch Palästina gehörte. Aus alten Keilschrifttafeln wissen wir, dass die Babylonier die Konjunktion lange vor dem Ereignis vorausberechnet hatten. Zudem kannte man in Babylon die alttestamentarischen Prophezeiungen vom Kommen eines Messias, eines Erlösers und Königs. Die Babylonier konnten daher leicht zu der Überzeugung kommen, dass die Konjunktion von Saturn und Jupiter etwas ganz Besonderes zu bedeuten hatte. Ein neuer König musste in Palästina geboren worden sein. Sollte dies das Signal für einige babylonische Magier gewesen sein, in die Hauptstadt der Juden, zu Herodes, aufzubrechen? Heute jedenfalls ist die Konjunktion die populärste Erklärung für den „Weihnachtsstern".

Allerdings ist auch diese Theorie nicht frei von Widersprüchen. Wir haben es bei dieser Konjunktion mit zwei Planeten zu tun, die zu keinem Zeitpunkt so nahe beieinander gestanden haben, dass sie wie ein einziger heller Stern leuchteten. Das Matthäusevangelium erwähnt aber nur einen einzigen hellen Stern. Diese Konjunktion von Saturn und Jupiter kann übrigens im Internet bei Wikipedia unter dem Stichwort „Der Südsternhimmel am 12. November 7 v.Chr. über Jerusalem" aufgerufen werden. Man sieht dort ganz deutlich, dass die beiden Planeten zwar nahe beieinander standen, aber nicht vereint waren.

War der Stern von Bethlehem nun ein Komet, eine Supernova oder eine besondere Planetenkonjunktion, die in den Jahren um Jesu Geburt besonders hell leuchtete? Theologen, Bibelforscher und Astronomen haben hierfür die unterschiedlichsten Theorien. Leider ist keine dabei, die schlüssig nachvollzogen werden kann.

Nach alter kirchlicher Auffassung gab es solche Zweifel nicht. Der Kirchenvater Ignatius von Antiochien schreibt: „Ein Stern strahlte auf am Himmel, und sein Licht war unbeschreiblich; alle übrigen Sterne samt Sonne und Mond führten einen Reigen auf vor diesem Stern, und sein Licht überstrahlte alle" (Epheserbrief 19). Bemerkenswert ist in diesem Zusammenhang, was Papst Leo I. im schon früh entwickelten christlichen

Antijudaismus über den Stern sagte, dass er nämlich für die Juden unsichtbar war, und zwar wegen ihrer Verblendung (Sermo 35,1). Waren die anderen drei Evangelisten Markus, Lukas und Johannes etwa auch verblendet? Jedenfalls berichten sie nichts von diesem doch so gewaltigen Ereignis.

Die Sterndeuter aus dem Morgenland haben übrigens in den nachfolgenden Jahrhunderten eine phänomenale Karriere gemacht, bemerkte ich zu Chaka. Nach der Geschichte von Matthäus hatten sie dem Neugeborenen Gold, Weihrauch und Myrrhe als Geschenke mitgebracht, alles sehr wertvolle Gegenstände. Im 3. Jahrhundert meinte man, es müsse sich daher um drei Könige gehandelt haben, für jedes Geschenk ein König. Zudem wurden sie als Heilige bezeichnet. Allerdings, ohne dass der Papst, der exklusiv für Heiligsprechungen zuständig ist, gefragt wurde. Fortan feierte die Kirche an jedem 6. Januar im Jahr das Fest der „Heiligen Drei Könige“ und nicht etwa das Fest der „Heiligen Drei Sterndeuter“. Seit dem 8. Jahrhundert haben die Könige auch einen Namen. Sie heißen Caspar, Melchior und Balthasar. Im 12. Jahrhundert ordnete man den Königen drei unterschiedliche Lebensalter zu und im 13. Jahrhundert wurde einer der Könige als Mohr ausgewiesen. Die drei Könige sah man als Vertreter der damals bekannten drei Weltteile Asien, Europa und Afrika an. Der Segen der drei Könige hält bei Gläubigen heute immer noch Böses von Haus und Hof fern. Ihre Anfangsbuchstaben auf Kirchenglocken wehren Unwetter ab. Nichts dergleichen steht in der Bibel. Du siehst, sagte ich wieder zu Chaka gewandt, wie solch eine Geschichte eine Eigendynamik bekommen kann.

Der Kindermord zu Bethlehem

Eine grausamere Szene kann man sich kaum vorstellen. Kleine Kinder und Säuglinge werden von Soldaten aus den Händen ihrer Mütter gerissen, erstochen, zerschmettert und erwürgt. Babyleichen liegen auf dem Boden. Das riesige Gemälde des flämischen Malers Peter Paul Rubens aus dem Jahre 1637, zwei Meter hoch und drei Meter breit, zeigt in barocker Anschaulichkeit den biblischen Kindermord in Bethlehem. Ich stand beeindruckt vor diesem kolossalem Werk in der Alten Pinakothek in München und verstand, welche emotionale Kraft diese blutrünstige Geschichte aus dem Matthäusevangelium für die Menschen im 17. Jahrhundert hatte. In dieser Zeit überboten sich die Religionsgelehrten mit immer bunteren Ausschmückungen und höheren Opferzahlen. Bis zu 144.000 Kleinkinder, so hieß es, sollten dem Massaker zum Opfer gefallen sein. Kein Wunder, dass dieses Motiv von Rubens wegen der großen Nachfrage gleich mehrmals gemalt wurde und auch heute noch heiß begehrt ist. Im Jahre 2002 erzielte ein Exemplar bei einer Versteigerung beim Londoner Aktionshaus Sotheby's die Rekordsumme von 76 Millionen Dollar.

Was besagt diese Geschichte denn, fragte mich Chaka, als ich wieder im heimischen Münster war und ihr meinen Museumsbesuch schilderte. Schauen wir uns an, schlug ich vor, was die ursprüngliche Quelle, die Bibel, hierzu sagt. Nach dem Matthäusevangelium: *„rief Herodes die Sterndeuter heimlich zu sich ... Dann schickte er sie nach Bethlehem und sagte: Geht hin und forscht sorgfältig nach, wo das Kind ist; und wenn ihr es gefunden habt, berichtet mir, damit auch ich hingehe und ihm huldige“ (Mt 2,7-8).*

Hatte Herodes das wirklich vor? Chaka sah mich mit fragendem Gesicht an. Sagen wir, antwortete ich, Herodes versuchte, die Sterndeuter zu missbrauchen, um durch sie den Aufenthaltsort von Jesus zu erfahren und diesen potentiellen Konkurrenten anschließend unschädlich machen zu können. Nachdem die Sterndeuter Jesus gefunden und ihn mit Gold, Weihrauch und Myrrhe beschenkten hatten, kehrten sie aber nicht zu Herodes zurück, sondern zogen auf einem anderen Weg heim in ihr Land.

Ganz schön clever von den Sterndeutern, kommentierte Chaka. Deswegen nennt man sie wohl auch die Weisen aus dem Morgenland. Nicht deswegen, Chaka. Sie werden als Weise bezeichnet, weil sie als Sterndeuter astronomische Kenntnisse hatten. Den Wink, nicht mehr zu Herodes zurückzukehren, hatten sie nach Matthäus (Mt 2,12) im Traum erhalten. Im Traum, fragte Chaka ungläubig, und wie erfuhr Matthäus von diesem Traum? Die Sterndeuter sind doch schnell wieder nach Hause gereist. Gute Frage, antwortete ich, dies kann dir wohl niemand beantworten.

Herodes wird wohl ziemlich wütend gewesen sein, mutmaßte Chaka. Und wie, antwortete ich. Matthäus schrieb hierzu: *„Als Herodes merkte, dass ihn die Sterndeuter getäuscht hatten, wurde er sehr zornig und er ließ in Bethlehem und der ganzen Umgebung alle Knaben bis zum Alter von zwei Jahren töten, genau der Zeit entsprechend, die er von den Sterndeutern erfahren hatte. Damals erfüllte sich, was durch den Propheten Jeremia gesagt worden ist“* (Mt 2,16-17). Das erwähnte Gemälde von Rubens schildert genau diesen Kindermord.

In Münster war das neue Jahr bei milden Temperaturen mit vielen Leuchtraketen, Knallfröschen und Böllern begrüßt worden. Chaka erlebte dieses Schauspiel zum ersten Mal in ihrem Leben. Die ganze Knallerei hatte sie erstaunlich gut überstanden, wenn man davon absieht, dass sie ihre abendlichen Entsorgungsgeschäfte vor lauter Aufregung nicht erledigen konnte. Am Neujahrstag machte ich daher mit ihr etwas früher als gewohnt den Morgenspaziergang. Sie hatte dann auch schnell ihre Verdauung vom Vortag nachgeholt und fragte, warum wir Menschen denn unser Geschäft nicht auch in der freien Natur machen würden. Das wäre doch viel hygienischer. Sie würde jedenfalls nicht auf die Idee kommen – wie fast alle Zweibeiner – ihre Verdauung zu Hause zu verrichten. Da bin ich ja wirklich froh, sagte ich nur und verkniff mir, sie an die Zeit zu erinnern, in der sie noch nicht stubenrein war und insbesondere bei Regenwetter unseren hellen Teppich gerne mit einem grünen Rasen verwechselte.

Ist der Kindermord zu Bethlehem denn nur eine fromme Legende, fragt sie, an das gestrige Thema anknüpfend. Traust du Herodes etwas so Schreckliches denn nicht zu? Doch schon, entgegnete ich. Herodes, der von den Römern gestützte Vasallenherrscher, war sogar bekannt für seine Grausamkeiten. Er witterte hinter jeder Ecke einen Konkurrenten, Intriganten oder Königsmörder. Also griff er sehr schnell zum Mittel des Präventivmordes und kannte dabei keine Verwandten. Von seinen fünfzehn Kindern ließ er drei Söhne, ebenso wie einige seiner Frauen, hinrichten. Ein Massenmord ist Herodes also schon zuzutrauen, obwohl man heute – sofern man die Geschichte nicht ohnehin als unhistorisch abtut – mit deutlich weniger ermordeten Kinder rechnet als früher vermutet. Bethlehem und die nähere Umgebung hatten zu jener Zeit vielleicht um die zweitausend Einwohner. Davon mögen siebzig oder achtzig Kleinkinder im Alter von bis zu zwei Jahren gewe-

sen sein. Wenn davon die männlichen Babys ermordet wurden, so einige Verteidiger der Bibel, dann muss dies nicht zwangsläufig in den Chroniken verzeichnet worden sein.
Für die meisten Historiker ist der Kindermord zu Bethlehem jedoch ein fromm erzähltes Märchen. Der römische Historiker Flavius Josephus, der in seinen Werken "Antiquitates Judaicae" und "De Bello Judaico" die Zeit und das Wirken von Herodes ausführlich beschreibt, erwähnt die Tat mit keinem Wort. Auch jüdische Schriften nicht, sie hätten doch sicher ein solches Massaker an ihren eigenen Söhnen erwähnt. Zudem gibt es keinerlei archäologischen Funde. Und schließlich würde ein Ereignis von dieser Tragweite doch nicht nur von Matthäus, der es als einziger Evangelist aufgeschrieben hat, bemerkt worden sein.

Sinn macht diese Gruselgeschichte für Matthäus nur wegen seines theologischen Ansatzes. Für ihn war es außerordentlich wichtig, Jesus als den Messias darzustellen, auf den die zahlreichen alttestamentarischen Prophezeiungen zutrafen. Daher ließ Matthäus eine Prophezeiung des Propheten Jeremia (Jer 31,15) mit dem Massenmord der Kinder in Erfüllung gehen. Daher ließ er die Eltern von Jesus fliehen, in dem Josef ein Engel im Traum erschien und ihm sagte: *„Steh auf, nimm das Kind und seine Mutter, und flieh nach Ägypten; dort bleibe, bis ich dir etwas anderes auftrage; denn Herodes wird das Kind suchen, um es zu töten“* (Mt 2,13). Durch diese Flucht und die Rückkehr der Familie nach dem Tod von Herodes (dem Josef erschien abermals ein Engel und gebot ihm, zurückzukehren) ging eine andere Weissagung, die des Propheten Hosea aus dem Alten Testament, in Erfüllung: *"Aus Ägypten habe ich meinen Sohn gerufen“* (Hos 11,1).[25] Kein Einfall war Matthäus zu abstrus, als dass er ihn nicht als Erfüllung einer Prophezeiung in sein Evangelium schaffte. Nur er, keiner der drei anderen Evangelisten schreibt etwas Derartiges.

Chaka wirkte erleichtert, als für sie der Kindermord als Märchen oder besser als Lügengeschichte klar wurde. Sie hatte sogar noch ein zusätzliches Argument gegen die Bibelversion. Wenn man die Erzählung des Kindermordes für bare Münze nähme, dann müsse man doch die Frage stellen, warum denn Gott zwar seinen eigenen Sohn rettete, indem er Josef im Traum einen warnenden Engel schickte, die kleinen Söhne der anderen Eltern jedoch ohne Warnung sterben ließ. Einen solchen unchristlichen Akt konnte sie sich nicht vorstellen. Ganz im Gegensatz zu Papst Leo I. Dieser glaubte nicht nur die Schwindelei, er hatte auch eine plausible Erklärung für den Tod der anderen Kinder. Gott verlieh ihnen „bereits die Würde der Martyrer“ (Sermo XXXI).[26]

Nach Lukas war ohnehin alles anders. Maria und Josef waren vierzig Tage nach Jesu Geburt in Jerusalem, um die gesetzlich geforderte Reinigung der Mutter durchzuführen (Lk 2,22). In diesen vierzig Tagen konnten aber weder die Flucht nach Ägypten noch der Kindermord stattgefunden haben.

Kapitel 4: Kein Mirakel ohne Spektakel

Zugegeben, der Titel zu diesem Kapitel wirkt etwas hölzern, aber er reimt sich. Und Chaka hat die Überzeugung, dass alles, was sich reimt, auch stimmt. Da ihr das anstehende Thema, die Wunder Jesu, besonders wichtig ist, stammt also die Überschrift von meiner Co-Autorin. Hätte sie ein Evangelium geschrieben, dann nur in Reimform.

Mit ihr saß ich an jenem kalten und nassen Dienstagmorgen beim Tierarzt. Die obligatorischen Impfungen gegen Tollwut, Staupe, Zwingerhusten und noch drei weitere Krankheiten, die ich mir nicht merken konnte, waren fällig. Wir mussten warten, was mir die Gelegenheit gab, über das neue Thema, über die Wunder zu sprechen, die Jesus während seiner Wanderschaft durch Palästina vollbracht hat.

Au ja, antwortete sie, das ist bestimmt das interessanteste Thema in unserem ganzen Buch. Da kann ich auch mitreden, meinte sie und sah mich mit großen Augen an. Ich habe nämlich ein Wunder miterlebt. Ich sagte nichts. Diesmal war ich es, der die Stirn in Falten legte und auf die weitere Erklärung wartete. Chaka erzählte, dass sie mit 10 anderen Hundewelpen aufgewachsen sei und einer von ihnen, ein Rüde, im Alter von 7 Wochen starb. Ich blickte Chaka immer noch mit fragenden Augen an und wartete auf das Wunder. Der kleine Rüde, so sagte sie, ist einfach plötzlich so gestorben, ohne dass er irgendeine Krankheit hatte. Niemand konnte sich seinen Tod erklären, somit sei es doch ein Wunder, dass er gestorben sei.

Weißt du, Chaka, antwortete ich. Es ist traurig, dass dein kleiner Bruder gestorben ist, aber ein Wunder ist es nicht. Es gibt bestimmt eine ganz natürliche Ursache, auf die der Tierarzt mit seinen Überlegungen nicht kam oder die er nicht kannte. Wenn man eine sorgfältige Obduktion gemacht hätte, wäre die Todesursache wohl ermittelt worden. Außerdem, fuhr ich fort, sind Wunder in unserem Sprachgebrauch etwas Positives. Negative Wunder gibt es nicht. Ich stockte und war mir plötzlich nicht mehr sicher, ob meine Aussage zutraf. Über negative Wunder hatte ich noch gar nicht nachgedacht.

Zu Hause schaute ich bei Google unter dem Stichwort „negative Wunder“ nach. Jemand berichtete von seinem „blauen Wunder“, welches er nach Erhalt seiner Heizkostenabrechnung erlebte. Ein anderer von einem Wonderbra, der nur angezogen ein kleines Wunder sei. Ernstgemeinte Beiträge zu negativen Wundern habe ich im Internet nicht gefunden und auch die zahlreichen Jesus nachgesagten Wunder sind positiv – das heißt bis auf eine Ausnahme. Doch dazu später.

Aber es gibt doch richtige Wunder, oder? – fragte Chaka mit hochgezogenen Augenbrauen. Wenn wir über Wunder sprechen, müssen wir erst einmal klären, was wir darunter verstehen, entgegnete ich. Nach einer einschlägigen Definition ist ein Wunder ein Ereignis, das gegen ein Naturgesetz verstößt. Die Frau eines Freundes erzählte mir einmal von einem Treffen ihrer örtlichen Pfingstgemeinde, bei der die Anwesenden, vom Heiligen Geist erleuchtet, plötzlich Hebräisch gesprochen haben sollen. Sie glaubte tatsächlich vehement an diese Außerkraftsetzung von Naturgesetzen, so wie die meisten Deutschen an kleine und große Wunder glauben. Das Allensbacher Institut für Demoskopie hatte im September 2006 im Auftrag der Frankfurter Allgemeinen Zeitung festgestellt, dass 56 Prozent der Bundesbürger an Wunder glauben. Nur 30 Prozent verneinten die Frage. Die meisten Menschen, nicht nur in Deutschland, sondern weltweit, sind und waren zu allen Zeiten von der Existenz von Wundern überzeugt.[27] Sie werden von Menschen erlebt, die ganz unterschiedlichen Religionen angehören. Sie überleben auf wunderbare Weise bei aussichtslosen Naturkatastrophen oder werden in größten Notlagen gerettet. Sie lassen sich von Wunderheilern aus Brasilien und den Philippinen operieren, wenn die Schulmedizin aufgegeben hat. Im christlichen Abendland hören wir von Heilungswundern in den Wallfahrtsorten und von Blut weinenden Marienstatuen. In Indien sahen Buddhagläubige vor einigen Jahren, dass ihre Götterstatuen Milch tranken und sprachen von einem Wunder.

Wie das, wollte Chaka wissen. Buddhastatuen sollen Milch trinken? So glauben manche, antwortete ich. „Indische Gläubige haben ein neues Lieblingsgetränk ihrer Gottheiten entdeckt“. Diese und ähnliche Schlagzeilen gingen 2006 weltweit durch die Presse: Das „Milchwunder“ versetzte Gläubige scharenweise in Aufregung. Was war passiert: Ein Hindu hatte seiner Gottheit in einem Tempel einen Löffel mit Milch gereicht und zu seinem Erstaunen gesehen, dass die Milch langsam aufgesogen wurde. Nichts wurde verschüttet. Andere Gläubige besorgten sich Milch und wiederholten die Fütterung. Wie ein Lauffeuer verbreitete sich die Nachricht in ganz Indien und die Menschen strömten zu vielen Tausenden in die Tempel. Jedes Mal wurde die Milch von der Gottheit aufgenommen. Die Nachrichtenagenturen berichteten von chaotischen Verhältnissen. Der Verkehr brach zusammen und Milch war in kurzer Zeit ausverkauft. Auch in benachbarten Ländern sowie in Großbritannien und den USA zeigten die hinduistischen Gottheiten einen regen Appetit auf Milch. Nach einer kurzen Ermittlung des indischen Ministeriums für Wissenschaft und Technologie wollten viele Gläubige die wirkliche Ursache nicht akzeptieren: Wahlweise wurde das Phänomen von den Wissenschaftlern mit einem Saugschwammeffekt oder kapillarer Absorption erklärt.

Bei solch vermeintlichen Wundern hat oftmals nicht der Betrüger das Nachsehen, sondern – wie Richard Dawkins in seinem Buch „Der entzauberte Regenbogen“ berichtet – der Spielverderber, der den Betrug aufdeckt: Ein Redakteur der englischen Zeitschrift „Skeptic“ entlarvte vor einigen Jahren öffentlich einen berühmten Fernsehspiritisten. Der Mann zeigte ganz banale Zaubertricks und führte die Zuschauer dabei so an der Nase herum, dass sie glaubten, er trete mit Verstorbenen und Geistern in Kontakt. Aber anstatt sich gegen den entlarvten Scharlatan zu wenden, griff das Publikum den Aufklärer an und unterstützte eine Frau, die ihm „ungehöriges“ Verhalten vorwarf, weil er den Leuten ihre Illusion genommen hatte. Eigentlich hätte sie ihm dankbar sein müssen, weil er ihr die Augen geöffnet hatte, aber die Dame zog es offensichtlich vor, sie fest geschlossen zu halten.[28]

Chaka schmunzelte: Ich kann mir schon denken, was du mit diesen Beispielen sagen möchtest. Du willst die Scharlatane unserer Zeit und deren vermeintliche Wunder mit Jesus und seinem Wirken vergleichen. Machst du es dir da nicht etwas zu leicht? Ich möchte nur aufzeigen, antwortete ich, dass es viele Menschen selbst in unserer heutigen aufgeklärten Zeit gibt, die sehr leichtfertig an Wunder glauben, selbst dann, wenn die Wundertätigen als Schwindler entlarvt wurden oder das angebliche Wunder ganz natürliche Ursachen hat. Das war zu Jesu Zeit, als die Menschen noch viel intensiver an Geister und Zauberei glaubten, sogar noch deutlicher.

Wunderheiler und Magier im Heiligen Land

In der Epoche, in der Jesus lebte, wimmelte es in Palästina von lautstark wetternden Propheten, erleuchteten Verrückten, Verkündern von Apokalypsen, abgedrehten Hysterikern, die vom Glanz ihrer grotesken Wahrheit überzeugt waren und von falschen Messiassen. Sie zogen durch das Land und kündigten vom nahen Gericht Gottes. Einige dieser Gestalten kennen wir namentlich.

Honi der Kreiszieher zum Beispiel. Er lebte im ersten Jahrhundert vor Christus und hatte sich auf eine bestimmte Sorte von Wundern spezialisiert. Im Babylonischen Talmud (Taanit 23a) findet sich folgende Geschichte mit einer Prise Humor erzählt: Während einer Dürreperiode zog Honi im Staub einen Kreis, stellte sich hinein und rief zu Gott, er solle es auf die verbrannte Erde regnen lassen. Es regnete tatsächlich, aber nicht genug. Honi betete wieder, aber diesmal gab es zu viel Regen. Also betete er wieder und endlich fiel die richtige Menge Regen. Er betete ein viertes Mal und es hörte auf zu regnen, weil Gott sich genervt fühlte.

Ein anderer jüdischer Wunderheiler namens Hanina ben Dosa, der nur wenige Kilometer von Jesu Geburtsort Nazareth in dem Dörfchen Arab residierte, begann etwa zwanzig Jahre nach dem Tod Jesu in der Öffentlichkeit zu wirken. Er besaß die Fähigkeit, Kranke gesundzubeten, konnte auf Wunsch sagen, wer sterben würde und besaß Macht über Dämonen. Wie Jesus lebte er in völliger Besitzlosigkeit und war rituellen Fragen gegenüber indifferent. Noch eine andere Ähnlichkeit zu Jesus ist auffallend. In der rabbinischen Tradition wurde Hanina ben Dosa und Honi ein Sohnesstatus vor Gott zugeschrieben. Beide redeten – wie Jesus – bei ihren Gebeten Gott mit Abba an.[29]

Eleazar war ein Wundercharismatiker, der als Exorzist Dämonen austrieb, die Menschen krank machten. Dazu hielt er sich an magisch-medizinische Handbücher, die David oder Salomo als ihre Verfasser angaben. Die Instrumente, die er zur Dämonenaustreibung benutzte, Siegelring mit Wurzel, sind uns zum Teil auch aus dem Asklepioskult bekannt. Der jüdische Geschichtsschreiber Josephus berichtet nun von solch einer Dämonenaustreibung, die er selbst miterlebte:

„Die Heilung geschah in folgender Weise. Er hielt unter die Nase des Besessenen einen Ring, in dem eine von den Wurzeln eingeschlossen war, welche Salomon angegeben hatte, ließ den Kranken daran riechen und zog so den bösen Geist durch die Nase heraus. Der Besessene fiel sogleich zusammen und Eleazar beschwor dann den Geist, indem er den Namen Salomons und die von ihm verfassten Sprüche dahersagte, nie mehr in den Menschen zurückzukehren. Um aber den Anwesenden zu beweisen, dass er wirklich solche Gewalt besitze, stellte Eleazar nicht weit davon einen mit Wasser gefüllten Becher oder ein Becken auf und befahl dem bösen Geiste, beim Ausfahren aus dem Menschen dieses umzustoßen und so die Zuschauer davon zu überzeugen, dass er den Menschen verlassen habe. Das geschah auch in der Tat."[30]

Eine ganz besondere Art von „Vergöttlichung" erfuhren einige römische Kaiser, in dem ihnen Wundertaten zugesprochen wurden. Ein besonders interessantes und gut bezeugtes Beispiel ist Kaiser Vespasian (69-79 n.Chr.). Vespasian war der erste römische Kaiser, der nicht senatorischer Herkunft war. Seine Legitimation und Anerkennung musste er sich daher gerade zu Beginn seiner Amtszeit erkämpfen. In dieser fragilen Situation heilte er – so berichtet der römische Schriftsteller Sueton ca. 120 n.Chr. – zwei Menschen. Er schreibt folgende Anekdote über Vespasian:

„Ein blinder Mann aus dem Volk und ein anderer mit einem lahmen Bein traten gemeinsam an ihn heran, als er auf dem Richterstuhl saß, und baten ihn um die Heilung ihrer Krankheiten, die ihnen von Sarapis (einem ägyptischen Gott) durch einen Traum in Aussicht gestellt worden sei. Er werde dem einen das Augenlicht zurückgeben, wenn er auf das Auge speie, und dem anderen das Bein kräftigen, wenn er sich herabließe, es mit der Ferse zu berühren. Obgleich es kaum glaublich war, dass dies auf irgendeine Weise gelingen könnte, und er es deshalb auch nicht einmal zu versuchen wagte, ließ er es auf Zureden seiner Freunde in beiden Fällen schließlich dennoch ganz offen vor der versammelten Menge auf den Versuch ankommen, und der Erfolg blieb nicht aus.“[31]

Der wohl berühmteste Wunderheiler seiner Zeit war Apollonios von Tyana. Er wird schlicht als „heiliger Mann“ beschrieben. Wohin er auch ging, verrichtete Apollonios nach der Beschreibung des griechischen Philosophen Flavius Philostratos Wundertaten. Er heilte die Lahmen, die Blinden, die Gelähmten und erweckte angeblich sogar ein Mädchen von den Toten.[32] Nachdem er um das Jahr 120 starb, erschien er angeblich, wie Jesus, seinen Anhängern.

Wann schreiben wir denn endlich etwas über die Wunder von Jesus, nörgelte Chaka im Hintergrund. Deine Absicht wird den Lesern schon klar geworden sein, fuhr sie fort. Du willst sein Leben in eine Zeit einfügen, die unkritisch mit Wunderheilern umging. Jetzt sollten wir aber langsam zu unserem Hauptdarsteller kommen.

Chaka war jetzt ein halbes Jahr bei uns und hatte sich zu einer selbstbewussten jungen Hündin entwickelt. Als sie zu uns kam, hatten wir uns noch keine großen Gedanken über die Hausregeln für Hunde gemacht. Die legen fest, was Frauchen und Herrchen dem Hund innerhalb des Hauses gestatten und was nicht. Zum Beispiel, ob der Hund auf dem Sofa liegen oder das Schlafzimmer betreten darf. Doch wie so oft, sind solche Regeln verhandelbar und Hunde sind große Verhandlungskünstler. Chaka war da keine Ausnahme. Nach kurzer Zeit der häuslichen Anwesenheit hatte sie das Sofa erobert. Meine Frau und ich kommen – eng beieinander sitzend – mit einer Sofahälfte aus, Chaka nimmt die andere für sich in Anspruch. Während wir also beim Sofa kompromissbereit waren, blieben wir beim Schlafzimmer beinhart. Dies war und bleibt eine hundefreie Zone. Arbeiten müssen wir alle Drei noch an einer zufriedenstellenden Lösung bei der Frage: Wer empfängt unsere Gäste zuerst? Wer einen Hund zu Hause hat, wird das Problem vielleicht kennen. Sobald sich ein Besucher an der Haustür klingelnd ankündigt, steht der Hund schwanzwedelnd bereit, den schmalsten Türspalt zu nutzen, um den Besucher mit feuchtkalter Schnauze schon draußen zu begrüßen. Bisher war es uns nicht möglich, Chaka diese Unart abzugewöhnen. Wir bräuchten hierzu wahrscheinlich ein kleines Wunder. Damit wären wir wieder beim Thema und greifen den Vorschlag meiner Co-Autorin auf, endlich die Wunder Jesu zu behandeln.

Jesus, der Wundertätige

Im Palästina des 1. Jahrhunderts war der Beruf des Wundertätigen ebenso angesehen wie Zimmermann oder Maurer, nur wesentlich besser bezahlt. Jesus unterschied sich von all den Wundertätigen seiner Zeit unter anderem dadurch, dass er seine Dienste gratis leistete und seine Wunder am ausführlichsten beschrieben sind. Alle vier Evangelisten erzählen davon. Sie berichten von insgesamt 34 Wundern. Zumeist werden Kranke geheilt (23 Dämonenaustreibungen und Heilungen). Daneben kennen wir 5 Geschenkwunder, 2 Rettungswunder, ein Strafwunder und sogar 3 Totenerweckungen.[33]

Die Grenze zwischen Wundertätigkeit und Zauberei war fließend. In der Apostelgeschichte ist von einem Magier aus Samarien zu lesen, der die Menschen *„jahrelang mit seinen Zauberkünsten beeinflusst hatte“* (Apg 8,11). Er wurde als Simon Magus bekannt und war sogar eine beliebte Figur in der frühchristlichen Literatur. In der apokryphischen Apostelgeschichte des Petrus fordert er den Apostel zu allerlei Zauberduellen heraus, darunter auch im Wettfliegen durch die Luft. Petrus schlägt ihn schließlich, weil er betet, sein Gegner möge zu Boden fallen. Das Buch ist sozusagen der Harry Potter - oder Harry Petrus - seiner Zeit.

Wir wollen uns aber nicht mit Zauberei beschäftigen, sondern konzentrieren uns zunächst auf die Wunder Jesu an Kranken und Besessenen. Warum waren Wunderheilungen und Exorzismen in Jesu Zeit so verbreitet? Die Häufigkeit, mit der sie auftraten, ist auf die damaligen Krankheitsvorstellungen zurückzuführen. Man glaubte in der Antike, dass alle Krankheiten auf das Wirken böser Geister zurückzuführen seien. Die Menschen wurden krank, weil ein Geist seinen schlimmen Einfluss auf sie geltend gemacht oder Eingang in irgendeinen Körperteil gefunden hatte. Heilungen wurde infolgedessen durch Geisterbeschwörungen bewirkt. Die Folge all dieser Vorstellungen war, dass es sich bei einem großen Teil der Krankheiten um psychologisch bedingte Leiden handelte, ebenso wie Heilungen großenteils auf psychologischen Wirkungen beruhten. Wenn jemand davon überzeugt war, dass er von einem bösen Geist besessen sei, dann wurde er wirklich krank. Wenn ihn dann jemand davon überzeugen konnte, dass die Macht dieses Geistes gebrochen war, dann wurde der Betreffende auch wieder gesund.

Zudem war die altjüdische Theologie davon überzeugt, dass die Ursache einer Krankheit in einer bestimmten Schuld des Kranken lag. Hier einige Beispiele, die sich für unsere heutigen Ohren zum Teil skurril anhören: Bei einem harten Leib war Unzucht die Ursache, bei einem abgemagerten Leib dagegen war Zauberei im Spiel. Einem Richter, der das Recht beugte oder ein Geschenk annahm, würde erblinden. Aussatzplagen entstanden durch siebenerlei Dinge: Verleumdung, Blutvergießen, falschen Schwur, Unzucht, Hochmut, Raub oder Neid. Wer beim Licht der Lampe den Beischlaf vollzog, der bekam epileptische Kinder und wenn jemand seiner Frau in den Tagen der Menstruation beiwohnte, so wurden seine Kinder mit Aussatz geschlagen. Weshalb wurden die Kinder lahm? Weil die Eltern ihren Tisch umkehrten (= sie oben, er unten). Weshalb wurden sie taub? Weil die Eltern während des Beischlafs sprachen. Indem Jesus solche abergläubischen Zusammenhänge bestritt, humanisierte er das Phänomen der Krankheit und Behinderung.[34]

In allen Berichten von erfolgreichen Wunderheilungen ist eine wesentliche Voraussetzung zu erkennen. Nicht die Wunderkraft des Wunderheilers, sondern die Erwartungshaltung des Kranken bewirkt die Heilung. Dies gilt auch für Jesus. Nicht, weil Jesus viele Leute heilte, strömten viele Leute zu ihm, sondern weil viele zu ihm strömten, heilte er viele – worauf dann noch mehr zu ihm strömten und er noch mehr heilte. Eine Wunderspirale.

Die Erwartung auf Heilung des in früherer Zeit erkrankten Menschen wuchs in besonderem Maße gegenüber Herrschern und anderen herausragenden Personen. Krankenheilung erwartete man zum Beispiel bis ins 19. Jahrhundert von den französischen Königen, den Nachfolgern der römischen Kaiser. Sie pflegten die Kranken mit den Worten zu berühren: „Gott heile dich! Der König berührt dich!“ (Dieu te guérisse! Le Roi te touche!) Im großen Hof von Versailles berührte Ludwig XIV. am 22. Mai 1701 über 2.000 Kranke. Der Ruf des Außergewöhnlichen, in dem ein Herrscher, ein Berühmter, steht, und die Erwartung des Kranken an ihn eskalieren in Abhängigkeit der einen Komponente von der anderen.[35] Dies war auch bei Jesus so. Schließlich darf man bei einem Messias in besonderer Weise Heilungswunder erwarten.

Es mag zutreffen, dass Jesus im Gegensatz zu den anderen Exorzisten und Wunderheilern zusätzlich auch messianische Ambitionen an den Tag legte. Das taten aber auch andere gescheiterte Messiasse, wie zum Beispiel Theudas und der sogenannte Ägypter, die beide messianische Behauptungen verkündeten und ihre Wundertaten dazu nutzten, eine Gefolgschaft um sich zu scharen. Obendrein ist die literarische Form der Wundergeschichte in den jüdischen und heidnischen

Schriften des 1. und 2. Jahrhunderts fast identisch mit der in den Evangelien. Zur Beschreibung der Wunder und der Wundertätigen wird dasselbe Grundvokabular verwendet. Interessant ist auch, dass die verantwortlichen Männer der frühen Kirche die heidnischen Wunder niemals geleugnet haben.[36]

Die Frühkirche hielt nicht nur die lebhafte Erinnerung an Jesu Wunder aufrecht, sie gründete sich sogar darauf. Jesu Apostel zeichneten sich dadurch aus, dass sie seine Wunderkräfte nachahmen konnten, Menschen in seinem Namen heilten und Dämonen austrieben. Selbst diejenigen, die Jesus nicht als Messias anerkannten, sahen in ihm trotzdem einen Mann, der wundersame Dinge vollbrachte. An keiner Stelle in den Evangelien leugnen die Feinde Jesu seine Wunder.[37]

Haben Sie schon einmal erlebt, wie ein Hypnotiseur auf der Bühne jemanden, den er zuvor in Trance versetzt, Wasser zu trinken gibt und ihm einredet, es wäre Wein? Der Proband wird benommen und beginnt, sich beschwipst zu fühlen. Der britische Historiker Ian Wilson vermutet in einem seiner Bücher, dass Jesus ein meisterhafter Hypnotiseur war. Mit Hypnose ließen sich seine Exorzismen erklären, seine Verklärung, während der seine Jünger sein Gesicht leuchten und seine Kleidung so weiß wie Licht strahlen sahen. Wilson zeigt aber auch die Grenzen der Hypnose auf, wenn er schreibt: „Jesus scheiterte genau da, wo man es von einem Hypnotiseur erwarten würde, nämlich bei den Menschen, die ihn am besten kannten, die ihn als normales Kind hatten aufwachsen sehen. Für den Erfolg eines Hypnotiseurs sind zu einem großen Teil auch Ehrfurcht und das Geheimnis, mit dem er sich selbst umgibt, verantwortlich. Diese entscheidenden Faktoren fehlten in Jesu Heimatstadt vermutlich völlig“.[38]

Genau so geben es auch die Evangelien wieder. Bei Markus (Mk 6,1) hören wir von solch einem erfolglosen Auftreten Jesu in seinem Heimatort Nazareth. Als er am Sabbat in der Synagoge lehrte, ärgerten sich seine Landsleute über ihn, weil seine Herkunft aus der ihnen bekannten kleinbürgerlichen Familie und seine eigene langjährige Tätigkeit als Handwerker in ihrer Mitte für sie zu seiner Weisheit und Wunderkraft im unversöhnlichen Widerspruch standen. Von Wundern Jesu hatte man in seiner Heimat bereits gehört. Es war naheliegend, dass man jetzt entsprechende Erwartungen an den groß gewordenen Sohn des Dorfes hegte. Das sprichwörtliche Logion vom Propheten, der nirgendwo verachtet wird, außer in seinem Heimatort, dürfte hier entstanden sein. Jesus konnte in Nazareth keine Wunder wirken, weil er dort auf keinen Glauben stieß.[39]

Dass bei Jesu Wirken Hypnose im Spiel war, lässt sich auch aus seinen eigenen Worten ableiten, wenn er nach gelungenen Heilungen sagte: *„Dein Glaube hat dich gerettet“* (Mk 5,34) oder *„Bei keinem in Israel habe ich einen solchen Glauben gefunden“* (Mt 8,10). Wir kennen ein ähnliches Phänomen in der modernen Medizin, zum Beispiel bei Hustenmitteln. Etwa jeder vierte Heilungsfall wird durch Placebos erreicht (28% aller Placebos und 40% aller Hustenmittel wirken; pharmazeutische Erzeugnisse haben demnach einen Mehrwert von 12%).[40] Nicht der Heiler ist für das Wunder der Genesung verantwortlich, sondern der Kranke selbst; ähnliche Effekte haben wir, wenn auch deutlich seltener, bei den Wundern in den Wallfahrtsorten.

Bei den beiden Rettungswundern, von denen die Evangelien berichten, zeigt sich Jesus als Herr über die Naturgewalten. Er legt einen Seesturm still (Mk 4,35-41) und wandelt über dem Wasser (Mk 6,45f). Beide Naturwunder haben Analogien in der antiken Umwelt: Die Fähigkeit zum Gehen auf dem Wasser und zum Bändigen von Wind und Wellen galt als Zeichen göttlicher Macht. Indem diese Berichte Jesus solche Fähigkeiten zuschreiben, setzen sie für Gerd Theißen, evangelischer Professor für das Neue Testament, ein Wissen von seiner Auferstehung implizit schon voraus und seien daher nur als nachösterliche Dichtung erklärbar.

Im Übrigen ist nach dem britischen Professor für Theologie und Geistlichen der Church of Scotland, William Barclay, keinesfalls klar, was beim Wandeln über dem Wasser geschah. Matthäus (14,25 und 26) sagt zweimal, Jesus sei auf dem Meer gegangen, während im griechischen Text zwei verschiedene Ausdrücke dafür verwendet werden. In Vers 25 heißt es „epi ten thalassan", was sowohl <u>über</u> dem Wasser wie <u>in Richtung nach</u> dem Wasser heißen kann. In Vers 26 steht „epi tes thalasses", was tatsächlich auf dem Wasser bedeuten kann. Der griechische Text lässt sich also in der Form deuten, dass er <u>auf</u> dem Wasser gegangen ist. Ebenso kann aber auch gemeint sein, dass das Boot der Jünger vom Wind an das Nordufer des Sees getrieben wurde. Jesus kam dann, als er sie im Mondlicht erkannte, von der Anhöhe herunter, um ihnen zu helfen. [41]

Die Speisung der Fünftausend

Meine Co-Autorin Chaka hat eine genetisch bedingte Reserviertheit gegenüber Wasser. Dies hängt wahrscheinlich damit zusammen, dass ihre Vorfahren aus dem südlichen Afrika stammen. Wasser nutzt sie vornehmlich als Durstlöscher. Zu den beiden vorgenannten Rettungswundern, die mit dem nassen Element zu tun haben, hat sie daher keinen engen Bezug.

Viel wichtiger ist ihr – was man bei ihrer schlanken Figur nicht meinen sollte – das Fressen. Deswegen hat sie ein ganz bestimmtes Lieblingswunder. Die Speisung der Fünftausend.

In der Tat gehört dieses wohl zu den bekanntesten und auch schönsten Wundererzählungen. Nach Matthäus fuhr Jesus: *„mit dem Boot in eine einsame Gegend, um allein zu sein. Aber die Leute in den Städten hörten davon und gingen ihm zu Fuß nach. Als er ausstieg und die vielen Menschen sah, hatte er Mitleid mit ihnen und heilte die Kranken, die bei ihnen waren. Als es Abend wurde, kamen die Jünger zu ihm und sagten: Der Ort ist abgelegen und es ist schon spät geworden. Schick doch die Menschen weg, damit sie in die Dörfer gehen und sich etwas zu essen kaufen können. Jesus antwortete: Sie brauchen nicht wegzugehen. Gebt ihr ihnen zu essen! Sie sagten zu ihm: Wir haben nur fünf Brote und zwei Fische bei uns. Darauf antwortete er: Bringt sie her! Dann ordnete er an, die Leute sollten sich ins Gras setzen. Und er nahm die fünf Brote und die zwei Fische, blickte zum Himmel auf, sprach den Lobpreis, brach die Brote und gab sie den Jüngern; die Jünger aber gaben sie den Leuten, und alle aßen und wurden satt. Als die Jünger die übrig gebliebenen Brotstücke einsammelten, wurden zwölf Körbe voll. Es waren etwa fünftausend Männer, die an dem Mahl teilnahmen, dazu noch Frauen und Kinder“* (Mt 14,13-21).

Dann war das Wunder also noch viel größer, meinte Chaka. Zu den Fünftausend Männern muss man doch noch die Frauen und Kinder zählen – und was ist mit deren Hunden? Die waren doch auch hungrig! Die Evangelien sind manchmal wirklich ungenau, rief sie verständnislos.

Viele Theologen sind zudem der Ansicht, dass es sich bei der Speisung der Fünftausend und der ebenfalls von Matthäus berichteten weiteren Speisung von Viertausend (Mt 15,32-39) lediglich um verschiedene Fassungen ein- und desselben Vorgangs handelt.

Hinterfragen wir, schlug ich Chaka vor, ob diese Geschichte von Matthäus wirklich so ablief, wie beschrieben. Könnte diese Episode auch einen völlig anderen Verlauf genommen haben, der uns viel realistischer erscheint und trotzdem eine ähnliche Aussagekraft hat? William Barclay hat eine plausible Erklärung hierfür. Er schreibt:

„Stellen wir uns den Schauplatz des Geschehens einmal vor. Es ist spät, und die Menschenmenge, die sich um Jesus versammelt hat, ist hungrig. Soll man wirklich annehmen, dass die Mehrzahl von ihnen aufgebrochen ist, ohne etwas zu essen mitzunehmen? Hatten nicht alle wenigstens eine Kleinigkeit zu essen bei sich? Jetzt am Abend waren die Menschen hungrig, aber auch selbstsüchtig. Keiner holte daher hervor, was er bei sich hatte, nur um nicht mit anderen teilen zu müssen ... Da griff Jesus ein und begann das, was er und seine Jünger besaßen, lächelnd zu teilen ... Darauf begannen alle, anderen etwas abzugeben, und ehe ihnen noch zum Bewusstsein kam, was vor sich ging, gab es auf einmal genug und übergenug für alle zu essen. Wenn das zutrifft, dann handelt es sich hier nicht um ein Wunder der Vervielfachung von Brot und Fisch, sondern um das Wunder, dass selbstsüchtige Menschen durch die Berührung mit Jesus zu freigebigen Mensch wurden“.[42]

Joachim Gnilka, evangelischer Professor für das Neue Testament, umschreibt in einem seiner Bücher mit vielen Worten, dass auch er die biblische Fassung dieser Geschichte letztlich nicht für historisch hält. In diesem Zusammenhang sei der Hinweis betont, dass Gnilka der Amtskirche zuzurechnen ist und nicht zu den spekulationsfreudigen Bibelkritikern gehört. Von 1973-1988 war er sogar als Protestant Mitglied der Päpstlichen Bibelkommission.[43]

Die Hochzeit zu Kana

Ähnlich populär wie die Speisung der Fünftausend ist – nicht nur bei Winzern und Weinfreunden – die Geschichte von der Hochzeit zu Kana (Joh 2,1-12). Es ist schnell gesagt, worum es hier ging. Der Hochzeitsgesellschaft war der Wein ausgegangen. Jesus verwandelte kurzerhand 600! Liter Wasser in Wein, was offenbar ausreichte, die Hochzeitsgesellschaft bei Laune zu halten. Gegenteiliges ist jedenfalls von Johannes nicht bekannt.

Wie es zu dieser Wundererzählung gekommen ist, darüber kann uns das kirchliche Datum der Feier des Festes der Hochzeit zu Kana, der 6. Januar, einen Hinweis geben. Am genau gleichen Tag feierte man in der heidnischen Antike ähnliche göttliche Wunder: Es war das Fest der Weinwunder des Dionysos. Dieser griechische Weingott hatte angeblich schon vor Jesus den Dreh raus, Wasser in Wein zu verwandeln. Uta Ranke-Heinemann ist überzeugt, dass die Geschichte der Hochzeit zu Kana aus heidnischer Legende übernommen und auf Jesus übertragen wurde. Übrigens wird diese Geschichte nur von Johannes erzählt, die anderen Evangelien wissen nichts davon. Und noch etwas anderes ist bemerkenswert. Über dieses angebliche Wunder haben viele Leute viel geschrieben, was es denn bedeute. Sie haben sozusagen das Wasser nicht in Wein, sondern in Tinte verwandelt, ohne jedoch dahinterzukommen, was das Wunder aussagen soll.[44] Vielleicht wollte man ja nur den Weintrinkern eine Freude machen, witzelte Chaka.

Ein Feigenbaum wird bestraft; was soll der Unsinn?
Mein Sohn Alexander hat so einige Eigenheiten von mir mitbekommen. Zum Beispiel die Vorliebe für Eis. Während ich eine recht breite Palette von Geschmacksrichtungen favorisiere, konzentrierte sich mein Sohn während seiner Kindheit auf eine spezielle Sorte unseres örtlichen Eiscafés: Vanilleeis mit viel tutti frutti. Schaut bunt aus und ist sehr süß. Es war wenige Tage vor seiner Einschulung, als wir an einem heißen Tag die besagte Eisdiele betraten, um uns ein Eis zu kaufen. Sein Entsetzen war jedoch groß, als er erfuhr, dass die Sorte Vanille mit tutti frutti offenbar schon viele Liebhaber gefunden hatte und ausverkauft war. Alle meine Überredungskünste, eine andere Eissorte zu probieren, versagten. Mein Sohnemann verstand die Welt nicht mehr. Zum Zeichen seines Protestes standen ihm die Tränen in den Augen, aber er sagte kein Wort und nahm diese Enttäuschung tapfer hin.

An diese kleine Anekdote musste ich denken, als ich von der Verfluchung des Feigenbaumes las. Markus (11,12f) hat dieses einzige negative Wunder in den Evangelien in wenigen Worten festgehalten: *„Als sie am nächsten Tag Bethanien verließen, hatte er [Jesus] Hunger. Da sah er von weitem einen Feigenbaum mit Blättern und ging hin, um nach Früchten zu suchen. Aber er fand an dem Baum nichts als Blätter; denn es war nicht die Zeit der Feigenernte. Da sagte er zu ihm: In Ewigkeit soll niemand mehr eine Frucht von dir essen. ...“*. Für mich gibt es auf den ersten Blick eine Parallele zwischen den Früchten des Feigenbaumes und Vanilleeis mit tutti frutti. Beides war nicht verfügbar. Beim zweiten Hinsehen fällt einem natürlich schon der Unterschied auf. In meinen Augen handelte mein 6-jähriger Sohn reifer und überzeugender als dies Jesus in dem vorgenannten Gleichnis tat. Denn der Tatbestand, dass ein erwachsener Mensch zur unpassenden Jahreszeit in einen Garten geht und sich beklagt, dass der Feigenbaum keine Früchte trägt, um seinen Hunger zu stillen, ist ziemlich eigenartig. Aber es kommt ja noch dicker; Jesus setzt noch einen oben drauf und verflucht den früchtelosen Baum, was wie eine Bestrafung wirken soll.

Was will uns dieses Gleichnis eigentlich sagen? Theologen und Bibelwissenschaftler rätseln bei der Beantwortung dieser Frage herum. Sie wissen es schlichtweg nicht. Die kleine Geschichte ist sicherlich die Dümmste aller Wundermärchen. Einige Exegeten vermuten, der Feigenbaum stehe symbolisch für das Volk Israel. Aber was macht das für einen Sinn: ein Volk für etwas zu verfluchen, an dem es objektiv gesehen nichts ändern kann. Für andere Bibelforscher hat Jesu Gewalt gegen den unschuldigen Feigenbaum die Funktion einer Zeichenhandlung. Auf extreme, ja arrogante Weise soll hier demonstriert werden, dass er der Herr ist. Sein Besitzrecht dokumentiert er dadurch, dass er mit seiner Schöpfungsvollmacht den Feigenbaum mal eben zum dürren Skelett machen kann. Soll uns hier vielleicht mit dieser skurrilen Geschichte deutlich gemacht werden, dass der Schöpfer unbegrenzte und vor niemandem zu rechtfertigende Verfügungsgewalt über seine Kreaturen hat?

Ich möchte nochmals William Barclay bemühen, der meint: Es wird kaum einen aufrichtigen Bibelleser geben, der leugnen würde, dass dieser Abschnitt vielleicht der unbequemste und schwierigste des Neuen Testaments ist. Wenn wir ihn ganz wörtlich auffassen, wie er sich uns darbietet, tritt Jesus uns hier in einer Weise entgegen, die unser ganzes Jesusbild erschüttert.[45] So die Worte des Theologieprofessors aus Schottland. Ich denke, jeder weitere Kommentar ist überflüssig.

Totenerweckungen, die Steigerung des Wunders

Was ist die Heilung eines Kranken oder die Austreibung eines Dämons gegen eine Totenerweckung? Das Neue Testament bietet gleich drei davon. Wenn rational denkende Zeitgenossen über Wunderheilungen ihren geregelten Ärger empfinden, dann sehen sie in den Totenerweckungsgeschichten die ultimative Steigerung.

Markus erzählt, das Jesus die gerade verstorbene Tochter des Synagogenvorstehers Jairus (Mk 9,18-26) wieder zum Leben erweckte und Lukas berichtet von einer ähnlichen Geschichte, die einem jungen Mann aus Nain widerfuhr.

Den Vogel schießt aber Johannes (11,1-45) ab. In seiner Erzählung wird der bereits vier Tage zuvor verstorbene Lazarus, der sogar schon beerdigt wurde und zwischenzeitlich anfing zu riechen, wieder zum Leben erweckt. Das ist ziemlich starker Tobak, denn es handelt sich explizit um eine Totenerweckung, also nicht um etwas, das psychosomatisch zu erklären wäre. Ganze Generationen aufgeklärter Exegeten sind hier zu unterschiedlichen Ergebnissen gekommen. Die Meinungen schwanken zwischen wörtlicher strenggläubiger Übernahme der biblischen Geschichte bis hin zu der Annahme, das Lazarus gar nicht gelebt habe.[46]

Im Falle der Totenerweckungen fällt noch etwas anderes Eigenartiges auf. Die ältesten Schriften des Neuen Testamentes, das sind die Paulus-Briefe, berichten überhaupt nichts Derartiges. Dabei beschäftigte sich Paulus im ersten Korintherbrief ausführlich mit der Frage der Auferweckung von den Toten, da just dies von einigen Christen geleugnet wurde. Für Paulus wäre es doch eine Steilvorlage gegenüber diesen Skeptikern, zumindest eine der drei Totenerweckungen ausführlich darzulegen. Nichts dergleichen, er erwähnt keine einzige, sondern beruft sich lediglich auf den auferstandenen Jesus.

Stutzig macht auch, dass keines dieser drei so herausragenden Ereignisse unisono von allen vier Evangelisten berichtet wird. Der Fall Jairus wird von den drei Synoptikern[47] erwähnt. Der Jüngling in Nain nur von Lukas. Die Nachricht von der Erweckung des schon begrabenen Lazarus hat nur den Evangelisten Johannes erreicht, rund 70 Jahre nach dem Tod von Jesus. Es ist kaum vorstellbar, dass drei Evangelisten, die von den Wundertaten Jesu berichten, dieses unerhörteste aller Wunder Jesu unter den Tisch fallen ließen. Es bleibt nur die Konsequenz, dass sie eben nichts davon wussten, weil dieses Märchen erst später in Umlauf kam. Und Paulus, der älteste neutestamentliche Autor, kannte keine einzige Totenerweckung.

Chaka und ich leben, wie schon erwähnt, im westfälischen Münster. Unser beider Geburtsort liegt jedoch im Rheinland, einer Region, in der sich die Mentalität der Bewohner von denen in Westfalen und auch anderen Landesteilen unterscheidet. So sagt man den Rheinländern eine leichte, lebensfrohe Art nach, die oftmals zu Übertreibungen neigt. Dies sind Eigenschaften, die man bei einem Sachbuchautor weder erwartet noch schätzt. Beim Vergleich der neutestamentarischen Wundergeschichten können wir erkennen, dass deren Autoren, die immerhin Gottes Botschaft verkünden, in bester Manier der rheinländischen Schwäche der Übertreibung frönen. Um dies zu verdeutlichen, ist es hilfreich, wenn wir uns kurz ansehen, wie die vier Evangelien überhaupt entstanden sind. Jesus selbst hat seine Lebensgeschichte nicht aufgeschrieben und auch sonst keine Schriften hinterlassen. Erst rund 40 Jahre nach seinem Tod wurde mit der Niederschrift der Evangelien begonnen. Dabei haben die Evangelisten mündlich weitergegebene Geschichten benutzt, die man damals zum Teil auch schon schriftlich gesammelt hatte. Das Evangelium, welches vermutlich zuerst entstand, ist das Markusevangelium, um das Jahr 70. Matthäus und Lukas haben etwa ein bis zwei Jahrzehnte später geschrieben, Johannes noch später, so um das Jahr 100. Es ist also nicht so, wie man sich das vielleicht vorstellt. Da setzten sich Matthäus oder Lukas hin und schrieben all das auf, was sie als Augenzeugen mit Jesus erlebt hatten. Nein, es war ganz anders. Die Männer, die das Matthäus- und das Lukasevangelium schrieben, benutzten ausgiebig das bereits vorhandene ältere Markusevangelium, dazu noch eine andere uns nicht näher bekannte Quelle. Bei den Verfassern der Evangelien handelt es sich auch nicht um die gleichnamigen Apostel, die zur Zeit Jesu lebten, sondern eher um deren Schüler, die möglicherweise in deren Namen schrieben. Näheres zu den Autoren der Evangelien ist unter der nachstehenden Endnote zu finden.[48]

Wir haben es also bei den Verfassern der drei Totenerweckungen (wie natürlich bei allen anderen Geschichten in den Evangelien auch) nicht mit Augenzeugenberichten, sondern mit Erzählungen aus zweiter, dritter oder wievielter Hand zu tun, die viele Jahre nach den Ereignissen zusammengestellt wurden. Der geneigte Leser kennt wahrscheinlich aus eigenem Erleben, dass eine Geschichte mehrmals weitererzählt die

Tendenz hat, fantasievoll unter Verlust von Genauigkeit ausgeschmückt zu werden und so an Umfang und vermeintlicher Bedeutung zuzunehmen.

Die drei Totenerweckungen sind ein Beispiel für solch eine Steigerung. Bei der Geschichte der Tochter des Jairus räumt Jesus noch selbst einen denkbaren Hergang ein, indem er sagt: *„Das Kind ist nicht tot, sondern es schläft“ (Mk 5,22)*. Zudem weiß der Schreiber dieser Geschichte, Markus, noch nicht, dass sie *„die einzige Tochter des Jairus“* ist. Dies wird erst dem danach schreibenden Lukas klar. Bei der von Lukas zeitlich später erzählten Geschichte des Jünglings von Nain soll dieser nun wirklich tot gewesen sein und bei der noch später durch Johannes berichteten Erzählung über Lazarus war dieser sogar schon beerdigt und roch nach Verwesung.

Auch kleinere identische Wunder werden beim mehrfachen Erzählen aufgebauscht. Um die Glaubwürdigkeit zu erhöhen, werden Details eingesetzt. Aus *„die Jünger“* werden *„Petrus und Johannes“* (Mk 14,13 gegenüber Lk 22,8) und aus *„der Jünger“* wird *„Petrus“* (Mk 7,17 gegenüber Mt 15,15). Ähnliches findet sich in der Geschichte von Markus, in der ein Vater seinen besessenen Sohn zu Jesus bringt. Lukas fügt hinzu, dass es der einzige Sohn war (Mk 9,17 gegenüber Lk 9,38). Aus dem Reichen wird ein reicher Jüngling (Mk 10,22 gegenüber Mt 19,22). Jesus heilt nach Markus eine steife Hand. Lukas weiß, dass es die rechte Hand war (Mk 3,1 gegenüber Lk 6,6). Markus schreibt allgemein von Hand und Auge. Matthäus macht daraus das rechte Auge und die rechte Hand (Mk 9,43f gegenüber Mt 5,29f.). Während Lukas nur einen Schlag auf die Backe erwähnt, hat Matthäus die Gewissheit, dass es die rechte Backe ist (Lk 6,29 gegenüber Mt 5,39). Markus schreibt, einem

Knecht sei im Garten von Gethsemane ein Ohr abgeschlagen worden. Lukas ist genauer informiert: Es war das rechte Ohr (Mk 14,47 gegenüber Lk 22,50). Johannes, dem spätesten der vier Evangelisten, wurde zwischenzeitlich auch der Name des Jüngers bekannt, der das Ohr abhieb: nämlich Petrus. Und ihm flog sogar der Name des Opfers zu: es hieß Malchus (Joh 18,10). Man spürt förmlich, wie die Wunder wachsen, wenn man die einzelnen Geschichten der Evangelisten miteinander vergleicht.

Der Physiker und Nobelpreisträger Sir Neville Mott hat zu den Wundergeschichten von Jesus eine Meinung, die viele andere teilen. Er schreibt hierzu: „Ich glaube, dass die Gesetze der Physik und Chemie nicht gebrochen werden; Wasser wird nicht in Wein verwandelt, und ein Toter steht nicht durch ein Wunder aus dem Grabe auf. Ich muss glauben, dass Gott, wenn er allmächtig ist, all das tun könnte, wenn er wollte, aber ich kann einen Gott, der dies wollte, nicht anbeten oder ihm Respekt entgegenbringen. Ein derartiger Gott ist für mich ein Stammesgott, der sich vor seinen Anhängern damit brüstet, dass er solche Macht besitzt ...“.[49]

Chaka war ziemlich still geworden, als ich ihr dieses Kapitel vorlas. Du glaubst also auch nicht an Wunder, fragte sie enttäuscht. Doch, entgegnete ich, an dein wunderbares Sprachtalent glaube ich schon. Jesus ist in seinem Leben so jemandem wie dir offenbar nicht begegnet. Da habe ich ihm etwas voraus. Dafür hatte Jesus wundervolle Eigenschaften, auf andere Menschen einzugehen und sie durch seine Persönlichkeit zu beeindrucken und auch zu heilen. Er benötigte keine Wunder, bei denen die Naturgesetze außer Kraft gesetzt wurden. Es gibt übrigens einen Kommentar von Jesus selbst im Zusammenhang mit Wundern. Als die Pharisäer von Jesus in einem Streitgespräch ein Wunderzeichen vom Himmel forderten, „... *seufzte* (er) *tief auf und sagte: Was fordert diese Generation ein Zeichen? Amen, das sage ich euch: Dieser Generation wird niemals ein Zeichen gegeben werden*" (Mk 8,12). Jesus erteilt mit dieser deutlichen Aussage offenbar jeglichen Wundern eine Absage.

Noch ein Wunder: Pfingsten

Wenn wir über Wunder sprechen, darf das Pfingstwunder, das für die christlichen Kirchen das wichtigste aller Wunder ist, nicht fehlen. Dies finden wir nicht in den Evangelien, sondern in der Apostelgeschichte. Ihr Verfasser, Lukas, ist uns zum Beispiel durch seine schöne Märchengeschichte von dem Jesuskind in der Krippe zu Bethlehem in seinem Evangelium bekannt. Dies lässt nicht viel Gutes erwarten, zumal vom Pfingstwunder weder die anderen Evangelisten noch der Apostel Paulus irgendetwas berichten.

Was geschah nun an dem Tag, an dem sich angeblich das Pfingstwunder ereignete? Lassen wir Lukas zu Wort kommen: *„Als der Pfingsttag gekommen war, befanden sich alle am gleichen Ort. Da kam plötzlich vom Himmel her ein Brausen, wie wenn ein heftiger Sturm daherfährt, und erfüllte das ganze Haus, in dem sie waren. Und es erschienen ihnen Zungen wie von Feuer, die sich verteilten; auf jeden von ihnen ließ sich eine nieder. Alle wurden mit dem Heiligen Geist erfüllt und begannen, in fremden Sprachen zu reden, wie es der Geist ihnen eingab"* (Apg 2,1-4).

Die vielen Sprachen, die die versammelten Männer plötzlich beherrschten, werden im Einzelnen aufgezählt. Es ist jedoch für die damalige Zeit keine aktuelle und zutreffende Aufzählung von Sprachen. Die Meder und Elamiter, die explizit genannt werden, waren längst aus der Weltgeschichte verschwunden. Und dass auch Judäa und seine Sprache als Ausland angeführt wird (Apg 2,9), obwohl die Pfingstszene in Jerusalem, der Hauptstadt von Judäa, spielt, zeigt, dass das ganze Pfingstgeschehen ein aus späterer Sicht konstruiertes Ereignis war.

Die Apostelgeschichte berichtet sodann weiter, dass der Rummel um dieses Sprachwunder den Juden in der Nachbarschaft, die aus anderen Ländern stammten, nicht verborgen blieb. Sie liefen bestürzt herbei und gerieten außer sich vor Staunen. Uta Ranke-Heinemann hält es allerdings für höchst unwahrscheinlich, dass diese Juden tatsächlich in der Lage gewesen wären, die durch den Heiligen Geist erlangten Sprachen zu verstehen. Schließlich nutzten die Juden, die in anderen Ländern lebten, dort nicht die regionalen Sprachen, sondern entweder Aramäisch oder Griechisch.[50]

Die amtliche Kirche hat aus dem obskuren Pfingstereignis einen langanhaltenden Nutzen gezogen. Sie sieht den Tag, als sich das Pfingstwunder ereignete, als ihren Gründungstag an. Im Römischen Messbuch, einem der wichtigsten liturgischen Bücher der römisch-katholischen Kirche, ist festgehalten: „Der Heilige Geist ist vom ersten Pfingsttage an die Seele der heiligen Kirche, des mystischen Leibes Christi; er lebt, leitet, lehrt und bewahrt sie vor jedem Irrtum".[51] Ab diesem Tag ist die Kirche also unfehlbar. Bedarf es angesichts der Bücherwände füllenden Irrtümer und Verfehlungen der Kirche eigentlich noch eines weiteren Belegs für die Unsinnigkeit dieser Behauptung? Unberührt von dieser Frage wird das Pfingstwunder nicht nur als ein einmaliges biblisches Ereignis verstanden, sondern es wiederholt sich nach Meinung der christlichen Kirchen bei vielen Gelegenheiten. Wenn man leichtgläubig genug ist, sogar in den Gottesdiensten der sektiererischen Pfingstgemeinde, wie mir – zu Beginn dieses Kapitels geschildert – die Frau eines Freundes mit vollem Ernst schilderte.

Für Chaka bleiben die Wunder Jesu dennoch das Interessanteste während seiner Wanderschaft durch Palästina. Auch wenn sie stark verunsichert ist, ob sich wirklich alles so, wie in den Evangelien berichtet, zugetragen hat. Das Spannendste und Wichtigste im Leben Jesu, was das Neue Testament auch am ausführlichsten beschreibt, sind jedoch sein Tod und seine Auferstehung. Damit beschäftigen wir uns im nächsten Kapitel.

Kapitel 5: Der Prozess und Jesu Tod

Vom Philosophen Arthur Schopenhauer stammt folgender fiktive Dialog, den er im Jahre 33 n.Chr. stattfinden ließ.

A: Wissen Sie schon das Neueste?
B: Nein, was ist passiert?
A: Die Welt ist erlöst!
B: Was Sie nicht sagen!
A: Ja, der liebe Gott hat Menschengestalt angenommen und sich in Jerusalem hinrichten lassen: Dadurch ist nun die Welt erlöst und der Teufel geprellt.
B: Ei, das ist ja ganz charmant [52]

Chaka war außer sich, als ich ihr diese Zeilen vorlas. Schopenhauer war ihr Lieblingsphilosoph, weil er ein großes Herz für Tiere im Allgemeinen und für Hunde im Besonderen hatte. Ich hätte nicht gedacht, dass ein Philosoph so despektierlich über eine Glaubensanschauung herzieht, meinte sie enttäuscht. Und du, dabei schaute sie mich an, willst du dich auf das gleiche menschliche Niveau begeben? Du wirst mich bestimmt rechtzeitig stoppen, antwortete ich lächelnd. Wir wollen das Buch ja gemeinsam schreiben.

Jesus dürfte bei unserer Erzählung jetzt so um die 30 Jahre alt gewesen sein. Er wanderte mit seinen Jüngern knapp zwei oder drei Jahre lang predigend durch Palästina. Während dieser Zeit hatte er sich bei der breiten Bevölkerung einen Namen gemacht. Manche sahen in ihm einen Wunderheiler, einen Messias, einen Revoluzzer oder eine Mischung aus alledem. Auch die jüdischen Religionsautoritäten kannten ihn.

Vielen war er ein Dorn im Auge, da er ihre Verlogenheit und ihr korruptes Verhalten offen kritisierte. Und er war sicherlich auch bei der römischen Besatzung nicht unbekannt. Sie hielt ein wachsames Auge auf mögliche Unruhestifter, immer bereit, mit Gewalt einzuschreiten, um den römischen Machtanspruch zu sichern.

Die Evangelien beschreiben sehr detailliert, dass Jesus mit seinen Jüngern nach Jerusalem ging, um am Passahfest teilzunehmen und von der Bevölkerung wie ein König empfangen wurde. Dann lesen wir, dass er die Geldwechsler aus dem Tempel warf, mit seinen Jüngern das sogenannte letzte Abendmahl einnahm, von Judas verraten und von Soldaten gefangen genommen wurde. Sodann folgten eine Art Gerichtsverhandlung, die Vorführung vor Pilatus, das Austauschangebot mit Barabbas, die Geißelung mit Kreuzigung und sein anschließender Tod. Dies alles spielte sich in einem kurzen Zeitraum von wenigen Tagen ab, bevor das Passahfest überhaupt begonnen hatte.

Der Einzug in Jerusalem

Beim Passahfest feiern die Juden ihre Befreiung aus der ägyptischen Gefangenschaft. Es ist traditionell das wichtigste jüdische Fest (es wird auch das Fest der ungesäuerten Brote genannt). In einem von fremden Eroberern besetzten Land, wie es das jüdische unter den Römern war, darf solch eine Feier keineswegs als eine harmlose Veranstaltung verstanden werden. Allein schon die große Menschenmenge in Jerusalem, wenn zu den rund 55.000 Einwohnern noch weitere gut 100.000 Pilger kamen, die sich auf engstem Raum zusammenballten, sorgte für zusätzlichen Zündstoff. Josephus beschreibt diese gefährliche Stimmung, die an hohen jüdischen Festtagen herrschte, wie folgt:

„Als sich einmal die Menge zum Fest der ungesäuerten Brote in Jerusalem versammelte und die römische Kohorte auf dem Dach der Säulenhalle um das Heiligtum Aufstellung genommen hatte – wie gesagt bewachen sie immer an Festtagen in voller Bewaffnung das versammelte Volk, damit es keinen Aufstand beginne – da erhob ein Soldat sein Gewand, bückte sich und kehrte in unanständiger Weise den Juden den Hintern zu; zugleich gab er einen entsprechenden Laut von sich. Darüber geriet das Volk in hellen Zorn und forderte mit Geschrei vom Präfekten die Bestrafung des Soldaten. Einige junge Männer, die wenig beherrscht waren, und andere aus dem Volk, die ohnehin zum Aufstand neigten, schritten zum Kampf, hoben Steine auf und begannen, auf die Soldaten zu werfen. Der Präfekt fürchtete nun, das ganze Volk wolle ihn angreifen; er ließ daher noch mehr Schwerbewaffnete anrücken. Als sich diese in die Hallen ergossen, befiel die Juden ein unwiderstehliches Erschrecken; sie wandten sich um und versuchten, aus dem Heiligtum in die Stadt zu fliehen. Die Gewalt der an den Ausgängen zusammengedrängten Masse war so groß, dass sie sich untereinander niedertraten und erdrückten, wobei 3.000 getötet wurden“.[53]

Selbst in ruhigen Jahren, wenn die Juden zum Tempel strömten, um dort unter den Augen ihrer Unterdrücker die Befreiung von anderen, früheren Unterdrückern zu feiern, waren kleinere Rangeleien mit Todesfolge an der Tagesordnung. Zu jedem Passahfest wurden daher starke Ordnungskräfte mobilisiert, jüdische Polizei in den Höfen des Tempels und römische Hilfstruppen aus der nahegelegenen Festung Antonia.

Vor diesem Hintergrund beschloss Jesus, mit seinen Jüngern am Passahfest in Jerusalem teilzunehmen. Er kam aber nicht als einfacher Pilger, sondern – will man den Evangelien glauben – wie ein König in die Stadt.

Matthäus, der „Prophetenerfüller“, lässt einmal mehr eine alttestamentarische Weissagung Wirklichkeit werden. Diesmal die Prophezeiung des Propheten Sa*charja* im Zusammenhang mit dem Einzug Jesu in Jerusalem, und diesmal in einer besonders kuriosen Art und Weise. Sacharja hatte geschrieben, der König: *„reitet auf einem Esel, auf einem Fohlen, dem Jungen ein*er Eselin“ (Sach 9,9). Für jedermann ist klar, dass es sich um einen einzigen Esel handelt und die Begriffe „Fohlen“ und „Jungen“ diesen einen Esel spezifizieren. Nicht so Matthäus. Er dachte, es wären zwei Esel, übersetzte entsprechend falsch und ließ Jesus auf zwei Eseln in Jerusalem einreiten, wie immer dies auch möglich gewesen sein soll (Mt 21,6).

Markus dagegen übersetzte die Prophezeiung richtig und erwähnt bei seiner Geschichte nur einen Esel, das Fohlen. Da die Jünger keins haben, wird kurzerhand ein Eselsfohlen organisiert. *„Sie brachten den jungen Esel zu Jesus, legten ihre Kleider auf das Tier, und er setzte sich darauf. Und viele breiteten ihre Kleider auf der Straße aus; andere rissen auf den Feldern Zweige ab und streuten sie auf den Weg. Die Leute, die vor ihm hergingen und die ihm folgten, riefen: Hosanna! Gesegnet sei er, der da kommt im Namen des Herrn! ...“* (Mk 11, 7-10).

Mit der Überlegung, ob man als erwachsene Person auf einem Fohlen überhaupt vorankommen könnte, hält sich Markus erst gar nicht auf. Rudolf Bultmann, evangelischer Professor für das Neue Testament, findet die Vorstellung „absurd“, Jesus sei, nur um die Schrift zu erfüllen, auf einem gewissermaßen jungfräulichen Eselsfohlen in Jerusalem eingeritten.[54] Ähnlich sieht es der Theologe Hans Conzelmann. Für ihn ist der Einzug „als historisches Ereignis so kaum denkbar“.[55] Gerd Theißen ist vorsichtiger und lässt es offen, ob der historische Jesus selbst vom Bilde des auf einem Esel einreitenden Königs geleitet war“, und meint, dies „wird man nie eindeutig klären können“.[56] Zu welchem Ergebnis man auch kommen mag, besonders königlich dürfte es nicht ausgesehen haben.

Nach den Evangelien tat dies der Begeisterung der Bevölkerung allerdings keinen Abbruch. Sie feierte Jesus wie einen Messias. Hätte nun dieser Einzug in Jerusalem am Sonntag vor dem Passahfest tatsächlich, so wie von den Evangelisten berichtet, stattgefunden, so hätten schon allein deswegen die Behörden einen ausreichenden Grund gehabt, den Mann auf dem Eselsfüllen sofort zu verhaften. Dies ist jedenfalls die Überzeugung des amerikanischen Historikers John Dominic Crossan. Aufruhr wäre hier das entsprechende Stichwort aus dem römischen Strafgesetzbuch gewesen.[57]

Möglicherweise war es aber auch ganz anders! Und zwar in mehrfacher Hinsicht. Hiervon ist der österreichische Historiker Robert Eisler, den man als Begründer der zelotischen Jesus-Interpretation ansieht, überzeugt. Diese Interpretationsrichtung macht die Einzugsgeschichte sogar zu einem Angelpunkt seiner Auffassung. Sie besagt, dass Jesus damals vom Volk buchstäblich zum König von Israel ausgerufen worden sei, vergleichbar der Ausrufung von siegreichen Feldherren zu Imperatoren durch die Truppe in der republikanischen römischen Zeit. Eisler bezieht sich dabei auf Lk 19,38, wonach das Volk Jesus zugerufen hat: *„Gepriesen, der kommt, der König, im Namen des Herrn. Im Himmel Friede und Herrlichkeit in den Höhen!"* Doch nicht nur das. Eisler geht bei seiner Konstruktion auch davon aus, dass Jesus mit einer Schar von Freischärlern in die Hauptstadt gekommen sei und nach der Akklamation des Volkes das Tempelareal von Jerusalem besetzt habe.[58] Nach Matthäus breiteten die Leute ihre Kleidung und Palmzweige vor Jesus aus (Mt 21,8-11). Dies war nicht nur eine freundliche Willkommensgeste, sondern eine ganz ungewöhnliche Huldigung, die in der jüdischen Geschichte bis dahin nur zwei nationalreligiösen Helden zuteil geworden war: Judas Makkabäus (II. Makk. X,7), der den Tempel nach der Entweihung durch Antiochus IV. rituell gereinigt und neu eingeweiht hatte, und Jehu (II. Kön. IX,13), der von einem der Jünger des Propheten Elias gesalbt worden war und der durch seine Revolte Jahwe zum Siege gegen den Astarte-Kult im Nordreich Israel verhalf.

Ist Jesus von den Einwohnern Jerusalems und den Pilgern nun tatsächlich als König gehuldigt worden? Hieß man ihn als Messias willkommen, von dem die Schriften kündeten, dass er kommen werde, um das Reich Gottes zu errichten? Gingen die Massen in Jerusalem auf die Straßen in der Hoffnung auf die Wiederherstellung des Reiches Davids, auf die Befreiung vom römischen Joch, auf die Unabhängigkeit? Wenn dies der Fall war, dann wäre die Festnahme Jesu unausweichlich gewesen. Entweder direkt, sozusagen „in flagranti" oder, um die Tumulte nicht eskalieren zu lassen, zu einem etwas späteren, günstigeren Zeitpunkt.[59]

Die Tempelreinigung – eine unerhörte Provokation!

Die erste Handlung Jesu in Jerusalem war eine weitere Provokation. Sie überstieg noch die seines Einzuges, wenn die Evangelien sie denn richtig beschreiben. Nach Markus begab sich Jesus mit seinen Anhängern *„in den Tempel und begann, die Händler und Käufer aus dem Tempel hinauszutreiben; er stieß die Tische der Geldwechsler und die Stände der Taubenhändler um und ließ nicht zu, dass jemand irgendetwas durch den Tempelbezirk trug. Er belehrte sie und sagte: Heißt es nicht in der Schrift: Mein Haus soll das Haus des Gebetes für alle Völker sein? Ihr aber habt daraus eine Räuberhöhle gemacht“* (Mk 11,15-20).

Wie bitte, meldete sich Chaka erstaunt. Was haben Tierhändler und Geldwechsler denn in einem Tempel zu suchen? Ich will es kurz erklären, antwortete ich ihr.

Der antike Tempel in Jerusalem war in vielerlei Hinsicht eine Besonderheit. Architektonisch gesehen war er ein Wunder der griechisch-römischen Welt. Wer den Tempel nicht in seiner ganzen Vollendung sah, hat in seinem Leben kein glanzvolles Bauwerk erblickt, schrieben später ohne Übertreibung die Rabbis. Herodes hatte die relativ bescheidene Anlage aus der Zeit Serubbabels umgestalten und dabei ein gewaltiges Eingangstor und ein zweites Stockwerk hinzufügen lassen. Der Bau erreichte so eine Höhe von hundert Ellen (knapp 40 Meter). Zudem ließ er die Eingangshalle zu beiden Seiten um neue Flügel erweitern, die mit weißem Marmor und eingelegtem Gold verkleidet waren. Direkt im Tor hing ein gewaltiger goldener Weinstock von senkrechten Säulen herab. Für ihn konnten die Gläubigen ein goldenes Blatt oder eine goldene Beere stiften. Um den Tempel herum schuf Herodes eine riesige erhöhte Esplanade, die sich über ein Areal von 14 Hektar erstreckte und damit ungefähr 12 Prozent des Stadtgebietes einnahm. Hinauf gelangte man über eine Reihe von Treppen, Gängen und Tunnels. Alles am Tempel war luxuriös und prachtvoll. Selbst die Gewänder des Hohepriesters waren märchenhaft geschmückt. Der Mischna zufolge kosteten sie 10.000 Denare, eine unglaubliche Summe, die ungefähr einem Gegenwert von 450.000 Euro entspricht.[60]

Jeder männliche Besucher musste ein Opfer auf dem Altar des Tempels erbringen. *„Keiner von euch darf mit leeren Händen kommen"*, forderte das zweite Buch Mose, und in den Tagen Jesu gab es eine klar definierte Mindestabgabe, die wenigstens zwei Silberstücke betrug. Zum Passahfest wurde von den Juden erwartet, dass sie die Tempelsteuer entrichteten, doch auch während des übrigen Jahres spendeten die Menschen Geld für den Tempel. Neben der Tempelsteuer, die aus dem gesamten Römerreich nach Jerusalem floss, verdiente der Tempel durch den Verkauf von Opfertieren. Die griechisch-römische Welt begeisterte sich für Tieropfer. Der Tempel war nicht nur ein religiöses Heiligtum, sondern auch ein riesiger Schlachthof, und jeder Priester war zugleich ein versierter Schlachter, der mit chirurgischer Präzision die Opfertiere tötete. Die eintreffenden Pilger brachten folglich ein Opfertier mit oder kauften es in den Ställen des Tempels, was häufiger geschah. In diesem Fall wurde es teuer. Das einfachste Opfer – ein Paar Tauben – kostete 1 Denar, den Tageslohn eines durchschnittlichen Arbeiters. Ein Lamm kostete 4, ein Widder 8, ein Kalb 20 und ein Ochse zwischen 100 und 220 Denare. Zu festlichen Anlässen trieb das Gesetz von Angebot und Nachfrage die Preise zusätzlich in die Höhe. Der Tempel war zudem so etwas wie eine Bank, die Geld verlieh und dann bei Zahlungsschwierigkeiten beim Schuldner die Zwangsvollstreckung einleitete und sein Land beschlagnahmte. Auf diese Art wurde der Tempel zu einem der größten Landeigner in Judäa.[61]

Jerusalem hatte keinen Hafen, keinen Fluss und kein Ackerland in der näheren Umgebung. Das Passahfest und andere Feierlichkeiten wie das Erntedankfest stellten somit die wichtigste Einnahmequelle dar. Jerusalems Ökonomie war ganz auf den Tempel ausgerichtet. Sie stützte sich auf den Tempeltourismus, auf Pilgergruppen, die in die Stadt kamen und ihr Geld ausgaben. Herodes hatte Jerusalem zu einer religiösen Fünf-Sterne-Attraktion gemacht. Dies alles machte den Tempel nicht nur märchenhaft reich, es sorgte auch für erheblichen Unmut in der Bevölkerung und bei Jesus. Seine Aktion gegen die Tierhändler und Geldwechsler war mehr als nur ein Protest gegen die Geldmaschine des Tempels.[62] Es war eine Kampfansage an die jüdische Priesterschaft, die sich mit den Römern arrangiert hatte und dabei nicht schlecht lebte.

Bei der sogenannten Tempelreinigung von Jesus und seinen Jüngern konnte es sich sogar, wie von mehreren Autoren vermutet wird, um eine vorübergehende Besetzung eines Tempelbezirks handeln. Die von den Evangelisten berichteten Handgreiflichkeiten und Geißelhiebe lassen dieses vermuten. Jedenfalls war es eine Herausforderung an die Autorität der Obrigkeit, wie es sie in dieser Art wohl noch nicht zuvor gegeben hatte. Denn wenn man Jesus richtig versteht, handelte es sich um eine symbolische Zerstörung des Tempels.

Es gibt aber auch namhafte Kritiker, die sich ein solches Agieren von Jesus nicht vorstellen können. Hierzu gehört der Kirchenvater Origenes aus dem 3. Jahrhundert. Er schrieb: „Stellen wir uns den Sohn Gottes vor, wie der zu Schnüren greift und sich daraus eine Peitsche flicht, um die Händler aus dem Tempel zu vertreiben – wenn dies nicht rücksichtslos, anmaßend und tumultuarisch erscheint".[63] Ähnlich äußerst sich der deutsch-israelische Religionswissenschaftler Scharom Ben-Chorin: „Die Vorstellung, dass Jesus, mit einer Geißel aus Stricken bewaffnet, die Wechslertische umstößt und die Beamten der Tempelbank zum Tempel hinausjagt, ist zu abenteuerlich, um wahr zu sein".[64] Markus hat die Szene möglicherweise aus mehreren Weissagungen herausgesponnen, etwa aus der Tempelrede des Jeremia (7,11) mit der Anklage: *„Haltet ihr denn dieses Haus, das nach meinem Namen genannt ist, für eine Räuberhöhle?"* Es ist auch seltsam, dass Jesus immer alles alleine macht. Kein Jünger tut etwas neben ihm oder mit ihm.

Wenn die Tempelreinigung aber tatsächlich zutraf, dann war sie eine so spektakuläre Herausforderung, wie sie zuvor kaum denkbar gewesen war und übertraf die zahlreichen verbalen Attacken von Jesus in den Monaten davor deutlich. Da gab es kein Zurück: Die Priesterschaft musste reagieren und Jesus zu Fall bringen, mit welchen Mitteln auch immer. Es war nur eine günstige Gelegenheit abzuwarten.

Das letzte Abendmahl

Nach dem Einzug in Jerusalem und der Tempelreinigung trafen sich Jesus und die Jünger zum traditionellen Passahmahl. Dieses spezielle Mahl am Vorabend seines Todes – bei den Christen ist es unter dem Begriff „Letztes Abendmahl" geläufig – hat in den verschiedenen christlichen Kirchen eine vielfältige mythische Bedeutung. Jesus verkündet hierbei nach Markus den Jüngern seinen baldigen Tod: *„Während des*

Mahls nahm er das Brot und sprach den Lobpreis; dann brach er das Brot, reichte es ihnen und sagte: Nehmt, das ist mein Leib. Dann nahm er den Kelch, sprach ein Dankgebet, reichte ihn den Jüngern, und sie tranken alle daraus. Und er sagte zu ihnen: Das ist mein Blut, das Blut des Bundes, das für viele vergossen wird.“ (Mk 14,22-24). In ähnlicher Weise berichten Matthäus, Lukas und Paulus von diesem Mahl. Teilweise sind die Unterschiede jedoch gravierend genug, dass die verschiedenen christlichen Kirchen – Katholiken, Orthodoxe, Anglikaner, Lutheraner, Reformierte usw. – im Zusammenhang mit dem Abendmahl unterschiedliche Glaubenslehren entwickelt haben.[65]

Für Nichtchristen ist es ziemlich unverständlich, was Jesus da angeblich beim letzten Abendmahl sagte. Er gibt sich selbst – sein Fleisch, sein Blut – als Mahl. Aber auch für die Christen in der Folgezeit war nicht klar, was geglaubt werden sollte. War das Brot wirklich Jesu Fleisch und der Wein wirklich sein Blut oder sollte es symbolisch verstanden werden? Christen haben sich in den Jahren danach wegen dieser unterschiedlichen Auffassungen die Köpfe eingeschlagen.

Chaka schaute mich ungläubig an. Dann lehrt die Kirche also einen religiös tolerierten Kannibalismus?, fragte sie. So kommt es vielen vor, antwortete ich. Aber, um in deiner sprachlichen Begrifflichkeit zu bleiben, diese Art von Kannibalismus toleriert sie nicht, sie fordert ihn.

Der vierte Evangelist Johannes hat einen ganz anderen theologischen Ansatz als die drei Synoptiker, der nicht minder skurril ist. In seinem Bericht spricht Jesus beim „Letzten Abendmahl“ nicht die sogenannten eucharistischen Einsetzungsworte (*das ist mein Leib, das ist mein Blut*). Nach Johannes ist Jesus selber das geschlachtete Passahlamm und kann ein Passahmahl überhaupt nicht mehr feiern, da er zum Zeitpunkt des Passahmahls bereits tot war. Aber dieser gekünstelte theologische Tiefsinn ergibt nach Uta Ranke-Heinemann einen historischen Unsinn, da der zeitliche Ablauf von Kreuzigung, Tod und Begräbnis im Zusammenhang mit dem Passahfest nicht mehr passen kann. Darüber hinaus ist sie von Chakas Vorstellung gar nicht so weit entfernt. Sie hält den Gedanken, einen Menschen als Opfertier und die Hinrichtung dieses Menschen als erlösende Opfertierschlachtung anzusehen, für eine Schlächtertheologie.[66]

Wir können schon mal eines festhalten: Die Berichte der Synoptiker und des Johannes schließen sich gegenseitig aus.

Ich möchte mich nunmehr der Frage zuwenden, ob wir glauben wollen, dass das „Letzte Abendmahl" in der Art, wie die synoptischen Evangelisten davon berichten, überhaupt stattgefunden hat. Wurde von Jesus vor seinem Tode tatsächlich ein neues symbolträchtiges Abendmahl abgehalten, das seitdem bei jeder Feier der Heiligen Messe zu seinem Gedenken wiederholt wird?

Weder die apokryphen Evangelien noch das Q-Evangelium (urzeitliche Quellen, die den Evangelisten Matthäus und Lukas zur Verfügung standen) scheinen von der Institution einer solchen Feier zu wissen. Von besonderer Aussagekraft ist schließlich, was in der Didache (9-10) nachgelesen werden kann. Diese älteste erhaltene Kirchenordnung aus der zweiten Hälfte des 1. Jahrhunderts beschreibt ein gemeinsames und rituelles Mahl der Gläubigen ohne jede Anspielung auf das „Letzte Abendmahl" und ohne erkennbaren symbolischen Bezug auf die Passion Jesu. Es ist kaum zu glauben, dass diesen Christen solche Bezüge bekannt waren, denn, so fragt Crossan: „weshalb hätten sie es dann vermieden, ihrer zu gedenken?"[67]

Das letzte Abendmahl hatte aber eine andere wichtige Bedeutung für den weiteren Ablauf der letzten Stunden von Jesus. Im Bericht von diesem Mahl kündigte Jesus nämlich selbst an, dass einer seiner Tischgäste ihn verraten und an seine Gegner ausliefern würde: *„Und als sie zu Tische saßen und aßen, sprach Jesus: Wahrlich, ich sage euch: Einer von euch wird mich verraten und ausliefern ..."* (Mk 14,18).

Judas, ein Verräter?

Es wird in der Bibel mehrfach darauf hingewiesen, dass Judas Ischariot derjenige war, der Jesus verriet. Judas erhielt sozusagen den wenig schmeichelhaften Zusatznamen „der Verräter". Der Name Judas und der Begriff Verrat wurden umgangssprachlich in den vergangenen Jahrhunderten zum Synonym, eng verbunden mit der antijüdischen Stilisierung des Judas als Prototyp des Judentums schlechthin.

Bleiben wir einen Moment noch bei dem Wort „Verrat". Die frühchristliche, in griechischer Sprache verfasste Bibel beschrieb das, was Judas tat, durchgängig mit dem Verb „paradidomi". Dies heißt übersetzt in erster Linie „hingeben" und „übergeben". Das Wort umfasst das Bedeutungsspektrum zwischen dem „Überliefern" einer Sache oder einer Lehre, dem „Ausliefern" von Personen an ein Gericht bis hin zur „Preisgabe" an den Feind. Moderne Bibelübersetzungen wählen zumeist den neutraleren Begriff „überliefern" statt „verraten". Mit dieser vorsichtigeren Wortwahl werden alternative Motive des Judas und andere Handlungsabläufe denkbar. Nach Markus, also in der offiziellen kirchengeschichtlichen Tradition, ist die Sache recht einfach: Judas Ischariot, einer der zwölf Jünger Jesu *„ging hin zu den Hohepriestern, dass er ihn an sie verriete" (Mk 14,10).* Interessanterweise verzichtet der Verfasser darauf, ein Motiv zu nennen. Er sagt lediglich, die Hohepriester hätten Judas Geld angeboten, offenbar um einen größeren Anreiz zu schaffen: *„Als die das hörten, wurden sie froh und versprachen, ihm Geld zu geben. Und er suchte, wie er ihn bei guter Gelegenheit verraten könnte"* (Mk 14,11). Nebenbei gefragt: Woher wusste der Verfasser das eigentlich; hatten die Hohepriester ihm dies gesagt?, Judas sicherlich nicht. Angabegemäß war jedenfalls reine Geldgier die Motivation. Von 30 Denaren war die Rede, was damals dem Monatslohn eines Handwerkers entsprach. Wenn es so wäre, dann hätte Jesus zumindest bei der Auswahl seiner Jünger keine glückliche Hand bewiesen, allein schon, weil er Judas zum Kassenwart seiner Jüngerschar machte (hätte Judas ausschließlich finanzielle Motive für seinen Verrat gehabt, dann wäre es einfacher für ihn gewesen, mit der Kasse durchzubrennen). Aber ist dieses niedere Motiv der Habsucht bei Judas überhaupt gerechtfertigt?

In den frühchristlichen Apokryphen (Evangelien, die nicht in die Bibel aufgenommen wurden) wie dem Judasevangelium wird Judas als der Jünger angesehen, der die Erlösungsgeschichte durch seinen „Verrat" erst ermöglichte. So gesehen stand er gewissermaßen im Dienst Jesu und kann sogar als sein „Befreier", als derjenige angesehen werden, der das, was Jesus vorhatte, erst ermöglichte. Der Kirchenvater Origenes sah in Judas sogar einen Heiligen. Es gibt noch zwei weitere alternative Versionen, die nicht in den biblischen Evangelien stehen, und denen eine gewisse Logik nicht abzusprechen ist. Judas hat den Beinamen „Ischariot“ oder in einer anderen Schreibweise „Iskariot“, was eine Ableitung von „Sikarier“ sein kann (so nannte man einen besonders militanten Arm der Zeloten). Für manche christliche Exegeten ist dies ein Hinweis, dass Judas Sympathien für die Zeloten empfand. Die Zeloten waren seinerzeit so etwas wie eine jüdische paramilitärische Widerstandsbewegung gegen die römische Besatzungsmacht. Auch mindestens einem weiteren Jünger, Simon Zelotes, der zu dem Kreis der zwölf Apostel gehörte, wird eine Nähe zu diesen Aufständischen unterstellt. Nach der Theorie der vorhin erwähnten christlichen Exegeten hatte Judas in Jesus den erhofften Befreier der Juden gesehen, der die Führung eines jüdischen Aufstands gegen die Römer übernehmen und diese vertreiben sollte. Judas hat demnach Jesus durch seinen „Verrat“ zwingen wollen, sich als Messias zu offenbaren. Wenn diese Theorie stimmt, dann hat Jesus geahnt, das Judas ihn verraten würde und dies auch beim Abendmahl vorhergesagt. Der Selbstmord von Judas kann dann als herbe Enttäuschung über den nicht stattgefundenen Aufstand gesehen werden. In den Evangelien wird der Selbstmord des Judas allerdings nicht nur anders gewertet, sondern sogar unterschiedlich beschrieben. Nach Matthäus *„ging er weg und erhängte sich“* (Mt 27,3-10) und der Apostelgeschichte (1,18) zufolge *„barst er mitten entzwei und alle seine Eingeweide traten heraus“*. Die eine Todesart schließt die andere aus.

Manch einer der Bibelkritiker geht sogar von der spekulativen Annahme aus, dass Judas nach vorher gegebenen Instruktionen handelte. Er habe Jesus nur verraten, weil dieser ihn darum gebeten hatte, eine solche Rolle zu spielen. Der „Verrat" habe zu dem Plan mit dem Ziel gehört, Jesus kreuzigen zu lassen, damit dieser die Menschheit erlösen könne.[68] Diese Sicht wird durch das erst vor rund 50 Jahren in Ägypten gefundene Judasevangelium gestützt. Dieses Evangelium zeigt Judas als engen Vertrauten von Jesus, den er in seine tiefsten Geheimnisse einweihte und dem er die Aufgabe übertrug, seine Passion einzuleiten. Dem Johannesevangelium zufolge hat Jesus selbst dem Verrat den Weg geebnet und Augenblicke, bevor Judas nach draußen ging, zu ihm gesagt: *„Was du tust, tu schnell"* (Joh 13,27).

Das zuvor erwähnte, spät entdeckte Judasevangelium vermittelt uns übrigens interessante Einblicke in die komplizierte Welt der frühchristlichen Bewegung mit ihren vielseitigen religiösen Strömungen, die sich keineswegs, wie es spätere Kirchenhistoriker darstellten, in ununterbrochener Kontinuität des einen wahren Glaubens entwickelt hat. Die traditionelle Geschichte des Christentums wurde fast ausschließlich aus der Perspektive der Sieger geschrieben, die erstaunlich erfolgreich andere Stimmen zum Schweigen brachten oder verzerrten, Schriften vernichteten und die Vertreter anderer Standpunkte als gefährliche, verstockte Häretiker unterdrückten. Diejenigen, die sich mit ihrer religiösen Meinung durchsetzten, stellten das entstehende Christentum nicht etwa als eine Glaubensgemeinschaft wechselvoller und intensiver Auseinandersetzungen dar, sondern zeichneten ein Bild von Jesus, der sein Evangelium den zwölf Aposteln verkündete, die dann ihrerseits die exakte Botschaft weitergaben. Diese Botschaft nannten sie „Glaubensgut" (fidei depositum) wie das Guthaben auf einer Bank. Mit einem genau fixierten Glaubensbekenntnis und einem unverrückbaren Kanon hätten demnach die Nachfolger der Jünger diese Botschaft unverfälscht an die folgenden Generationen weitergegeben – an die Bischöfe und den geweihten Klerus weltweit, die Hüter der göttlichen Wahrheit. Viele Menschen fanden dieses geschlossene Bild von der Geschichte der christlichen Lehre enorm attraktiv und ließen sich bekehren. Dieses Bild verzerrt jedoch völlig den historisch korrekten Ablauf der Ereignisse.

In den vergangenen 150 Jahren haben wir Zugang zu mehr als vierzig Evangelien, Briefen und anderen frühchristlichen Texten gewonnen, die uns deutlich machen, dass die Frühzeit des Christentums überaus turbulent war – geprägt von intensiver Reflexion, vom Experimentieren und vom Disput selbst über fundamentale Fragen. In den Kontroversen des 2. Jahrhunderts erhoben mehrere Parteien den Anspruch auf die Wahrheit und sprachen diese der jeweiligen Gegenseite ab, nicht anders als heute.[69]

Der Autor des Matthäusevangeliums muss vom zuvor verfassten Markusevangelium stark beeindruckt gewesen sein. Er übernahm es weitgehend, veränderte nur wenige Details und erweiterte die Szene durch zusätzliche Worte, die Jesus zugeschrieben wurden. Er fügte Geschichten ein, deren Quellen wir nicht kennen, und schuf so eine neue Version. Wenn wir uns diese Zusätze und Veränderungen genauer ansehen, erkennen wir, dass für den Verfasser dieses Evangeliums, den wir Matthäus nennen, die oberste Autorität die hebräische Bibel war. Auf diese jüdischen Texte greift er immer dann zurück, wenn ihm Informationen fehlen oder er die Ereignisse nicht deuten kann. So auch im Falle des Verrats von Judas. Bei der Lektüre der Genesis, der Psalmen und der prophetischen Bücher stieß der Verfasser des Matthäusevangeliums auf Passagen und Anspielungen, die ihm nahelegten, dass Judas` Verrat Teil des göttlichen Plans war. Daher schrieb er die im Markusevangelium erzählte Geschichte um: Er arbeitete die für ihn vorhandene Tatsache des Verrats heraus und erfand sogar neue Szenen, in denen bestimmte Details noch exakter mit diesen Prophezeiungen übereinstimmten. Offensichtlich fand er Trost in der Überzeugung, dass die Prophezeiungen diese schrecklichen Ereignisse in den Kontext eines göttlichen Heilsplans stellten, den Gott, so schreibt er, durch den Heiligen Geist geoffenbart hat.[70]

Eine der Veränderungen bei Matthäus gegenüber dem Markusevangelium war der Vorschlag eines Motivs für die Tat des Judas. Statt dem Verfasser des Markusevangeliums zu folgen, wo es ja heißt, die Hohepriester hätten Judas Geld angeboten, stellt der Autor des Matthäusevangeliums diese Geschichte auf den Kopf. Um Judas als von Geldgier getrieben darzustellen, schreibt er, Judas habe angefangen, mit den Hohepriestern zu feilschen: *„Dann ging einer von den Zwölfen, Judas Iskariot mit Namen, zu den Hohepriestern und sprach: Was wollt ihr mir geben, und ich werde ihn euch überliefern? Sie aber setzten ihm dreißig Silberlinge fest“* (Mt 26,14-15). Wie kommt Matthäus zu dieser Präzisierung des Markusevangeliums, die bei Lukas und Johannes nicht zu finden ist? Weil er im Alten Testament bei Jeremias nachgeschaut hat, wie der Ablauf gewesen sein müsste.[71]

Jesu Gefangennahme

Kehren wir nunmehr zurück zum Abendmahl. Nach diesem Essen begab sich die restliche Abendmahlgesellschaft an einen Ort, der in der Bibel Gethsemane genannt wird. Jesus bat die Jünger zu lagern und zu wachen, während er abseits von ihnen den letzten Abend vor seinem Tod betete: *„Abba, mein Vater, alles ist dir möglich. Nimm diesen Kelch von mir! Aber nicht, was ich will, sondern was du willst soll geschehen"* (Mk 14,36). Dreimal unterbrach er sein Gebet, suchte die Jünger auf, um nach ihnen zu schauen und dreimal waren sie entgegen seiner Bitte eingenickt.

Als ich beim Vorlesen an diese Stelle kam, hatte ich schon mit einer Bemerkung von Chaka gerechnet – oder präziser – ich hatte sie erwartet. Und tatsächlich meldete sich mein Hund mit süffisanter Stimme: Ich kann die Enttäuschung von Jesus schon verstehen, als seine Jünger einschliefen und ihn vergessen hatten. Ja, ja, entgegnete ich gleichermaßen unwirsch und kleinlaut. Es wird auch nie mehr vorkommen, fuhr ich fort. Was war passiert? Chaka und ich hatten zwei Wochen zuvor zu später Stunde noch einen kurzen nächtlichen Spaziergang gemacht. Bei der Rückkehr hatte ich sie versehentlich ausgesperrt. Während ich zu Bett ging und mich schlafen legte, harrte Chaka, ohne zu bellen, geduldig aus, bis sie wieder Einlass fand. Und dies war erst am folgenden Morgen, als ich ihr Fehlen bemerkte und schon dachte, sie hätte ein mir bisher unbekanntes Versteck im Haus gefunden.

Chaka war also von ihrem schlafenden Herrchen ähnlich enttäuscht, wie es wohl Jesus von seinen müden Jüngern gewesen sein dürfte. Mit dieser naheliegenden Vermutung will ich wieder an die biblische Geschichte anschließen und die rhetorische Frage stellen, auf die es mir bei dieser Geschichte ankommt: Wer soll hier eigentlich darüber informieren, was Jesus in dieser Geschichte betete? Jesus etwa selbst? Sicherlich nicht. Er wird seine Worte wohl kaum später zu Protokoll gegeben haben. Die Jünger konnten die Worte nicht gehört haben, denn sie schliefen allesamt ein. Der Bericht ist eine Legende. Die Jünger mussten aus dramaturgischen Gründen schlafen: „Der Kontrast zwischen ihrer Stumpfheit und dem Todesbangen Jesu kommt," nach Rudolf Bultmann, „so zu höchster Wirkung".[72]

Hören wir uns an, was Markus weiter schreibt: *„Und alsbald ... kam herzu Judas, einer von den Zwölfen, und mit ihm eine Schar mit Schwertern und mit Stangen, von den Hohepriestern und Schriftgelehrten und Ältesten. Und der Verräter hatte ihnen ein Zeichen genannt und gesagt: Welchen ich küssen werde, der ist's; den ergreift und führt ihn sicher ab. Und als er kam, trat er alsbald zu ihm und sprach: Rabbi! und küsste ihn. Die aber legten Hand an ihn und ergriffen ihn. Einer aber von denen, die dabeistanden, zog sein Schwert und schlug nach dem Knecht des Hohepriesters und hieb ihm ein Ohr ab. Und Jesus antwortete und sprach zu ihnen: Ihr seid ausgezogen wie gegen einen Räuber mit Schwertern und mit Stangen, mich zu fangen. Ich bin täglich bei euch im Tempel gewesen und habe gelehrt, und ihr habt mich nicht ergriffen. Aber so muss die Schrift erfüllt werden. Da verließen ihn alle und flohen"* (Mk 14,43-51). Wir werden sehen, dass sich hier einiges sonderlich anhört und nicht stimmt. Die Evangelisten lassen ihrer blühenden Fantasie wieder freien Lauf. Gehen wir die strittigen Punkte durch:

Für Joachim Gnilka ist die Frage von großer Bedeutung, von wem die Verhaftung ausgegangen ist. Die Aussagen der Evangelien weichen hier voneinander ab. Nach dem oben zitierten Markus wurde der Verhaftungstrupp von den Hohepriestern, Schriftgelehrten und Ältesten ausgesandt, das heißt vom jüdischen Sanhedrin. Matthäus (26,47) reduziert diese Angabe auf die Hohepriester und Ältesten des Volkes. Lukas (22,52) lässt sogar die Hohepriester, Tempelhauptleute und Ältesten des Volkes persönlich an der Verhaftung beteiligt sein, während Johannes (18,3- 12) neben den Hohepriestern und Pharisäern als Absender des Trupps vor allem auch eine Kohorte und einen Oberst erwähnt, also die Römer bereits die Verhaftung Jesu mit vollziehen lässt.

Dass die jüdischen Honoratioren kurz vor dem Passahfest persönlich auf dem Ölberg erschienen, ist ebenso unwahrscheinlich, wie die Beteiligung der Römer, schon wegen der Angabe einer Kohorte (diese umfasst immerhin 1.000 Mann).[73] Wären die Römer an der Verhaftung Jesu beteiligt gewesen, hätte man ihn unmittelbar zu Pilatus geführt und nicht, wie wir noch hören werden, zu den jüdischen Autoritäten.[74] Auch der renommierte britische Neutestamentler Frederick Fyvie Bruce zieht die Darstellung des Johannes in Zweifel.[75]

Die Angaben bei Lukas und Johannes können also nicht den historischen Tatsachen entsprechen und verfolgen daher, so Gnilka, erzählerische Intentionen. Wahrscheinlich ist vielmehr, dass der Trupp bewaffnet war und man Jesus mit seinen Anhängern demnach für gefährlich hielt und mit Widerstand rechnete. Doch dazu ist es wohl nicht gekommen. Die Episode vom Schwertstreich des Petrus ist nach Gnilka ein frei erfundener nachgetragener Erzählzug. Denn nur Jesus wurde verhaftet, aber keiner seiner Jünger.

Der Prozess

Über kein Strafverfahren der Weltgeschichte ist so viel geschrieben worden wie über den sogenannten Prozess gegen

Jesus. Allerdings gibt es von keiner jüdischen Gruppe und von keiner römischen Behörde dazu irgendeine Unterlage. Dies ist erstaunlich. Schließlich gehörten der obersten jüdischen Institution, dem Sanhedrin, vor dem verhandelt wurde, etliche prominente Gesetzeslehrer an – zum Beispiel Gamaliel der Ältere, der Lehrer des Paulus – die sich mehrfach geäußert haben und über die geschrieben worden ist. Sollten sie von diesem wichtigen Fall Jesus kein Sterbenswörtchen überliefert haben, wenn der Rat über ihn geurteilt hätte? Wir sind einmal mehr ausschließlich auf die vier Evangelien angewiesen. Allein schon diese Tatsache dürfte den kritischen Leser nachdenklich stimmen, zumal die Evangelien – wie wir sehen werden – ihrer Linie treu bleiben und unterschiedliche Handlungsabläufe beschreiben.

Jesus wird also im Laufe des Abends eiligst verhaftet und sofort den jüdischen Autoritäten vorgeführt. Um die Dramaturgie der Passionsgeschichte zu erhöhen, machte Markus mit der Gestalt des Petrus einen weiteren fantasievollen Erzähleinschub. Während Jesus von dem Hohen Rat der Juden vernommen wird, verleugnete ihn draußen im Hof der wartende Petrus dreimal. Petrus, den Leute aus dem Umfeld der Hohepriester erkannten, schwor sogar, dass er mit Jesus nichts zu tun hatte. Abermals darf die Frage gestellt werden: Von wem will der Evangelist diese Geschichte erfahren haben, etwa von Petrus selbst? Wohl kaum. Bultmann hält denn auch die ganze Verleugnungsgeschichte für „legendarisch und literarisch“.[76]

Bei dieser ersten Vernehmung setzt sich die Anklage mit der sinnbildlichen Drohung Jesu auseinander, den Tempel abzubrechen, also mit dem Vorsatz des Aufruhrs. Erst als die diversen Zeugenaussagen diesen Anklagepunkt nicht ausreichend stützen, versucht man mit der Anklage der Gotteslästerung weiterzukommen. Womit man auch Erfolg hat. Als Jesus auf die Frage des Rates: *„Bist du der Messias, der Sohn des Hochgelobten"*? (Mk 14,61) antwortete: *„Ich bin es. Und ihr werdet den Menschensohn zur Rechten der Macht sitzen und mit den Wolken des Himmels kommen sehen, da zerriss der Hohepriester sein Gewand und rief: Wozu brauchen wir noch Zeugen? Ihr habt die Gotteslästerung gehört"* (Mk 14,62-64). Jesus war damit in den Augen des Sanhedrins überführt.

Völlig unverständlich ist in dieser Markusversion, wie der Hohepriester zu der unvermittelt frontalen Frage kommt: *„Bist du der Messias, der Sohn des Hochgelobten?"* Dieser Vorwurf konnte dem Hohepriester auch nicht mit viel Fantasie auf die Zunge gekommen sein; nicht einmal den Jüngern hatte Jesus solch eine – dem Verstand eines Jerusalemer Juden gar nicht fassliche – Selbsteinschätzung kundgetan. Den Juden war der Gedanke physischer Gottessohnschaft ein heidnischer Gräuel, sie erwarteten als Messias einen Menschen ohne übernatürliche Eigenschaften.[77]

Bei Lukas (23,2f) lesen wir dann auch eine andere Version: *„Diesen haben wir gefunden, wie er unser Volk abwendig macht und verbietet, dem Kaiser Steuern zu geben, und spricht, er sei Christus, ein König...".* Hochverrat also! Jesus werden nach Lukas somit keine religiösen Gesetzesverletzungen vorgeworfen, sondern es wird im Gegensatz zu der Markusversion politisch argumentiert. Nach römischem Recht war dabei die bewiesene Absicht ausreichend, es brauchte keine vollendete Tat vorzuliegen. Damit gehörte der Fall in die Gerichtsbarkeit des Pilatus als Vertreter des römischen Kaisers.

Vergleicht man die Berichte von Markus und Lukas, ergeben sich weitere Fragen und Unwahrscheinlichkeiten. Wo kommen bei Markus so plötzlich und bei Nacht die zahlreichen Zeugen her? Wieso wird zur Nachtzeit verhandelt? Lukas lässt erst am Tage verhandeln, warum nicht erst nach den Festtagen, wenn die Pilger sich wieder verlaufen haben? Bot eine Kreuzigung weniger Anlass zu Tumulten als eine Art „Schutzhaft“ während des Festes?[78] War es tatsächlich ein Prozess vor dem Hohen Rat oder nur ein Verhör, haben denn Juden überhaupt gegen Jesus verhandelt? Die Fragen seien schwer zu beantworten, meint der Kieler Neutestamentler Jürgen Becker. Wer nach seiner Meinung einen Prozess für historisch halte, stehe vor „Problemen, die eine solche Sanhedrinsitzung rechtsgerichtlich mit sich bringt“.[79] Und die sind durchaus schwerwiegend. Über das Verbot, noch am Tage der Verhandlung den Schuldspruch zu fällen, hätte sich der Sanhedrin vielleicht unter Berufung auf besondere Umstände hinwegsetzen können. Ausgeschlossen allerdings ist, dass der jüdische Hohe Rat sich am Vortag des ersten Passahfesttags zum Gericht versammelt hätte, wie die Synoptiker uns berichten, ohne über dieses Sakrileg auch nur zu stolpern. Der gesamte Hohe Rat hätte sich nach den strengen jüdischen Regeln unrein gemacht und hätte daher der Passahfeier fern bleiben müssen.[80]

Man hat den historischen Wert der Erzählungen von der Sanhedrinverhandlung aus einem weiteren Grund in Zweifel gezogen. Die Römer hatten dem jüdischen Sanhedrin in der Provinz Judäa als dem obersten jüdischen Gericht die volle

Blutgerichtsbarkeit, das sogenannte „ius gladii", belassen, wenn es religiöse Verbrechen betraf. Wenn ein Nichtjude zum Beispiel den inneren Bezirk des Tempels betrat, durften die jüdischen Autoritäten ihm zum Tode verurteilen.[81] Das gleiche Recht hätten sie bei Jesus gehabt. Allerdings nicht durch Kreuzigung, sondern in Form der jüdischen Tötungsvariante, der Steinigung.

Das Johannesevangelium beinhaltet einen anderen Handlungsablauf und neue Schwierigkeiten. Johannes bringt ja schon bei der Verhaftung die Römer ins Spiel und steigert noch die Verwirrung, die Markus, Matthäus und Lukas schon gestiftet haben. Er frönt wie immer seiner Theologie. Sein Text ist eine Predigt über den im Tode siegreichen Christus, der einer Übermacht trotzt und nur festgenommen werden kann, weil er selbst es will (*„wen sucht ihr? Jesus von Nazareth – ich bin es"*) und den die Soldaten nicht sogleich verhaften können, weil Johannes sie erst zurückweichen und zu Boden fallen lässt. Selbst der katholische Theologe Professor Willibald Bösen, der uns weismachen will, dass der Evangelist Johannes „über wertvolle Quellen mit einzigartigen historischen Informationen verfügt", hisst die weiße Fahne und streicht die römische Kohorte aus der Geschichte, wenn er schreibt: „Johannes denkt hier ganz und gar theologisch und nicht historisch".[82]

Johannes unterscheidet sich noch in einem weiteren Punkt von den Synoptikern. Während diese von einer Verhandlung vor dem Sanhedrin berichten, spricht Johannes nur von einem Verhör bei Hannas, dem Schwiegervater des Hohepriesters Kaiphas (Joh 18,12f).[83]

Wer die Passionstexte der Evangelien kritisch liest, kann nur konstatieren, dass niemand weiß, was wirklich geschehen ist. Chaim Cohn, langjähriger israelischer Generalstaatsanwalt und Oberster Richter nennt sie in seinem Buch „Der Prozess und Tod Jesu aus jüdischer Sicht" unwahre, aber geheiligte Berichte.[84] Für den Heidelberger Neutestamentler Christoph Burchard sind die Überlieferungen literarisch stilisiert und theologisch überformt.[85]

Rudolf Augstein resümiert, so jedenfalls, wie es berichtet wurde, kann es nicht gewesen sein, das steht fest. Wir wissen nicht nur nicht, wie der Prozess abgelaufen ist, letztlich wissen wir noch nicht einmal, ob es überhaupt einen Prozess gab.[86]

Die Überstellung an die Römer

Eines steht jedoch fest: Jesus wurde der römischen Gerichtsbarkeit in Gestalt von Pontius Pilatus überstellt. Lukas lässt Pilatus Jesus fragen: *„Bist du der König der Juden? Er antwortete ihm: Du sagst es. Da sagte Pilatus zu den Hohepriestern und zum Volk: Ich finde nicht, dass dieser Mensch eines Verbrechens schuldig ist. Sie aber blieben hartnäckig und sagten: Er wiegelt das Volk auf und verbreitet seine Lehre im ganzen jüdischen Land von Galiläa bis hierher"* (Lk 23,3-5).

Was Lukas dem Leser hier auftischt, ist schon eine dreiste Zumutung. Wenn wir unterstellen, dass Jesus bei der Frage des Pilatus: *„Bist du der König der Juden?"* tatsächlich mit dem Eingeständnis *„du sagst es"* geantwortet hat, dann hätte Pilatus Jesus sofort zum Tode verurteilt, da die Antwort ein klares Bekenntnis zur politischen Rebellion gewesen wäre, so der Göttinger Neutestamentler Professor Wolfgang Reinbold.[87] Mehr als diesen einen kurzen Satz soll Jesus also nicht zu seiner Verteidigung gesagt haben? Das Motiv von Lukas zu dieser Darstellung wird ersichtlich, wenn wir Jesaja (53,7) lesen: *„Wie ein Lamm, das zur Schlachtbank geführt wird“*, heißt es dort. Einmal mehr soll eine Prophezeiung erfüllt werden.

Auch ist die folgende Episode undenkbar: *„Da aber Pilatus sah, dass er nichts ausrichtete, sondern vielmehr ein Getümmel entstand, nahm er Wasser und wusch die Hände vor dem Volk und sprach: Ich bin unschuldig an seinem Blut ...“* (Mt 27, 24f). Es ist keine römische, sondern eine jüdische Sitte, sich in einer solchen Situation die Hände zu waschen. Diese rituelle Reinigung, für die es sonst kein einziges römisches Beispiel gibt, beruht auf dem alttestamentarischen Deuteronomium und soll im Falle eines unaufgeklärten Mordes einen Fluch abwenden. Soll sich der Judenhasser Pilatus nun plötzlich nach einer jüdischen Sitte gerichtet haben?[88]

Bei Johannes schließlich kommt Pilatus noch besser weg. Johannes vermittelt nicht mehr das Gefühl, einen römischen Prokurator, sondern einen geschäftig hin- und herlaufenden Strafverteidiger vor sich zu sehen, der nichts unversucht lässt, um seinen Mandanten frei zu bekommen. Pilatus beteuert dreimal Jesu Unschuld und sagt Sätze, die keinem Römer, geschweige denn einem Statthalter über die Lippen gekommen sein können. Auch der zurückhaltende Joachim Gnilka traut den Evangelien in dieser Angelegenheit nicht.[89]

Warum zeichnen die Evangelisten denn von Pilatus solch ein positives Bild?, will Chaka wissen. Die Tendenz der Evangelisten, die Schuld der Römer an Jesu Verurteilung zu verkleinern oder gar ganz zu eliminieren, erklärt sich aus der Interessenlage der urchristlichen Gemeinde. Die Rolle des Pontius Pilatus wird von den Evangelisten bewusst verfälscht, um das ohnehin sehr angespannte Verhältnis der Christen zu den Römern, wenn man die antiken Christenverfolgungen in der Zeit, als die Evangelien geschrieben wurden, so bezeichnen will, nicht noch mehr zu belasten. Pilatus ging, selbst aus römischer Sicht, als besonders grausamer römischer Statthalter in die Geschichte ein, der später wegen unangemessener und unnötiger Brutalität seines Amtes enthoben wurde.[90]

Wer war Barabbas?

Angeblich war es ein Brauch, das die Römer zum Passahfest auf Wunsch der Juden einen Verurteilten freiließen. Hören wir Markus dazu: *„Damals saß gerade ein Mann namens Barabbas im Gefängnis, zusammen mit anderen Aufrührern, die bei einem Aufstand einen Mord begangen hatten. Die Volksmenge zog zu Pilatus hinauf und bat, ihnen die gleiche Gunst zu gewähren wie sonst. Pilatus fragte sie: Wollt ihr, dass ich den König der Juden freilasse? ... Die Hohepriester aber wiegelten die Menge auf, lieber die Freilassung des Barabbas zu fordern. Pilatus wandte sich von neuem an sie und fragte: Was soll ich dann mit dem tun, den ihr den König der Juden nennt? Da schrien sie: Kreuzige ihn! Pilatus entgegnete: Was hat er denn für ein Verbrechen begangen? Sie schrien noch lauter: Kreuzige ihn! Darauf ließ Pilatus, um die Menge zufrieden zu stellen, Barabbas frei und gab den Befehl, Jesus zu geißeln und zu kreuzigen“* (Mk 15,7-15). Mit dieser Barabbasepisode sind sich zwar alle Evangelisten einig, aber nicht wenige Bibelkritiker und Exegeten vertreten eine entgegengesetzte Meinung. Denn dieser Abschnitt dürfte gleich mehrere Unwahrheiten enthalten.

Zuerst wollen wir feststellen, wer dieser Barabbas war. Matthäus und Johannes bezeichnen ihn als „Räuber“, im griechischen Original als „leistés“. Dieser Ausdruck wird in Berichten aus der Zeit des 1. Jahrhunderts in Palästina oft verwendet. Wenn bei Flavius Josephus jedoch von Leistés die Rede ist, dann meint er keine gewöhnlichen Räuber, sondern Rebellen, zum Beispiel die zelotischen Aufrührer. Lukas verwendet das Wort „kagourgos“, was so viel wie Verbrecher bedeutet.[91] Markus sagt in seinem Evangelium am klarsten, dass Barabbas ein Aufrührer war. Dann ist er nach römischem Recht zwangsweise zu kreuzigen. Pilatus konnte ihn überhaupt nicht freigeben. Dies stand einfach nicht in seiner Macht. Begnadigungen für politisch Verurteilte konnten nur vom Kaiser ausgesprochen werden und von diesem Recht wurde sehr selten Gebrauch gemacht. Philon hat rund zehn Jahre nach der Hinrichtung Jesu beschrieben, welche Vergünstigungen verurteilte Rebellen seitens humaner Statthalter bei festlichen Gelegenheiten bestenfalls erwarten durften: einen Aufschub der Hinrichtung oder die Freigabe ihrer Leichen zur Beerdigung durch ihre Familien.[92] Hätte es sich um einen gewöhnlichen Straßenräuber gehandelt, wäre er zum Tod in der Arena oder im mildesten Fall zur Strafarbeit in den Steinbrüchen verurteilt worden.

Eine offene Amnestie mit einer Auswahl der begünstigten Delinquenten durch das Volk hätte gegen alle Prinzipien der römischen Staatsverwaltung verstoßen. Daher vermuten also Gnilka und andere Bibelkritiker, dass die Freilassung des Barabbas eine spätere Zuschreibung ist.[93] Auch Frederick Fyvie Bruce stimmt dem zu, wenn er schreibt: „Die Barabbasepisode ist ein Problem, das immer noch seiner Erklärung harrt. Mit Ausnahme der Evangelien gibt es keinen sicheren

Hinweis, dass jedes Jahr an Ostern ein Gefangener freigelassen wurde".[94] Crossan hält die biblische Barabbaserzählung für komplett unhistorisch; er geht davon aus, dass Markus sie schlicht erfunden hat.[95]

Für spekulationsfreudige Bibelleser bieten bestimmte Bibelübersetzungen der Barabbasepisode, wie zum Beispiel die „Neue evangelische Übersetzung" einen interessanten Nährboden. Matthäus (27,16-17) lautet dann wie folgt: *„Sie hatten aber zu der Zeit einen berüchtigten Gefangenen, der hieß Jesus Barabbas. Und als sie versammelt waren, sprach Pilatus zu ihnen: Welchen wollt ihr? Wen soll ich euch losgeben, Jesus Barabbas oder Jesus, von dem gesagt wird, er sei der Christus?" Das* Bemerkenswerte in dieser Version ist, dass Barabbas hier den Zusatznamen „Jesus" trägt, also „Jesus Barabbas" genannt wird, während er in meiner Bibelübersetzung nur Barabbas heißt. Ist das Zufall oder steckt mehr dahinter? Der Name Barabbas besteht aus zwei Teilen: „bar", was für „Sohn des" steht, und „Abba", was „Vater" bedeutet. Der Rebell Barabbas hieß also laut einigen Übersetzungen der Evangelien „Jesus, Sohn des Vaters"! Eine ausgefallene Deutung wäre, dass Barabbas und Jesus eigentlich ein und dieselbe Person waren und nicht Barabbas, sondern Jesus freigelassen wurde.[96] Zugegeben, eine sehr spekulative Variante, die hier nicht weiter vertieft werden soll und sich auch erübrigt, wenn man die Barabbasgeschichte ohnehin für unhistorisch hält.

Kehren wir wieder zu der Erkenntnis zurück, dass das Volk von Jerusalem nie die Wahl hatte zwischen dem Leben Jesu und dem des Barabbas. Warum hat Markus dann die Geschichte erfunden, zumal es keine Prophezeiung im Alten Testament gab, die einen solchen Handlungsablauf erklären könnte. An dieser Stelle muss nochmals an die wirtschaftlichen und politischen Spannungen sowie die zahlreichen Aufstände zur Zeit Jesu erinnert werden. Die Rebellen, wie Barabbas einer war, fanden Zulauf von Bauern, die von ihren Äckern vertrieben wurden und nicht als Bettler auf die Straße, sondern als Banditen in die Berge gingen. Markus schrieb sein Evangelium nicht lange nach dem schrecklichen ersten römisch-jüdischen Krieg im Jahre 70. Ihm wird noch gegenwärtig gewesen sein, dass eine lose Koalition zwischen Banditen und rebellischen Bauern den religiösen Autoritäten in der eingeschlossenen Stadt Jerusalem das Kommando entriss, bevor Jerusalem unterging und alles, einschließlich des Tempels, zerstört wurde. Damals, so will Markus uns vielleicht sagen, hatte Jerusalem die Wahl und entschied sich für einen Banditen wie Barabbas. Die Erzählung des Markus über Barabbas dürfte somit als eine symbolische Dramatisierung der jüngsten Geschichte Jerusalems, so wie er sie verstand, aufgefasst werden.[97]

Der Kreuzweg

Die Geschichte nahm nun weiter ihren Lauf. Pilatus hatte Jesus zum Tode durch das Kreuz verurteilt. Üblicherweise wurde diese Hinrichtungsart mit der Geißelung eingeleitet. Der Geißelung schloss sich dann unmittelbar die Kreuzigung an.

Das Hinrichtungskommando, das aus einer kleinen Gruppe von Soldaten und einem Offizier niederen Ranges bestand, führte sodann Jesus und zwei weitere Verurteilte den Weg durch die Gassen der von Passahpilgern dicht belebten Stadt. Normalerweise war der Verurteilte nackt. Nicht so Jesus. Markus schreibt vielmehr, dass die Wachmannschaft Jesu

Kleider nach seinem Tod unter sich aufteilte. Die Evangelisten berichten, dass Jesus auf dem Weg zur Hinrichtungsstätte eine Tafel mit der Aufschrift seiner Schuld um den Hals gehängt und später ans Kreuz genagelt wurde. Allerdings differieren die Inschriften. Bei Markus (15,26) und Lukas (23,38) steht nur *„König der Juden"*, bei Matthäus wird Jesus mit Namen genannt (27,37), bei Johannes außerdem als der *„Nazaräer"* bezeichnet. Aber hat es die Inschrift überhaupt gegeben? Das beliebte Argument, solche Kreuzesinschriften seien damals üblich gewesen, entbehrt einer belastbaren Grundlage. Es ist vielmehr umgekehrt: „Nirgendwo außerhalb der neutestamentlichen Evangelien ist die Praxis der Anbringung einer Schuldtafel am Kreuz des Verurteilten belegt".[98]

Die Kreuzigung

Jesus war nicht der einzige Mensch, der gekreuzigt wurde. Er gehört mit seiner Kreuzigung noch nicht einmal einem besonders spektakulär kleinen Kreis von Menschen an, denen Gleichartiges widerfuhr. Man schätzt, dass in dem der Kreuzigung Jesu vorangegangenen Jahrhundert mindestens 200.000 Juden ihr Leben bei völlig unzulänglichen und sinnlosen Erhebungen und Rebellionen verloren haben.[99] Die Kreuzigung war eine typisch römische Hinrichtungsart. Nur der römische Statthalter als oberster Gerichtsherr und ausschließlich dem Kaiser Verantwortlicher durfte Kreuzigungen anordnen. Bei den Juden des Alten Bundes war die Strafe der Kreuzigung nicht üblich, sie bevorzugten Steinigen, Verbrennen, Enthaupten, Erdrosseln - in dieser Reihenfolge.

Neben der Verbrennung und der Volksfesthinrichtung durch wilde Tiere wurde die Kreuzigung als besonders schändlich angesehen. Nicht nur das mitunter tagelange Andauern der

Todesqual, Seneca[100] beschreibt es als „das stückweise Sterben aller Gliedmaßen und das tropfenweise Verlieren des Lebens", sondern auch die Vorstellung, wie ein Sklave nackt und bloß zu sterben, bedeutete für die Juden unvorstellbare Schmach.

Die Kreuzigung sollte einen starken Abschreckungscharakter ausstrahlen. Die römische Hinrichtungsmethode tötete daher bewusst besonders langsam und grausam. Aristophanes berichtet in seinen „Thesmophoriazusen", dass manche Gekreuzigte erst nach zehn Tagen, die sie an die Balken genagelt waren, starben, als man ihnen den Schädel zerschmetterte. Der erlösende Tod wurde oftmals noch dadurch hinausgezögert, dass man die Beine des Verurteilten auf einen kleinen Querbalken stellte, um zu vermeiden, dass er durch sein eigenes Gewicht zu sehr nach unten gezogen wurde, was einen relativ schnellen Erstickungstod bedeutet hätte. Durch Arme und Beine wurden nicht immer Nägel getrieben, sondern die Extremitäten konnten auch durch Fesseln angebunden werden. Oft wurde dem Gekreuzigten noch mittels eines Schwammes über mehrere Tage etwas Wasser verabreicht, um ihn länger am Leben zu erhalten und seine Qualen zu verlängern. Die Angehörigen des Opfers bestachen gelegentlich die Henker, damit diese dem Gekreuzigten die Beine brachen, um den Tod durch Ersticken zu beschleunigen, da er sich dann nicht mehr abstützen konnte. Üblicherweise ließen die Römer den Leichnam am Kreuz hängen, bis seine Teile nach starker Verwesung selbst herunterfielen oder ein Fraß der Aaskrähen und der halb verhungerten Hunde wurden, die am Fuße des Kreuzes lauerten. Das Schreckliche dieser Strafe bestand nicht nur in ihrer unmenschlichen Grausamkeit oder der öffentlichen Schande, sondern zusätzlich darin, dass dabei nicht viel zu begraben übrig blieb.

Zurück zu Jesus, dem die Kreuzigung unmittelbar bevorstand. Die Evangelien berichten nunmehr kurz und knapp, dass die römischen Soldaten Jesus mit ausgebreiteten Armen an das auf dem Boden liegende patibulum nagelten. Die Nägel wurden dabei durch die Handgelenke und nicht etwa durch die Handflächen getrieben. Anschließend richtete man den an den Händen Gekreuzigten auf und fügte das patibulum in den bereits an Ort und Stelle stehenden Kreuzespfahl ein. Dann wurden auch die Füße angenagelt. Damit der Körper nicht vom Kreuz riss und um die Leiden zu verlängern, war am Kreuzpfahl ein Sitzblock (sedile) angebracht. Die Kreuze waren in der Regel kaum mehr als mannshoch, so dass die Beine in eine gekrümmte Lage kamen. Jesus wurde zuvor aller Kleider beraubt und hing nun nackt am Kreuz.

Allen vier Evangelisten ist die Notiz zu entnehmen, dass Jesus nicht allein gekreuzigt wurde, sondern mit zwei anderen Verurteilten zusammen. Bei Markus und Matthäus schmähen die beiden Mitgekreuzigten Jesus. Interessant ist nun, was Lukas aus der Erzählung des Markus macht. Beide Mitverurteilten äußerten sich auch bei ihm, aber nur noch einer schmäht Jesus: *„Einer der Verbrecher, die neben ihm hingen, verhöhnte ihn: Bist du denn nicht der Messias? Dann hilf dir selbst und auch uns! Der andere aber wies ihn zurecht und sagte: Nicht einmal du fürchtest Gott? Dich hat doch das gleiche Urteil getroffen. Uns geschieht recht, wir erhalten den Lohn für unsere Taten; dieser aber hat nichts Unrechtes getan. Dann sagte er: Jesus, denk an mich, wenn du in dein Reich kommst. Jesus antwortete ihm: Amen, ich sage dir: Heute noch wirst du* *mit mir im Paradies sein"* (Lk 23,39-43). Die Szene hat – es ist kaum anders zu erwarten - ihr Vorbild im Alten Testament beim ägyptischen Joseph. Er traf im Gefängnis zwei Leidensgenossen, den Oberbäcker und den Mundschenk des Pharao. Dem Bäcker verhieß Joseph, er werde nach drei Tagen an den Pfahl gehängt, dem Mundschenk aber, er werde nach drei Tagen wieder in sein Amt eingesetzt. Gedenke meiner beim Pharao, sagte Joseph zum Mundschenk, und gedenke meiner, sagte der Verurteilte zu Jesus, wenn du in dein Reich kommst.[101]

Jesus ist tot

Kurz vor seinem Tod, so berichtet uns Markus, rief Jesus am Kreuz einen einzigen Satz: *„Mein Gott, mein Gott, warum hast du mich verlassen?"* (Mk 15,34),[102] den Matthäus übernimmt (Mt 27,46). Bei Lukas ist es auch nur ein einziger Satz, aber in einer anderen Version: *„Vater, in deine Hände lege ich meinen Geist"* (Lk 23,46). Johannes weiß dagegen von drei Aussprüchen: *„Frau, siehe, dein Sohn! ... siehe, deine Mutter!"* (Joh 19,26); *„mich dürstet"* (Joh 19,28); *„Es ist vollbracht!"* (Joh 19,30). Es ist klar, dass nicht alle Aussprüche vom Gekreuzigten stammen können, stellt Willibald Bösen fest und erklärt die laut Lukas und Johannes gerufenen Worte zum späteren Werk der beiden Evangelisten.[103] Andere Exegeten verzichten darauf, auch nur den Markusspruch als echtes Jesuswort zu verteidigen.

Nach den drei synoptischen Evangelien waren es nur Frauen, die unter dem Kreuz standen. Johannes setzt uns dagegen eine völlig andere Version vor. Es ist mehr als rätselhaft, wenn er als einziger vorgibt, dass der „Jünger, den Jesus liebte" ebenfalls am Kreuz stand. Diese eklatante Abweichung zu den

Berichten der drei anderen Evangelisten wird noch gesteigert, wenn Johannes, wie vorhin gehört, Jesus in Richtung des besagten Jüngers sagen lässt: *„Siehe, deine Mutter!" und zu dieser gewandt sagte: „Frau, siehe, dein Sohn".* Johannes bestimmte somit diesen suspekten Jünger zu Jesu direktem Nachfolger. Dabei hatte Jesus nach Matthäus (Mt 16,18) einen andern Jünger, nämlich Petrus, zu seinem Nachfolger auserkoren.

Chaka war bei meinem Vorlesen der letzten Absätze unruhig geworden und ich vermutete bereits, dass ich meine Arbeit für einen Gassigang unterbrechen musste. Mir sind zwei Sachen unklar, sagte sie stattdessen. Wer ist denn eigentlich dieser „Jünger, den Jesus liebte"? Hat er keinen vernünftigen Namen? Die Frage ist sehr berechtigt, antwortete ich. Allein schon die Bezeichnung für diesen Jünger ohne Namen hört sich merkwürdig an. Warum gab es überhaupt einen Jünger, der offensichtlich eine besondere Stellung bei Jesus hatte? Liebte Jesus nicht alle seine Jünger? Nun, die Evangelien und auch die Bibelwissenschaftler geben hier keine eindeutige Auskunft; man weiß schlichtweg nicht, um wen es sich bei diesem Jünger handelte. Meine kommentierte Bibelfassung erklärt im Vorwort zum Johannesevangelium lapidar, das dieser „Jünger, den Jesus liebte" eine wichtige Informationsquelle für Johannes bei der Abfassung seines Evangeliums war. Chaka brummte etwas Unverständliches in ihre Barthaare als Zeichen für ihren Unmut über diese mageren Angaben.

Eines scheint mir dafür aber ziemlich klar zu sein, fuhr sie fort. Die Evangelisten waren sich offenbar nicht grün untereinander. Das ist etwas flapsig ausgedrückt, antwortete ich zustimmend mit einem Kopfnicken, trifft aber zu. Die Evangelisten oder ihre Informanten hatten wohl unterschiedliche Ansichten über die Personalpolitik in der frühchristlichen Gemeinde. Denn es gab eine Fraktion von Jüngern, die Jesu Entscheidung, Petrus als seinen Nachfolger einzusetzen, offenbar hintertrieben. Wir werden gleich noch sehen, dass Johannes auch an anderer Stelle versucht, den „Jünger, den Jesus liebte“ auf Petrus Kosten zu protegieren.

An einem Freitag um 15 Uhr war Jesus tot. Oder war es der Samstag? Auch in diesem Punkt sind sich die Evangelisten nicht einig.[104] Die Angehörigen und Anhänger von Jesus befanden sich in einem Schockzustand. Keiner von ihnen konnte glauben, dass Gott wirklich zugelassen hatte, dass Jesus, der davidische Messias und rechtmäßige König von Israel, starb. Man hatte keinerlei Vorkehrungen für seine Beisetzung getroffen. Die Familie Jesu stammte aus Galiläa und besaß kein Familiengrab in Jerusalem. Die Sonne stand schon im Westen und das Passah-Mahl würde bei Einbruch der Dunkelheit beginnen. Mit Jesu Leichnam musste schnell etwas geschehen, wollte die Familie nicht die Schande auf sich laden, ihn über Nacht am Kreuz hängen zu lassen.[105]

Nach dem Tod von Jesus meldet Markus noch einen fromm erfundenen Anhang: *„Als der Hauptmann, der Jesus gegenüberstand, ihn auf diese Weise sterben sah, sagte er: Wahrhaftig, dieser Mensch war Gottes Sohn“* (Mk 15,39). Der römische Hauptmann hat seine Parallelen in der jüdischen Märtyrer-Literatur. Die Haltung des Rabbi Chanina ben Teradjon im Martyrium beeindruckte seinen Henker so sehr, dass er mit dem Rabbi in die Flammen sprang.[106] Lukas mag es für unpassend gehalten haben, dass bei Markus der heidnische Hauptmann die erkenntnisreiche Eingabe hatte, Jesus für den Gottessohn zu erklären. Er lässt ihn daher in seiner Version lediglich sagen: *„ ... das war wirklich ein gerechter Mensch“ (23,47).* Ein einfacher heidnischer Hauptmann soll nicht schon bei der Kreuzigung gewusst haben, was die Jünger erst nach der Auferstehung glaubten.

Es gab keine Sonnenfinsternis!

Die synoptischen Evangelisten berichten übereinstimmend von einer Finsternis, die sich bei Jesu Tod von der 6. bis 9. Stunde über das Land senkte. Nach unserer Tageszeitrechnung wäre das die Zeit zwischen 12 und 15 Uhr. Aus den Evangelien wissen wir zwar, das Jesus gegen 15 Uhr starb, sie lassen aber das genaue Datum, ja sogar das Todesjahr offen. Die Historiker und Astronomen können uns dabei auch nicht helfen. Es gibt unterschiedliche Berechnungsmodelle. Die meisten Wissenschaftler kommen auf den 7. April 30 oder den 3. April 33 als wahrscheinlichste Daten. Eine Sonnenfinsternis hat sich jedoch an keinem der beiden Tage ereignet. Und zwar aus einem einfachen Grund. Da die Kreuzigung am Tage vor dem Passahfest erfolgte und Passah immer mit dem Vollmond zusammentraf, konnte eine Sonnenfinsternis nicht eingetreten sein, da diese nur bei Neumond stattfindet.[107]

Es war wahrscheinlich ganz anders!

Das Einzige, was wir mit Sicherheit wissen, ist, dass Jesus in Jerusalem festgenommen und durch das Kreuz hingerichtet wurde. Alle erzählerischen Zusätze sind weitgehend unhistorisch. Die ganze Passionsgeschichte wird sich daher wahrscheinlich sehr viel weniger spektakulär abgespielt haben. Vielleicht wurde er nach seinem Einzug in Jerusalem wegen seiner per se gefährlichen öffentlichen Wirkung präventiv verhaftet und ohne großes Aufsehen und ohne Prozess hingerichtet. Juden am Kreuz waren als Vorsorge gegen eventuelle Unruhen abschreckender als eine massive Soldatenpräsenz.

Es ist also fraglich, ob Jesus Pilatus überhaupt vorgeführt wurde. Der Marburger Neutestamentler Ernst Fuchs bezweifelte dies bereits 1965.[108]

Die fantasievollen Ausschmückungen der Evangelisten dienten nur der Bestätigung der alttestamentlichen Prophezeiungen. Sie waren notwendig, da die Faktenlage alleine ansonsten zu dürftig gewesen wäre. Selbst die Anwesenheit der Frauen, die Jesu Tod aus der Entfernung sahen, einige werden namentlich genannt, hält Rudolf Bultmann, Professor für das Neue Testament, für nicht geschichtlich.[109]

Wer will da eigentlich Ohrenzeuge gewesen sein für das, was am Kreuz gesprochen wurde? Die Jünger hatten ja ohnehin schon das Feld geräumt. Tatsache ist: Jesus starb einen unrühmlichen Tod. Nichts von dem, was er verkündet oder versprochen hatte, war eingetreten. War dies das Ende? Nein, die Evangelien haben noch etwas Besonderes in Reserve.

Kapitel 6: Jesu Auferstehung und Himmelfahrt

Mittlerweile war es im heimischen Münster schon Mai geworden. An jenem Donnerstagmorgen schien die Sonne schon so kräftig, dass ich den Frühstückstisch für meine Frau Petra und mich auf der Terrasse gedeckt hatte. Alles sah nach einem schönen Frühlingstag aus. Petra wollte gerade vom Frühstückstisch aufstehen, um zur Arbeit zu fahren, als Chaka um die Hausecke bog. In ihrem Fang transportierte sie etwas, das wie eines ihrer Spielzeugplüschtiere aussah. Beim ersten Hinsehen konnte ich es als Kaninchen identifizieren. Wieso Kaninchen, fragte ich mich irritiert. Chaka besaß zwei Plüschmäuse, einen Teddy und ein paar Kauknochen, aber doch kein Kaninchen. Beim zweiten Hinsehen war es immer noch ein Kaninchen, aber nicht aus Plüsch, sondern aus Fleisch und Blut. In der nächsten Sekunde war ich bei Chaka und stellte fest, dass es tot war. Es war nicht irgendein Kaninchen aus dem Wald, nein, es war das Kaninchen unseres Nachbarn, Klaus Hartmann. Fassungslos schaute ich abwechselnd zu Chaka und zu meiner Frau. Jetzt schimpf nicht, rief sie mir zu, Chaka ist schließlich ein Hund. Wortlos nahm ich dem Hund das Kaninchen ab, wusch das Blut von dessen Fell und trocknete es mit dem Föhn. In der folgenden Nacht schlich ich mich in den Nachbargarten und legte das Kaninchen zurück in den Stall. Am Wochenende darauf passierte das, was ich hatte vermeiden wollen. Ich lief Hartmann in die Arme und konnte einem kurzen Nachbargeplauder nicht ausweichen. Was gibt es bei dir denn Neues, fragte ich ihn betont beiläufig. Recht seltsam, antwortete er. Unser Kaninchen ist gestorben. Den Kindern zuliebe hatten wir es beerdigt, mit Gebeten und allem Drum und Dran. Doch dann hat irgendjemand es wieder ausgegraben und in seinen Stall zurückgelegt. Ich war froh, dass diese kleine zum Schmunzeln geeignete Episode ein harmloses Ende gefunden hatte und erzähle sie, weil sie gleichzeitig als Einführung mit einer gewissen Symbolkraft für das folgende Kapitel gesehen werden kann.

Was geschah mit Jesu Leichnam?

Wenn in diesem Buch die Irrtümer, Widersprüche, Fehlinterpretationen und fantasievollen Ergänzungen im Neuen Testament behandelt werden, stehen mit diesem Kapitel zwei ganz besonders wichtige Ereignisse an: die Auferstehung und Himmelfahrt Jesu. Die Seriosität der christlichen Lehre und der Glaube an Jesus Christus steht und fällt mit seiner Auferstehung. Hat diese nicht stattgefunden, dann wären alle Worte von Jesus und sein Wirken hohl und zwecklos. Die Auferstehungsgeschichte ist das Herzstück des Christentums. In diesem Sinne äußerte sich auch der selbsternannte Apostel Paulus. Fast schon beschwörend schreibt er: *„Wenn aber Christus nicht auferweckt worden ist, dann ist euer Glaube nutzlos, und ihr seid immer noch in euren Sünden“* (1 Kor 15,12).

Was geschah nun weiter, nachdem Jesus noch am Kreuz hing und die Römer ihn für tot erklärt hatten? Im Normalfalle hätten die Römer die Leiche am Kreuz verwesen lassen, dem Fraß der Vögel und Hunde ausgeliefert und die körperlichen Überreste irgendwann verscharrt.

Das jüdische Recht sah dagegen einen völlig anderen Ablauf vor. Wie so vieles im täglichen Leben eines Juden waren auch die Regeln bei einer Beerdigung, selbst wenn es sich um eine Kreuzigung handelte, in den ersten fünf Büchern Moses festgehalten. Danach sollte der Leichnam eines Gekreuzigten noch am gleichen Tag begraben werden (Dtn 21,22-23). Für die Juden hatte ein ordentliches Begräbnis einen hohen Stellenwert. Es bedeutete, in die Gemeinschaft der Vorfahren aufgenommen zu sein. Im Alten Testament taucht die Wendung *„er wurde zu seinen Vätern versammelt"* immer wieder auf. Dies ist kein beschönigender Ausdruck für den Tod, sondern im Grunde genommen wörtlich gemeint. Nachdem das Fleisch eines Verstorbenen verwest war, wurden dessen Gebeine aufgesammelt und in das Grab mit den Gebeinen seiner Vorfahren umgebettet. Die Gebeine des Sohnes wurden mit denen des Vaters vermengt. Es war für jene Menschen ein Trost zu wissen, dass dies so stattfinden würde. Doch der Gedanke daran, dass dies vielleicht nicht geschehen könnte, war einfach grauenvoll. Es bedeutete, völlig alleine zu sein und die Gemeinschaft der Toten im Stich gelassen zu haben.[110]

Wenn bei den bis heute andauernden militärischen Auseinandersetzungen des Staates Israel mit den arabischen Nachbarn ein israelischer Soldat in Feindesland fällt, so legt das israelische Militär besonderen Wert auf die Bergung und Rückführung des Leichnams in israelische Erde (in diesem Zusammenhang wurden schon Dutzende palästinensischer Gefangener gegen einen israelischen Leichnam ausgetauscht).

Die große Bedeutung eines ordnungsgemäßen Begräbnisses für die Juden war den Römern bewusst. Sie hatten daher gegenüber den Juden noch ein zusätzliches Druckmittel über den Tod hinaus in der Hand. Die Römer konnten natürlich auf Antrag der Verwandten des Gekreuzigten den Leichnam freigeben, um ein ordnungsgemäßes Begräbnis zu ermöglichen. Aber dieses Entgegenkommen war sehr selten, da so dem

Kreuzestod ein wichtiges Abschreckungsmerkmal verloren gegangen wäre.[111]

Die Anhänger von Jesus befanden sich in einem Dilemma. Ihr Herr war eines schmachvollen Todes gestorben und niemand hatte Vorsorge getroffen, dass ihm eine ehrenvolle Bestattung zuteil wurde. Einem ordentlichen Begräbnis standen gleich zwei Hindernisse im Weg: Der Zeitpunkt seines Todes, kurz vor dem Passahfest, war aus religiöser Sicht denkbar ungünstig, und man brauchte eine einflussreiche Persönlichkeit, die bei den Römern eine Freigabe des Leichnams erreichen konnte.

Je nachdem, welchem Evangelium man Glauben schenkt, starb Jesus am Sabbat oder wenige Stunden vor Sabbatbeginn. Eine ordnungsgemäße Bestattung war aber sowohl am Sabbat wie auch kurz vorher nicht möglich, weil ganz einfach verboten. Jeder auch nur halbwegs fromme Jude hätte spätestens bei Sabbatbeginn seine Arbeit einstellen müssen.

Lässt man den für eine ehrenvolle Bestattung ungünstigen Todeszeitpunkt für einen Moment außer Betracht, waren die Anhänger Jesu vom Wohlwollen der Obrigkeit abhängig, den Leichnam auszuhändigen. Es war die gleiche politische Obrigkeit, die in Feindschaft zu Jesus stand, die ihn gekreuzigt hatte, die ihn als Aufrührer und äußerst gefährliches Subjekt betrachtete. Und diese Obrigkeit sollte nun die Freundlichkeit haben, auf die abschreckende Wirkung, die der langsam Verwesende am Kreuz auf die Bevölkerung hatte, zu verzichten? Obwohl der Gedanke nicht sehr realistisch war, fanden die Evangelien eine Lösung.

Josef von Arimathäa

Es musste eine einflussreiche Persönlichkeit gefunden werden, die Ansehen und Einfluss bei den Römern besaß, und deren Bitte auf Auslieferung des Leichnams Jesu Aussicht auf Erfolg hatte. Gleichzeitig musste diese Person ein glühender Anhänger Jesu sein, der gegenüber den Römern keine Hemmungen zeigte, seine Sympathie zu dem Aufrührer Jesus in einer möglicherweise karriereschädigenden Form offenzulegen. Der Evangelist Markus hatte keine Probleme, solch eine Person zu präsentieren. Wie aus dem Nichts zauberte er Josef von Arimathäa hervor. Markus schreibt: *„Da es Rüsttag war, der Tag vor dem Sabbat, und es schon Abend wurde, ging Josef von Arimathäa, ein vornehmer Ratsherr, der auch auf das Reich Gottes wartete, zu Pilatus und wagte es, um den Leichnam Jesu zu bitten. Pilatus war überrascht, als er hörte, dass Jesus schon tot sei. Er ließ den Hauptmann kommen und fragte ihn, ob Jesus bereits gestorben sei. Als der Hauptmann ihm das bestätigte, überließ er Josef von Arimathäa den Leichnam. Josef kaufte ein Leinentuch, nahm Jesus vom Kreuz, wickelte ihn in das Tuch und legte ihn in ein Grab, das in einen Fels gehauen war"* (Mk 15,42-46).

Matthäus und Lukas übernahmen in ihren Evangelien oftmals Material von Markus. So auch hier. Sie versuchten, jeder auf seine eigene Weise, die Person des Josef von Arimathäa als besonders geeignet für das Auslieferungsersuchen des Leichnams von Jesus darzustellen. Während Markus, wie vorhin gehört, den Spagat wagte, Josef von Arimathäa als vornehmen Ratsherrn und Anhänger Jesu zu beschreiben, vereinfachte Matthäus die Situation. Bei ihm war Josef von Arimathäa ausschließlich ein gläubiger Christ. Lukas ist dagegen mitteilsamer: Josef von Arimathäa, ein Mitglied des Sanhedrin, *„wartete auf das Reich Gottes und hatte dem, was die anderen beschlossen und taten, nicht zugestimmt, weil er gut und gerecht war"* (Lk 23,50-51). Bei Johannes schließlich wird Josef von Arimathäa sogar zu einem Jünger Jesu *„ ... aber aus Furcht vor den Juden nur heimlich"* (Joh 19,38).

Josef von Arimathäa hatte nun vor, Jesus vom Kreuz abzunehmen und zu beerdigen. Er war aber kaum in der Lage, die Bestattung alleine durchzuführen. Wer könnte ihm dabei helfen? Sämtliche Jünger Jesu hatten sich ja in schäbiger Weise davon gemacht, auf sie konnte Josef von Arimathäa nicht zählen. Er brauchte eine weitere Person als Helfer, was Johannes in seinem Evangelium auch erkannte. Den synoptischen Evangelien, in denen sich Josef von Arimathäa ganz alleine um den Leichnam Jesu kümmerte, mangelt es allein schon aus rein technischen Gründen an Glaubwürdigkeit. Sich Jesus über die Schulter zu packen, mit ihm zum Grab zu marschieren und dazu noch die Unmengen Gewürze zu transportieren, auf die wir nachher noch eingehen werden, war für eine Person allein kaum machbar. Diese zusätzliche Person fand Johannes in der Gestalt des Nikodemus, eines ebenfalls reichen und geachteten Juden.[112]

Josef von Arimathäa und Nikodemus, die beiden ehrenamtlichen Bestattungsunternehmer ohne öffentlichen Auftrag, machten sich nun unter Verletzung politischer und religiöser Tabus an ihre Arbeit. Das politische Tabu verletzten sie damit, dass sie sich durch die Auslieferungsbitte völlig unangemessen verhielten, sowohl Pilatus als auch dem Sanhedrin gegenüber.

Die Verletzung des religiösen Tabus stand hinter der des politischen nicht zurück. Die jüdische Religion kennt sehr strenge Regeln für das Passahfest. Das Alte Testament kündigt demjenigen, der die Feier unterlässt, die Ausrottung aus dem Volk Israel an (Num 9,13). Am Vorabend des Passahfestes mussten demnach alle Reinigungsriten abgeschlossen sein und die Berührung eines Leichnams war ausdrücklich verboten. Außerdem wollte es der Brauch, dass sich jeder Jude vor Sonnenaufgang des Passahfesttages innerhalb der Stadtmauern Jerusalems aufhielt. Und da betätigten sich Josef von Arimathäa und Nikodemus vor den Toren Jerusalems als Totengräber für einen Staatsfeind?

Josef von Arimathäa musste schon ein sehr großer Verehrer von Jesus sein, denn er unterstrich seine herausfordernde Handlungsweise sogar noch, indem er sich erbot, Jesus in einem ganz neuen, von ihm erworbenen Grab beizusetzen, das womöglich für ihn selbst vorgesehen war. Jesus galt nach jüdischem Ritualgesetz als ein verurteilter Gotteslästerer, für den es selbst im Tod keinen Platz bei den anständigen, gesetzestreuen Juden geben konnte. Ein Grab, in das man einen solchen Leichnam gelegt hätte, wäre für andere Juden in ritueller Hinsicht als letzte Ruhestätte nicht mehr in Frage gekommen. Eine Grablege war oftmals in jüdischen Geschäftsbüchern des ersten Jahrhunderts einer der kostspieligsten Ausgabenposten. Nichts, was man mal eben so durch einen Geächteten entwertet hätte.[113] Im Übrigen wird Josef von Arimathäa nach der Beerdigung von Jesus nicht mehr erwähnt. Er hatte seine Schuldigkeit getan.

Die Bereitstellung eines Felsengrabes durch Josef von Arimathäa, welches für ihn selbst vorgesehen war, stützt sich lediglich auf eine kurze editorische Glosse im Matthäusevangelium (Mt 27,60). Sie wird von keiner einzigen uns bekannten Quelle bestätigt und entbehrt offenbar jeglicher historischer Grundlage. Wir wissen, dass Matthäus' einzige Quelle über Jesu Tod und Bestattung das Markusevangelium war. Da Markus nichts davon sagte, dass das Grab Josef von Arimathäa gehört hätte, und Lukas, der ja auch von Markus abschrieb, ebenfalls nichts Derartiges übernahm, besteht kein Zweifel, dass Matthäus diese Informationen – wahrscheinlich aus theologischen Gründen – von sich aus ergänzte. Markus und Lukas sagten lediglich: *„Josef von Arimathäa ... legte ihn in ein Grab, das in einen Felsen gehauen war"*. Das Evangelium des Johannes fügt dem noch ein weiteres Detail hinzu: *„An dem Ort, wo man ihn gekreuzigt hatte, war ein Garten, und in dem Garten war ein neues Grab, in dem noch niemand bestattet worden war"* (Joh 19,41). Es ist kaum anzunehmen, dass ein frisch ausgehauenes Grab existierte, das sich nur wenige Schritte von der Kreuzigungsstätte befand, und dann auch noch rein zufällig Joseph von Arimathäa gehörte.[114] Tatsache ist vielmehr, dass es in der Nähe der Hinrichtungsstätte Gräber gab. Aber hierbei handelte es sich vermutlich um Massengräber für die Hingerichteten, die von den Römern auf einer Art Schindanger nicht beerdigt, sondern lediglich verscharrt wurden.

Ein Hinweis, dass es sich so abgespielt haben könnte, findet sich in einem koptischen Manuskript, das 1945 in Nag Hammadi ausgegraben wurde und das möglicherweise in die erste Hälfte des 2. Jahrhunderts datiert werden kann. Es wird als das „Geheime Buch des Jakobus" bezeichnet und beschreibt, wie Jesus „im Sand" begraben wurde. Dies könnte demnach auf eine frühe Überlieferung hindeuten, derzufolge es keine

Beerdigung in einem Felsengrab gab, sondern eher eine Beisetzung in einem flachen Behelfsgrab.[115]

Die Tendenz zur Steigerung des Erzählten in den Evangelien, die wir schon bei den von Jesus bewirkten Wundern beobachten konnten, wiederholt sich bei seinem Begräbnis. Das älteste Evangelium von Markus spricht lediglich von einem Grab (Mk 15,46). Bei Lukas wird daraus ein Grab, in dem noch niemand gelegen hat (Lk 23,53) und Matthäus hat bereits Kenntnis von einer neuen Grabkammer (Mt 27,60). Johannes schließlich beschreibt einen Garten mit einer neuen Grabkammer, in die noch nie jemand gelegt worden war (Joh 19,41).

Das Grab wurde bewacht

Matthäus verarbeitete eine zusätzliche Idee. Die anderen Evangelisten berichten nichts darüber. Nach Matthäus wurden die Hohepriester nach dem Tod von Jesus unruhig, da dieser prophezeit hatte, er werde nach drei Tagen von den Toten auferstehen. Daher baten sie Pilatus, das Grab drei Tage lang bewachen zu lassen. „*Damit nicht seine Jünger kommen und ihn stehlen und zum Volk sagen: Er ist auferstanden von den Toten ...*“ (Mt 27,62-66). Pilatus beorderte daraufhin eine Wache zum Grab, und die Grabstätte wurde versiegelt. Als das Grab dann nach drei Tagen trotz der Bewachung leer vorgefunden wurde, wurden die Wachen, dem Matthäusevangelium nach, von den Priestern bestochen. Sie sollten nicht von dem gleißenden Licht erzählen, das sie geblendet hatte, als ein Engel den runden Stein vom Grabeingang wegwälzte. Sie sollten vielmehr sagen: „*Seine Jünger sind bei Nacht gekommen und haben ihn gestohlen, während wir schliefen*“ (Mt 28,13).

Dies ist aber sehr unwahrscheinlich, weil die Soldaten sich mit einem solchen Geständnis der Todesstrafe ausgesetzt hätten. Der ganze Erzählzusatz von Matthäus mit den römischen Wachen und der Bestechung durch die jüdischen Hohepriester – darin sind sich auch viele konservative Kirchenleute einig – ist frei erfunden.

Chaka interessiert sich für Engel

Chaka fragte, ob Matthäus denn etwas Näheres über den Engel am Grab von Jesus geschrieben habe. Wie er zum Beispiel aussah, ob er klein war oder groß, dick oder dünn, was er an hatte, ob er aussah wie ein normaler Mann? Warum Engel eigentlich immer männlich wären? Die Gelegenheit wäre für den Evangelisten doch günstig gewesen, uns mehr über Engel zu erzählen. Wer würde in seinem Leben schon welche zu Gesicht bekommen?

Ich fürchte, wir nicht, antwortete ich Chaka. Von Matthäus kannst du auch nicht viel über das ungewöhnliche Berufsbild eines Engels erfahren. Eigentlich nur, dass der besagte Engel leuchtete wie ein Blitz und sein Gewand weiß war wie Schnee. Und stark war er offenbar auch, denn er konnte ja den großen Stein, der den Grabeingang versperrte, alleine wegwälzen. Viel mehr verrät Matthäus nicht, aber das Alte Testament ist beim Thema Engel auskunftsfreudiger. Dort haben einige Engel sogar Namen wie Raphael, Gabriel oder Michael. Letzterer avancierte sogar zum „Fürsten der himmlischen Heerscharen“ und wirkt angeblich – man unterdrücke bitte das Gelächter – als Schutzpatron der Fallschirmjäger. Zwar teilt uns das Ökumenische Heiligenlexikon mit, dies sei nicht offiziell, der Brauch werde jedoch vom Europäischen Militär-Fallschirmsprungverband gepflegt.[116]

Es gibt, wie beim Militär, unterschiedliche Klassen von Engeln. Bei der Anzahl dieser Klassen, im Engelsdeutsch heißen sie „Chöre“, war sich die Kirche nicht immer einig. Manche Kirchenväter sprachen von fünf bis acht Chören, andere wiederum von neun und mehr. Papst Gregor I. wurde das Durcheinander dann schließlich zu viel und legte die Anzahl von neun Chören offiziell fest. Über zwei Engelarten sind wir näher informiert, nämlich über Seraphim und Cherubim. Der Prophet Jesaja hat erstere gesehen und schrieb: *„Über ihm [Gott] schwebten Seraphim. Sechs Flügel hatte ein jeder, mit zweien verhüllte er sein Angesicht, mit zweien bedeckte er seine Füße und mit zweien flog er beständig“* (Jes 6,2). Der Prophet Hesekiel weiß über Cherubim zu berichten. Es sind menschenähnliche Wesen, von denen jedes einen Kopf mit vier Gesichtern besitzt: *„Das erste war ein Stiergesicht, das zweite ein Menschengesicht, das dritte ein Löwengesicht und das vierte ein Adlergesicht“* (Hes 10,14). Das hört sich eher wie ein Ungeheuer an, bemerkte Chaka trocken. Über die übrigen Engelklassen gibt es in der Bibel leider keine näheren Informationen. Wir wissen aber aus dem Alten Testament, dass Engel ganz schön gewalttätig sein können und auch schon mal untereinander Krieg führen.[117]

Ach ja, sagte ich zu Chaka. Dann gibt es ja noch den Teufel. Der ist nämlich eigentlich auch ein Engel. Es findet sich kaum jemand, den man so oft zu Unrecht verteufelt hat wie eben den Teufel. Denn der Teufel ist nicht, wie viele glauben, von Gott verstoßen und auch nicht von Gott abgefallen. Er ist vielmehr eingegliedert in den himmlischen Hofstaat und übt vor Gott die Funktion eines Anklägers der Menschen aus. Das alttestamentarische hebräische Wort „Satan“ ist ein Wort aus der Rechtssprache und bedeutet „Ankläger vor Gericht". Satan ist so etwas wie der himmlische Staatsanwalt.[118]

Myrrhe und Aloe

Zurück nun zum leeren Grab. Johannes, der von der Grabbewachung nichts wusste, berichtete in seinem Evangelium von einem Detail, dass die anderen drei älteren Evangelien wiederum nicht kannten. Nikodemus, der Gehilfe von Josef von Arimathäa, *„brachte eine Mischung aus Myrrhe und Aloe, etwa hundert Pfund. Sie nahmen den Leichnam Jesu und umwickelten ihn mit Leinenbinden, zusammen mit den wohlriechenden Salben, wie es beim jüdischen Begräbnis Sitte ist" (Joh 19,39-40).* Hundert Pfund Myrrhe und Aloe sind nach heutiger Rechnung etwa 34 Kilogramm.

Das ist ja genau mein Lebendgewicht, wenn ich mir gerade den Bauch vollgeschlagen habe, rief Chaka an dieser Stelle. Wozu brauchten sie denn diese Menge?[119]

Vielleicht übertreibt hier Johannes wie so oft, antwortete ich Chaka. Myrrhe gemischt mit Aloe verwendeten die Ägypter zum Einbalsamieren, von den Juden ist das eigentlich nicht bekannt. Über die Frage, ob Myrrhe und Aloe dabei nun in flüssiger oder in pulverisierter Form vorlagen, gibt es unter Fachleuten eine bis jetzt ergebnislose Diskussion. Falls die Gewürze getrocknet gewesen waren, hätte man den Leichnam unmöglich mit ihnen zusammen in die Leinenbinden gewickelt haben können: Man hätte die Leiche unter einem kleinen Gewürzhügel begraben müssen. Falls die Gewürze in Form von Öl vorlagen, hätten sie den Leichnam durchtränkt. Josef von Arimathäa und Nikodemus hätten durch selbst verursachte Öllachen waten müssen. Theologisiert hier Johannes etwa wieder, weil große Könige zur damaligen Zeit mit wahren Sackladungen von Gewürzen bestattet wurden?[120]

Es kann auch sein, dass Johannes dies gar nicht so geschrieben hat und hier Übersetzungsfehler vorliegen. Näheres hierzu in der Endnote.[121] Wie dem auch sei, Johannes will uns weiß machen, dass Jesus zwar am Kreuz starb, dass sein Körper jedoch, wie es die jüdische Sitte verlangt, nicht nur beerdigt, sondern gesalbt und mit fast königlichen Ehren in einem neuen Grab bestattet wurde.

Der Wettlauf zum leeren Grab

Der tote Jesus wurde also nach den Evangelien in eine Grabkammer gelegt. Alle vier Evangelien berichten, dass das Grab von Maria Magdalena am Morgen des Passahfestes leer vorgefunden wurde. Damit hört es aber mit der Übereinstimmung auch schon auf. Johannes behauptet, nur diese eine Frau sei zum Grab gegangen (Joh 20,1), Matthäus schreibt von zwei Frauen (Mt 28,1), während Markus von dreien berichtet (Mk 16,1). Laut Lukas hingegen seien es mindestens fünf Frauen gewesen (Luk 24,10).

Markus, der das älteste Evangelium verfasste und noch am vertrauenswürdigsten erscheint, schreibt: *„Als der Sabbat vorüber war, kauften Maria aus Magdala, Maria, die Mutter des Jakobus, und Salome wohlriechende Öle, um damit zum Grab zu gehen und Jesus zu salben. Am ersten Tag der Woche kamen sie in aller Frühe zum Grab, als eben die Sonne aufging“* (Mk 16,1). Er fährt dann fort, dass ein Engel den Frauen von der Auferstehung Jesu berichtete und diese sodann in Panik wegliefen. Markus schließt mit dem Satz: *„Und sie* *sagten niemand etwas davon; denn sie fürchteten sich"* (Mk 16,8).

Abgesehen davon, dass es den Erzähler nicht stört, dass man am Morgen vor dem Sonnenaufgang keine Öle zum Salben einkaufen konnte, muss vielleicht der eine oder andere Leser beim letzten Satz dieser Markus-Perikope ein Schmunzeln unterdrücken. Wir haben es hier mit einer offensichtlichen Ungereimtheit zu tun. Die Frauen haben entweder ihre Furcht überwunden und doch vom leeren Grab erzählt – dann trifft der letzte Satz nicht zu – oder Markus ist hier ein Opfer seines eigenen Eifers, der dramaturgischen Zuspitzung seiner erfundenen Geschichte geworden. *„Und sie sagten niemand etwas davon"* geht jedenfalls nicht. Interessant ist festzuhalten, dass die anderen Evangelisten Matthäus, Lukas und Johannes diesen Punkt in sein gerades Gegenteil verkehrten. Damit wird auch deutlich, dass der historische Wert dieser Versionen gleich Null ist. Schließlich hatten die anderen Evangelisten nur Markus als Informationsquelle und veränderten seine Geschichte einmal mehr nach ihren Intentionen.

Bei Matthäus sind die Frauen zwar immer noch ängstlich, gleichzeitig aber – wie vorhin schon angedeutet – auch mitteilsam: *„Sogleich verließen sie das Grab und eilten voll Furcht und großer Freude zu seinen Jüngern, um ihnen die Botschaft zu verkündigen"* (Mt 28,8). Dem schloss sich auch Lukas an. Bei ihm halten die Apostel die Erzählung der Frauen jedoch für Geschwätz und glaubten ihnen nicht. Nur Petrus lief zum Grab (Lk 24,12).

Diese Hervorhebung von Petrus passte Johannes nicht in den Kram. In seiner Version der Entdeckung des leeren Grabes steht etwas anderes. Warum wohl? In den zahlreichen Erzählungen der Evangelisten, die einer historischen Grundlage entbehren, haben die Autoren nicht einfach nur ihrer Fantasie freien Lauf gelassen, um Prophezeiungen aus dem Alten Testament erfüllt zu sehen. Oftmals geht es vielmehr um die Bestätigung der Autorität eines bestimmten Führers über die frühchristliche Gemeinde oder um dessen Beschädigung.

Dies wird in dem folgenden etwas holprig beschriebenen Beitrag von Johannes deutlich: *„Am ersten Tag der Woche kam Maria von Magdala frühmorgens, als es noch dunkel war, zum Grab und sah, dass der Stein vom Grab weggenommen war. Da lief sie schnell zu Simon Petrus und dem Jünger, den Jesus liebte, und sagte zu ihnen: Man hat den Herrn aus dem Grab weggenommen und wir wissen nicht, wohin man ihn gelegt hat. Da gingen Petrus und der andere Jünger hinaus und kamen zum Grab; sie liefen beide zusammen dorthin, aber weil der andere Jünger schneller war als Petrus, kam er als erster ans Grab. Er beugte sich vor und sah die Leinenbinden liegen, ging aber nicht hinein. Da kam auch Simon Petrus, der ihm gefolgt war, und ging in das Grab hinein (Joh 20,1-5).* Sodann *„ging auch der andere Jünger, der zuerst an das Grab gekommen war, hinein; er sah und glaubte" (Joh 20,6).*

Hier also erreichte der namenlose aber dafür geliebte Jünger (der wenige Seiten zuvor bereits mit seinen Ambitionen auf die Nachfolge Jesu aufgefallen war) das Grab zuerst und nicht Petrus. Was Johannes besonders betonen möchte, ist: Diesem Jünger ohne Namen war sofort klar, dass Jesus auferstanden war – im Gegensatz zum schwerfälligen Petrus. Damit hatte die Stellung von Petrus einen Dämpfer erhalten.

Gleichzeitig teilte Johannes einen Seitenhieb an Maria von Magdala aus. Es war ihm schwer erträglich, dass kein Mann, sondern Frauen das leere Grab zuerst entdeckten. Er ließ Maria sagen: *„Man hat den Herrn aus dem Grab weggenommen, und wir wissen nicht, wohin man ihn gelegt hat“* (Joh 20,2). Was Johannes damit ausdrücken wollte ist klar. Maria kapierte nicht, dass Jesus von den Toten auferstanden war.

Chaka schaute mich kopfschüttelnd an. Ich kann es nicht glauben, rief sie. Diese erwachsenen Männer benehmen sich wie junge Hunde, die „Nachlaufen“ spielen und um die Gunst ihres Herrchens buhlen. Es ist doch wohl egal, ob es ein leeres Grab gab oder nicht und wer es zuerst sah. Wichtig ist doch die Frage, ob die Auferstehung stattgefunden hat. Und die konnte doch auch ohne leeres Grab stattgefunden haben.

Richtig, Chaka, antwortete ich, das ist sehr scharfsinnig gedacht. Das leere Grab ist für die Auferstehung nicht entscheidend. Wahrscheinlich gab es dieses leere Grab auch gar nicht. Diese Annahme wird durch eine schwerwiegende Tatsache gestützt. Der früheste neutestamentliche Schriftsteller und entschiedenste Verkünder der Auferstehung, der Apostel Paulus, sagt kein einziges Wort über ein leeres Grab. Hätte er davon gehört, dann hätte er, der alles im Zusammenhang mit der Auferstehung sammelte, auch berichtet. Für ihn existierte das leere Grab nicht.[122] Die Berichte darüber sind erst später entstanden. Wichtig ist allein, ob es eine Auferstehung gab. Und diese Frage wollen wir jetzt klären.

Auferstehung und Jesus-Erscheinungen

Was geschah nun am Ostersonntag mit dem Leichnam von Jesus? Wurde er umgebettet? Und wenn ja, von wem? Oder hatte er mit göttlicher Kraft sein Grab, wo auch immer dieses war, verlassen und war auferstanden, wie drei unserer vier neutestamentlichen Evangelien berichten, nämlich Matthäus, Lukas und Johannes.

Und was ist mit Markus? Hier kommen wir zu einem beharrlich ignorierten und unterschätzten Aspekt in unserer Auferstehungsgeschichte. So schockierend es auch klingen mag, die ältesten Manuskripte des Markusevangeliums sagen nichts über eine Auferstehung von Jesus! Markus, unsere älteste Evangelienquelle, schloss seine Jesus-Geschichte mit dem leeren Grab ab. Punkt. Der letzte Markusvers lautete ursprünglich, wie bereits erwähnt: *„Da verließen sie [die zwei Marien und Salome] das Grab und flohen; denn Schrecken und Entsetzen hatte sie gepackt. Und sie sagten niemandem etwas davon; denn sie fürchteten sich“* (Mk 16,8). Ich sage „lautete ursprünglich“, weil ein so schockierendes Ende aus offensichtlichen Gründen nicht geduldet werden konnte. Es musste auf die frühen Christen äußerst verstörend gewirkt haben. Das Christentum baute auf der Idee auf, dass Jesus nach seinem Tod verschiedenen Einzelpersonen und Gruppen erschienen war. Wie konnte Markus das bloß verschwiegen haben?

Und so kam es, dass fromme Kopisten, die irgendwann im späten 2. Jahrhundert Markus abschrieben, sich einen neuen Schluss ausdachten und ihn an den überlieferten Text anhängten – und das über hundert Jahre nach Abfassung des ursprünglichen Evangeliums! Dieser angefügte Schluss gilt jetzt als Markus, Kapitel 16, Verse 9 bis 20, aber er findet sich in keinem unserer älteren Markusmanuskripte.[123]

Tatsächlich ist der Zusatz lediglich eine Zusammenstellung der Jesuserscheinungen, von denen Matthäus, Lukas und Johannes berichten. Er enthält keinerlei unabhängiges Material, das sich als Markusspezifisch identifizieren ließe, und sein Stil weicht ganz eindeutig vom Rest des Evangeliums ab. Klemens von Alexandria und Origenes, zwei unserer frühesten Kirchenschriftsteller (2. und 3. Jahrhundert), wussten nicht einmal von der Existenz dieses „längeren Schlusses". Zu ihrer Zeit existierte er möglicherweise noch nicht.[124]

Also, meldete sich Chaka, kannst du dir nicht vorstellen, mein lieber Dosenöffner, dass dieser fehlende Markusschluss einfach früh verloren ging? Der letzte Satz der ursprünglichen Fassung: *„Und sie sagten niemandem etwas, sie fürchteten sich nämlich"*, hört sich wirklich merkwürdig an. Aber ein Verlust der letzten Seite des Ursprungstextes muss man doch fairerweise als mögliche Erklärung berücksichtigen. Das ist ein guter Einwand, räumte ich nach einer Überlegungspause ein. Schauen wir doch nach, was meine kommentierte Fassung des Stuttgarter Neuen Testamentes hierzu sagt. Dort steht folgendes: „Der Anhang (Mk 16,9-20) fehlt in den ältesten Textzeugen. Er bietet eine Zusammenfassung der Erscheinungsberichte vor allem des Lukas- und des Johannesevangeliums und ist im 2. Jahrhundert hinzugefügt worden, vermutlich um dem Markusevangelium einen den anderen Evangelien entsprechenden Abschluss zu geben". Und jetzt kommt etwas Wichtiges: „Die Annahme, dass ein ursprünglicher Schluss verloren ging, ist wenig wahrscheinlich". Dein Gedanke, sagte ich zu Chaka, bringt uns also nicht weiter.

Wenden wir uns den drei jüngeren Evangelien zu, die von Jesussichtungen nach seinem Tod berichten. Teilweise widersprechen sie sich dabei, wie wir gleich sehen werden.

Wir hörten bereits von Matthäus, dass Jesu Mutter Maria und Maria Magdalena das leere Grab eilig verließen, um den Jüngern mitzuteilen, was geschehen war. Unterwegs begegnete ihnen der verstorbene Jesus und sagte: *„Fürchtet euch nicht! Geht und sagt meinen Brüdern, sie sollen nach Galiläa gehen, und dort werden sie mich sehen“* (Mt 28,10). Dies ist die einzige Erscheinung, die sich laut Matthäus in Jerusalem ereignete. Nach seinen Worten gingen die Apostel unverzüglich nach Galiläa und sahen dort Jesus (Mt 28,16-19).

Lukas berichtet das genaue Gegenteil. Hier materialisierte sich Jesus unvermittelt vor den Augen seiner erschrockenen Jünger in Jerusalem. Für Lukas war es schlechterdings unmöglich, dass die Anhänger Jesu sich nach dessen Tod in Trauer und Verzweiflung einfach nach Galiläa zurückzogen. Also verlegte er diese „Jesussichtung“ nach Jerusalem und erwähnt Galiläa mit keinem Wort. Jesus schärfte nach Lukas den Jüngern sogar ein, die Stadt nicht zu verlassen (Lk 24,49).[125]

Die Unstimmigkeiten nehmen noch zu, wenn wir die Evangelien mit den frühesten Meldungen von Jesussichtungen vergleichen. Es handelt sich hierbei um den etwa 54 n.Chr. verfassten Paulusbrief, den wir 1. Korinther nennen und ebenfalls Bestandteil des Neuen Testamentes ist. Paulus gibt hier eine strenge Chronologie der Jesussichtungen an. Derzufolge erschien Jesus erst dem Petrus, dann den Zwölfen, dann *„mehr als fünfhundert Brüdern zugleich“*, dann Jakobus, dem Bruder Jesu, dann allen Aposteln und schließlich – *„als Letztem von allen erschien er auch mir“* (1 Kor 15,3-8). Dies kann unmöglich mit den Evangelien in Einklang gebracht werden. Wo bleiben die bereits erwähnten Jesuserscheinungen der beiden Marias, von denen Matthäus schreibt (Mt 28,10)? Dafür spricht keines der Evangelien von der Erscheinung, bei denen *„mehr als fünfhundert Brüder zugleich"* anwesend waren. Hätten sie nicht eine solch dramatische Erscheinung erwähnt, wenn es sie wirklich gegeben hätte? Auch von der Jesuserscheinung des Paulus wissen die Evangelien nichts.

Ähnlich argumentierte schon Celsus, ein antiker heidnischer Philosoph aus dem 2. Jahrhundert: „Wäre Jesus wirklich auferstanden, so hätte er, wenn er doch als eine wahrhaftig göttliche Kraft erscheinen wollte, den Schmähern selbst und dem Verurteiler und überhaupt allen erscheinen müssen. Gestraft wurde er von allen gesehen, auferstanden aber von einem; das Gegenteil wäre am Platz gewesen, damit er die Frommen erleuchtet, der Sünder oder Bußfertigen aber sich erbarmt hätte".[126]

Und es gibt die Unstimmigkeiten in der Frage, wer Jesus nach seiner Auferstehung zuerst gesehen hatte. Petrus wird zwar zumeist genannt, jedoch in unterschiedlicher Kombination. So wurde Jesus nach 1 Kor 15,5-6 von Petrus alleine gesehen. Laut Markus (Mk 16,6) war es Petrus neben den übrigen Jüngern. Matthäus hingegen schweigt sich über Petrus aus. Bei ihm waren es zuerst die Frauen in Jesu Umfeld, denen der auferstandene Jesus erschien (Mt 28,9). Im Korintherbrief werden die Frauen dagegen überhaupt nicht erwähnt.

Es gibt keine plausible Möglichkeit, diese verschiedenen Berichte miteinander in Einklang zu bringen, und die Schilderungen sind mit theologischen Obertönen überfrachtet. Wir müssen uns einfach bewusst machen, dass die Evangelien des

Matthäus, Lukas und Johannes zwischen vierzig und siebzig Jahre nach dem Tod Jesu geschrieben wurden und es keine Augenzeugen gab.

Chakas hat einen Einwand

Als ich Chaka dieses Kapitel vorlas, hörte sie lange geduldig zu. Dann aber konnte sie ihren Einwand nicht mehr zurückhalten: Die Widersprüche im Neuen Testament sehe ich auch. Aber Jesus ist doch von vielen Menschen nach seinem Tod gesehen worden. Das kann man doch nicht wegdiskutieren. Wer ihn zuerst und wo gesehen hat, ist doch nicht so wichtig. Wichtig ist doch vielmehr, dass er überhaupt gesehen wurde. Die Auferstehung ist doch die einzig logische Antwort. Wie viele Jesuserscheinungen sind deiner Meinung nach denn erforderlich?

Chakas Einwand war natürlich gerechtfertigt. Mir fiel eine Anekdote über Albert Einstein ein, die ich kurz zuvor in einem Buch gelesen hatte: „Hundert Wissenschaftler beweisen, dass Einstein sich geirrt hat", hieß es. Worauf er geantwortet haben soll: „Einer hätte völlig genügt". Ist es hier vielleicht ähnlich? Würde ein einziger vertrauenswürdiger Zeuge nicht schon ausreichen?

In der Tat, ein solcher Zeuge wäre zumindest glaubwürdiger, wenn er selbst bei der Auferstehung dabei gewesen wäre und dies selbst schriftlich festgehalten hätte. Aber davon sind wir weit entfernt. Keiner der vorliegenden Auferstehungsberichte stammt von einem Zeitzeugen (mit Ausnahme des Paulus, der allerdings auch nur eine Vision hatte). Die Evangelisten behaupten Jahrzehnte später nach Informationen aus zweiter oder dritter Hand, dass Jesus von anderen Personen gesehen wurde. Dies alles spricht dafür, dass wir bei einer so verblüffenden und wundersamen Geschichte wie der Auferstehung eines verstorbenen Menschen, die völlig konträr zu unseren Naturgesetzen steht, besonders skeptisch sein sollten. Das Neue Testament bezieht sich in dieser Frage ausschließlich auf mittelbare Quellen.

Sind die angeblichen Zeugen für den wiederauferstandenen Jesus denn wenigstens vertrauenswürdig? Wir wollen versuchen, etwas Licht in diese Frage zu bekommen und beginnen mit Petrus.

Er wird im Paulusbrief an die Korinther als der Erste genannt, der Jesus nach seinem Kreuzestod sah. Erinnern wir uns: Petrus hatte Jesus während der Vernehmung von Jesus durch den Hohen Rat der Juden dreimal verleugnet, um sein Leben zu retten. Und es gab diverse Meinungsverschiedenheiten zwischen Jesus und Petrus. So redete Jesus seinen ersten Jünger Petrus, man kann es kaum glauben, einmal als Satan an. Er sagte an Petrus gerichtet: *„Weg mit dir, Satan, geh mir aus den Augen! Denn du hast nicht das im Sinn, was Gott will, sondern was die Menschen wollen“* (Mk 8,33). Die Verleumdungen werden Petrus nach dem Tod von Jesus in eine schwere Krise gestürzt haben, für ihn war eine Welt zusammengebrochen. Wenn dem erschütterten Petrus der verstorbene Jesus noch einmal als redende Person begegnete, kann dies als ein Weg angesehen werden, seine tiefe Trauer zu verarbeiten. In Berichten von Trauernden, die das Element der bildhaften Vergegenwärtigung des verlorenen geliebten Menschen enthalten, wird genau dies deutlich.

Der ehemalige Professor für Systematische Theologie, Yorick Spiegel, führt hierzu einige Beispiele an: „Der Trauernde hört die Schritte des Verstorbenen auf der Treppe, hört den Kies vor dem Haus knirschen und glaubt, die Tür öffne sich: „Ich sah Kay, wie er innerhalb der Haustür stand. Er sah aus, wie er immer aussah, wenn er von der Arbeit zurückkam. Er lächelte, und ich rannte in seine ausgestreckten Arme, wie ich es sonst immer tat, und lehnte mich gegen seine Brust. Ich öffnete die Augen, und das Bild war verschwunden."[127]

Um die Trauerverarbeitung des Petrus besser zu verstehen, sei in diesem Zusammenhang auf eine Untersuchung an der Harvard-Universität über Trauerfälle und den damit verbundenen schmerzlichen Verlust hingewiesen. Die Forscher begleiteten 43 Witwen und 19 Witwer bei dem Prozess der Trauer und befragten sie nach dem Tod des Partners. Unter anderem ermittelte man drei Faktoren, die eine Trauerarbeit behinderten: 1. ein plötzlicher Tod, 2. eine ambivalente Beziehung zum Verstorbenen, die mit Schuldgefühlen verbunden war und 3. eine Abhängigkeit.[128]

Auf die Situation des Petrus und auch der Jünger bezogen, ist festzustellen, dass alle drei Faktoren zutrafen: 1. Die Kreuzigung Jesu geschah unvorhergesehen und plötzlich.[129] 2. Die Beziehung der Jünger zu Jesus war von Ambivalenz und Schuldgefühlen bestimmt, denn die Jünger verließen Jesus fluchtartig und wurden so quasi zu Deserteuren. Petrus verleugnete Jesus. 3. Eine Abhängigkeit der Jünger von Jesus kann darin gesehen werden, dass die meisten Beruf und Heimat verlassen hatten, um mit ihm zu sein. Sie hatten sich als eine kleine religiöse Gruppe aus ihren ursprünglichen sozialen Strukturen gelöst.[130]

Petrus erlebte die Erscheinung Jesu als Begnadigung seines Verrats und schuf damit die Voraussetzung dafür, dass auch die anderen Jünger Jesus „sehen" konnten. Was ist damit gemeint? Der französische Religionswissenschaftler Ernest Renan hat dieses Phänomen so beschrieben: „Das Eigentümliche des Seelenzustandes, in welchem die Ekstase und die Erscheinungen entstehen, ist, dass sie ansteckend sind. Die Geschichte aller großen religiösen Krisen beweist, dass diese Arten von Visionen sich mitteilen; in einer Gesellschaft, in welcher sich Menschen desselben Glaubens finden, genügt es, dass ein Glied dieser Verbindung behauptet, etwas Übernatürliches zu sehen oder zu hören, damit die anderen auch sehen und hören ... Die Begeisterung des einen teilt sich allen mit ...".[131]

Die Erstvision des Petrus wirkte in der Tat ansteckend, ihr folgten unmittelbar weitere. Zum Beispiel die von Paulus behauptete Erscheinung von Jesus vor den *"über fünfhundert Brüdern auf einmal"*. 500 Menschen können sich nicht irren, meinen sicherlich viele neutrale Leser und folgern: Wenn sie alle den wiederauferstandenen Jesus gesehen haben, dann wird das auch so gewesen sein. Ich möchte die vermeintlich große Zahl von 500 mit der Marienerscheinung in Fatima relativieren. In der einschlägigen Literatur und auf einer römisch-katholischen Internetseite wird der Hergang folgendermaßen beschrieben:

Am 13. Oktober 1917 hatten sich mehr als 70.000 Menschen im portugiesischen Fatima versammelt. Sie waren gekommen, um ein Wunder zu sehen, das die Heilige Jungfrau drei Kindern – Lucia dos Santos, ihrer Cousine Jacinta und ihrem Cousin Francisco Marto – in einer Vision vorhergesagt hatte. Kurz nach der Mittagsstunde erschien die Jungfrau den dreien. Bevor sie wieder verschwand, deutete sie auf die Sonne. Aufgeregt wiederholte Lucia die Geste, und die Menschen blickten zum Himmel. Dann erhob sich ein Seufzer des Entsetzens aus der Menge, denn es schien, als habe sich die Sonne vom Firmament losgerissen und stürze auf die erschrockene Menschenmenge. Gerade als es den Anschein hatte, als werde der Feuerball über sie hereinbrechen und sie vernichten, war das Wunder zu Ende. Die Sonne nahm wieder ihren normalen Platz am Himmel ein und schien so friedlich wie immer.

Soweit die Wundergeschichte, die übrigens vom Vatikan anerkannt wurde. Hätte nur Lucia, das Mädchen, das den Fatima-Kult auslöste, das „Sonnenwunder" gesehen, würde man es nicht allzu ernst nehmen. Man hätte es für eine Halluzination gehalten. Beeindruckend sind die 70.000 Zeugen. Können 70.000 Menschen gleichzeitig derselben Halluzination zum Opfer fallen? Zugegeben, so etwas ist unwahrscheinlich. Aber – und dies ist der springende Punkt – es ist weniger unwahrscheinlich als die Alternative: dass sich die Sonne tatsächlich bewegte. Die Sonne, die über Fatima am Himmel stand, war schließlich keine regionale Sonne; dasselbe Gestirn erwärmte überall auf der Tagseite der Erde viele Millionen Menschen. Hätte sich die Sonne wirklich von ihrem Platz entfernt, würden Millionen anderer Menschen dies mitbekommen haben, was natürlich nicht der Fall war. Und nicht nur das! Würde die Wundergeschichte von Fatima zutreffen, wäre unser Sonnensystem völlig aus den Fugen geraten, mit katastrophalen Folgen für uns alle. Kein Astronom hatte seinerzeit irgendeine Bewegung der Sonne bemerkt. Wir haben daher gar keine andere Wahl, als zu dem Schluss zu gelangen, dass sich das Wunder von Fatima nie ereignet hat.[132]

Gustave Le Bon, der Begründer der Massenpsychologie hat bereits vor über 100 Jahren folgende Erkenntnis gewonnen, die auf das Phänomen von Fatima und wohl auch auf die Jesuserscheinung vor den *„über fünfhundert Brüdern auf einmal“* zutrifft: „Menschen unterscheiden sich voneinander am meisten bezüglich der Intelligenz, der Moralität, der Ideen und am wenigsten bezüglich der tierischen Instinkte und Emotionen. Daher ist die Macht der Masse umso größer, je mehr ihre Mitglieder sich einander ähneln, nachdem die Dinge, worin sie sich unterscheiden, einmal zur Seite gelegt worden sind. Sie besitzen dann eine Art Gemeinschaftsseele, in der sich die Verstandesfähigkeiten und Persönlichkeiten der Einzelnen verwischen und die unbewussten Eigenschaften überwiegen“.[133]

Der Theologieprofessor Paul Wilhelm Schmiedel verweist darauf, wie es nach der Ermordung von Thomas Becket[134] im 12. Jahrhundert und der Hinrichtung Savonarolas[135] im 15. Jahrhundert zu Massenvisionen gekommen ist. Er hält diese für Analogien zu der Erscheinung von Jesus vor den „mehr als fünfhundert Brüdern“. Es handelt sich bei all den genannten Phänomenen um psychische Tatsachen. Die Erscheinung vor *„über fünfhundert Brüdern auf einmal“* lässt sich historisch plausibel als Massenekstase verstehen. Merkwürdig ist zudem, dass diese Erscheinung in keinem der Evangelien erwähnt ist. Sollte so eine wichtige Jesussichtung den Evangelisten verborgen geblieben sein?

In dem bereits erwähnten Paulusbrief an die Korinther wird auch der Herrenbruder Jakobus als Zeuge für eine Jesussichtung erwähnt. Die Evangelien im Neuen Testament wissen davon nichts und lassen diese Sichtung unerwähnt. Allerdings berichtet das nicht kanonisierte Hebräerevangelium davon und liefert auch gleich ein Motiv für die Sichtung. Jakobus hatte nämlich das Gelübde abgelegt, so lange zu fasten, bis er Jesus nach seinem Tod auferstanden sehe.[136]

Paulus ist der einzige Zeuge einer Jesussichtung, der dies schriftlich niederlegte. Allerdings sah er den auferstandenen Jesus nur durch eine Vision, und dies Jahre nachdem Jesus am Kreuz starb. Mit Visionen hatte Paulus bereits Erfahrungen. Eine frühere Vision war es, die den selbsternannten Apostel zum Christentum führte, ihn vom Saulus zum Paulus werden ließ. Paulus zeigte in seinem Leben oftmals Anzeichen von Fanatismus, in der Zeit, als er das Christentum mit viel Engagement bekämpfte und nach seiner Bekehrung, als er mit der gleichen Energie missionierte und zum Chefideologen des frühen Christentums heranwuchs. Dabei hatte er Jesus zu Lebzeiten nie gesehen. Alleine schon deswegen verspürte er einen Makel, den er durch selbstbewusstes Auftreten in der frühchristlichen Gemeinde auszugleichen versuchte. *„Mehr als sie alle habe ich mich abgemüht“*, schreibt Paulus in seinem 1. Korintherbrief und meint mit „sie“ die Führungsriege der Urchristen wie Petrus, Jakobus und die Apostel.

Nicht wenige Bibelkritiker sind der Meinung, dass Paulus die schon erwähnte Passage in seinem Brief an die Korinther schrieb, um sich als Zeuge einer Jesussichtung mit den anderen Zeugen von Sichtungen auf eine Stufe stellen zu können. Im Übrigen sind Visionen für mich Vorgänge im menschlichen Geist und Produkte der eigenen Vorstellungskraft, auch wenn es Visionäre regelmäßig anders erzählen.

Bei den frühen Christen hatte sich ein Streit darüber entwickelt, ob Jesus mit Fleisch und Blut oder als geistiges Wesen auferstanden sei. Die letztgenannte Glaubensrichtung, nach denen Jesus nicht wirklich Mensch wurde, sondern nur eine geistige Gestalt, nannte man Gnosis. Johannes verknüpfte in einer seiner Periskopen gleich zwei Vorteile miteinander. Der prominenteste Zweifler der Auferstehung, der Apostel Thomas, der daher auch der „ungläubige Thomas“ genannt wird, glaubte erst, als er seine Hand in eine Wunde in Jesu Körper legen durfte. Dadurch war der Zweifler überzeugt und mit der Betonung der physischen Realität des auferstandenen Jesus die Gnosis widerlegt. Der evangelische Theologe Gerd Lüdemann hält diese Geschichte für eine dramatische Erfindung, um die Gnosis zu bekämpfen.

Was sollen wir von den Jesussichtungen halten?

Die Schriften des Neuen Testamentes können uns in dieser so eminent wichtigen Frage leider nur das eine wirklich verbürgen, nämlich dass die ersten Christen tatsächlich an diese Auferstehung geglaubt haben. Ob sie jedoch eine Tatsache war, ob sie wirklich stattgefunden hat, das lässt sich aus dem Zeugnis der Heiligen Schrift nicht entnehmen. Es gibt sogar Theologen, die der Botschaft von der Auferstehung schwerwiegende Bedenken entgegenbringen, gleichzeitig aber das Kunststück fertig bringen, der Botschaft Jesu als Ganzes aufgeschlossen gegenüber zu stehen.

Der deutsche Philosoph und Theologe David Friedrich Strauß kam bereits im 19. Jahrhundert zu einem vernichtenden Urteil hinsichtlich des Auferstehungsglaubens. Er schrieb: „Selten ist ein unglaubliches Factum schlechter bezeugt, niemals ein schlecht bezeugtes an sich unglaublicher gewesen“.[137]

Neuzeitliche Erscheinungen

Christlich motivierte Erscheinungen oder Visionen sind nicht auf die Antike beschränkt. Sie konzentrierten sich jedoch in späterer Zeit auf der Grundlage der katholischen Marientradition auf die Mutter Jesu. Jesuserscheinungen findet man kaum noch, da dies offensichtlich zu sehr als Frevel angesehen würde und diejenigen, die von einer Erscheinung erzählen, sich wohl recht schnell in einer Nervenklinik wiederfinden würden.

Die berühmtesten Marienerscheinungen erfolgten in der Neuzeit. Dazu gehören die Erscheinungen von Lourdes im Jahre 1858, wie bereits erwähnt Fatima in Portugal 1917 sowie von Medjugorje im ehemaligen Jugoslawien in 1981. Sie stellen jedoch nur einen kleinen Ausschnitt aus einer ganzen Fülle ähnlicher Erscheinungen dar. Deren Anzahl nahm nicht etwa ab, sondern im Gegenteil unaufhörlich zu: Wurde Maria im 18. Jahrhundert nur dreißigmal gesehen, so war es im 19. Jahrhundert schon knapp zweihundertmal und im 20. Jahrhundert gut vierhundertfünfzigmal. Zwischen 1930 und 1950 untersuchten kirchliche Behörden allein in Westeuropa etwa 300 Muttergottes-Erscheinungen, die zumeist einfachen Dorfkindern zuteil geworden sein sollen. Warum gerade diesen? Maria legte ihnen zumeist Gebete und Buße ans Herz. Interessant ist in diesem Zusammenhang, dass die einzelnen Empfänger von Marienerscheinungen sich gegenseitig oft nicht anerkennen. All diesen Erscheinungen ist jedoch gemein, dass sie zumeist von weiblichen Visionären gesehen werden, die durch Schlafentzug und Krankheit geschwächt oder durch intensive religiöse Verehrung von der Realität entfremdet in einer Scheinwelt lebten.[138]

Jesu Himmelfahrt

Am 40. Tag nach Ostersonntag feiern die Christen jedes Jahr das Fest „Christi Himmelfahrt“. Diese Tradition bezieht sich auf eine Zeitangabe in der Apostelgeschichte (Apg 1,3), nach der Jesus vierzig Tage nach seiner Auferstehung in den Himmel aufgefahren ist. Lukas beschrieb dieses ausgefallene Ereignis ziemlich lapidar so: *„Dann führte er [Jesus] sie hinaus in die Nähe von Betanien. Dort erhob er seine Hände und segnete sie. Und während er sie segnete, verließ er sie und wurde zum Himmel emporgehoben, sie aber fielen vor ihm nieder. Dann kehrten sie in großer Freude nach Jerusalem zurück“.* Und wenn sie nicht gestorben sind, dann ... nein, so lautet der letzte Satz natürlich nicht. Der korrekte Abschlusssatz ist: *„Und sie waren immer im Tempel und priesen Gott.“* (Luk 24,50-53).

Die ganze Geschichte hört sich nicht nur wie ein Märchen an – deshalb hatte ich ja auch die Assoziation zu den Erzählungen der Gebrüder Grimm – sie ist auch eins und ein frommes dazu.

Die Evangelisten, die Jesus von den Toten auferstehen ließen, hatten natürlich ein Problem. Was passiert mit jemandem, der unsterblich ist? Bei einer nochmaligen Kreuzigung oder auch bei einer anderen Todesursache würde sich wohl die Auferstehung wiederholen. Es wäre doch prima, meinte Chaka mit Begeisterung in der Stimme, wenn Jesus nie richtig gestorben wäre. Er könnte uns heute genau erzählen, was er vor zweitausend Jahren alles gesagt und getan hat. Ja, meinte ich, und wir bräuchten uns nicht die Mühe mit diesem Buchprojekt zu machen.

Lukas bringt als einziger Evangelist und gleichzeitig auch als Verfasser der Apostelgeschichte die Auferstehung Jesu irgendwie zu einem Abschluss. Aber mit was für einer haarsträubenden Geschichte. Wie soll man sich vorstellen, dass ein Mensch aus Fleisch und Blut in die Höhe gehoben wird, sich weiter von der Erde entfernt, immer kleiner wird, schließlich nur noch einen Punkt darstellt und in das Weltall eintaucht? Mir fehlt da die Fantasie.

Den anderen Evangelisten wohl auch, denn sie schreiben nichts dergleichen.[139] Das alleine mindert natürlich schon die Glaubwürdigkeit von Lukas, lässt dafür aber wenigstens erwarten, dass es bei der Himmelfahrt keine Widersprüche gibt, die regelmäßig dann entstehen, wenn dieselbe Begebenheit von verschiedenen Evangelisten erzählt wird. Doch weit gefehlt. Lukas bringt das Kunststück fertig, in seinen beiden Berichten (Lukasevangelium und Apostelgeschichte) einen Widerspruch unterzubringen. Während Jesus seine Himmelfahrt in der Apostelgeschichte 40 Tage nach seiner Auferstehung in Bethanien antritt, geschieht dies im Lukasevangelium am Auferstehungstag auf dem Ölberg, der sozusagen als Startrampe genutzt wird.

Zudem behaupten einige Theologen und Historiker, dass der Himmelfahrtsbericht im Lukasevangelium wahrscheinlich unecht sei. Der Satz *„und er wurde zum Himmel aufgenommen"* (Luk 25,51) fehlt demnach in wesentlichen alten Handschriften.[140]

In der Apostelgeschichte werden noch einige Details zum Hergang geschildert. So war Maria, die Mutter Jesu, zum Zeitpunkt der Himmelfahrt keine tausend Meter entfernt bei den anderen Frauen. Sie hätte ihrem Sohn bestimmt gerne zum Abschied zugewunken. Nach Jesu Himmelfahrt erschienen den zurückgebliebenen Jüngern plötzlich zwei Männer – wir kennen sie schon vom leeren Grab und dürfen sie als Engel identifizieren – in weißen Gewändern und fragten: *„Ihr Männer von Galiläa, was steht ihr da und schaut zum Himmel empor?"* (Apg 1,11). Den Engeln muss man eine so dümmliche Frage wohl verzeihen. Für sie gehört eine Himmelsfahrt wahrscheinlich zum normalen Tagesgeschäft.

Wenn man in der heutigen Zeit am Himmelfahrtstag feiert, dann wird weniger in den Himmel als tief ins Glas geschaut. Es handelt sich dabei zumeist auch nicht um gläubige Christen, sondern um frohgelaunte Männer, die ihren Vatertag begehen.

Wer übrigens ein weitergehendes Interesse an antiken Himmelfahrten hat, dem kann ich entsprechende Literatur aus der Antike empfehlen. Herakles, Empedokles, Alexander der Große und Apollonius von Tyana. Sie alle sollen in ähnlicher Weise wie Jesus in den Himmel aufgefahren sein.

Was bleibt

Stellen wir uns einmal einen jüdischen Prediger um das Jahr 30 in Palästina vor dem Hintergrund der seinerzeitigen Verhältnisse vor, der in aller Öffentlichkeit folgende Behauptungen aufstellt:

- Brecht den Tempel ab und in drei Tagen will ich ihn wieder aufrichten.
- Ich bin die Auferstehung und das Leben.
- Wer mein Fleisch isst und mein Blut trinkt, der hat das ewige Leben.
- Wer von euch kann mich einer Sünde zeihen?

Wenn Jesus diese Aussprüche aus dem Johannesevangelium tatsächlich getan hätte, dann wäre er nach allem, was wir über die jüdische Kultur in dieser Zeit wissen, von empörten Juden ohne jedes Gerichtsverfahren gelyncht, das heißt gesteinigt worden. Es wären keine Beratungen zwischen dem Hohepriester Kaiphas und dem Statthalter Pilatus nötig gewesen. Die Vertreter der Obrigkeit wären im Falle irgendwelcher Unruhen schnell dabei gewesen, während des Festes hart durchzugreifen. Es ist kaum anzunehmen, dass das römische Militär im Falle des galiläischen Handwerkers anders verfahren wäre. Höchstwahrscheinlich war Jesu Kreuzigung für die ausführenden Organe eine reine Routinesache. Die präzisen Erzählungen in der Bibel werfen die Frage auf: Woher hatten die Autoren des neuen Testaments ihr angebliches Wissen von Jesu Tod und Begräbnis? Wer soll die einzelnen Stunden seines Lebens so haarklein festgehalten haben, wo die Jünger doch ihr Heil in der Flucht suchten. Die Passionsgeschichte, die wir in den Evangelien lesen, vermittelt eine Berichterstattung, als wären Pressevertreter allgegenwärtig zugegen gewesen. Die Detailfülle muss jeden kritischen Leser stutzig machen.

Dabei war die Realität für die Evangelisten eher entgegengesetzt. Sie hatten kaum verlässliche Informationen, dafür aber eine spekulative Idee. Wenn Jesus der Messias war, dann mussten die Weissagungen der Propheten bezüglich des Messias zutreffen. Dann brauchte man nur im Alten Testament passende Prophezeiungen zu finden und in die Passionsgeschichte von Jesus einzubauen. Man konnte sodann ganz nebenbei zwei Fliegen mit einer Klappe schlagen und behaupten, dass der in den Augen von Vielen gescheiterte Jesus doch der Messias sei. Nach Crossan ist die gesamte Passionsgeschichte dann auch „in die Geschichte überführte Prophezeiung, nicht auf Geschichte zurückgreifende Erinnerung".[141]

Kapitel 7: Die Naherwartung, ein gebrochenes Versprechen

Sie haben etwas Ähnliches vielleicht schon selbst einmal erlebt. Mein Sohn hatte zum 8. Geburtstag ein Fahrrad geschenkt bekommen und meine Frau und ich planten mit ihm an einem der folgenden Sonntage eine kleine Radtour. Als Zielort wurde ein Café im Grünen gewählt, das für sein leckeres Eis bekannt war. Frohen Mutes legten wir los. Unser Elan wurde allerdings schnell gebremst, denn wir hatten unangenehmen Gegenwind. Unser Sohn gab sein Bestes, aber es war abzusehen, dass er bald alle Lust verlieren würde. Ich versuchte, seine letzten Reserven zu mobilisieren, indem ich ihm zweimal versprach, seine Eisportion um jeweils eine Kugel zu vergrößern. Außerdem, so argumentierte ich, würde die Rückfahrt viel leichter fallen, denn dann hätten wir ja Rückenwind. Diese Versprechungen vor Augen erreichten wir unser Ziel. So weit, so gut. Es wäre ein schöner Sonntagnachmittag gewesen, wenn nicht das Café wegen Umbauarbeiten geschlossen hätte, mein Versprechen auf ein Rieseneis geplatzt wäre und wir bei der anschließenden Rückfahrt bemerken mussten, dass der Wind gedreht hatte. Dumm gelaufen, fällt mir dazu nur ein.

Die Enttäuschung meines Sohnes dürfte eine Kleinigkeit gegenüber dem gewesen sein, was Jesu Jünger fühlten. Ihr Herr und Meister war am Kreuz gestorben, sein wichtigstes Versprechen hatte sich nicht erfüllt und sie mussten tief enttäuscht in ihre Dörfer zurückkehren.

Was hatte Jesus denn seinen Jüngern versprochen, fragte Chaka, nachdem ich ihr von der misslungenen Radtour erzählte. Jesus hatte, antwortete ich, während seiner Wanderschaft durch Palästina ein zentrales Thema und eine immer wiederkehrende Botschaft: die Verheißung des Königreichs Gottes. Mit dem Königreich Gottes meinte Jesus nichts Geringeres als das Ende der damaligen Weltordnung und die Inthronisierung eines göttlichen Weltherrschers. *„Die Zeit ist erfüllt, das Reich Gottes ist nahe“* (Mk 1,15), war das Allererste, was er predigte. Praktisch alles, was Jesus in den Evangelien sagte oder tat, diente dazu, das Kommen dieses Königreichs zu verkünden, und zwar nicht irgendwann – das war das Entscheidende – sondern zu seinen Lebzeiten. Als Jesus sagte: *„Amen, ich sage euch: Von denen, die hier stehen, werden einige den Tod nicht erleiden, bis sie gesehen haben, dass das Reich Gottes in Macht gekommen ist“* (Mk 9,1), meinte er damit Gottes rettendes Wirken im damaligen Zeitalter, seiner eigenen Zeit. Auch Paulus hat die Wiederkunft des Herrn für so nahe bevorstehend gehalten, dass er die Möglichkeit des vorherigen Sterbens in seine Predigt nicht einbezogen hatte: *Wir, die wir leben und übrigbleiben bis zur Ankunft des Herrn* (1 Thess 4,15).

Dieses Versprechen von Jesus, dass seine Generation das Reich Gottes noch zu Lebzeiten auf Erden erleben würde, bezeichnet man als Naherwartung. Dass dieses Versprechen gebrochen wurde, sieht auch Joachim Gnilka. Für ihn sind die Worte Jesu terminierte Ansagen hinsichtlich seiner Wiederkehr für die damals lebende Generation. Weil bei Markus (Mk 9,1) nicht bestimmte Personen, etwa nur die Jünger, sondern in allgemeiner Form einfach irgendwelche zufällig „hier Stehende“ angesprochen waren, steht die Terminabgabe im Vordergrund und erhöht damit den Erwartungsdruck. Es sollte nicht irgendwem eine persönliche Verheißung gemacht werden, sondern allen Gläubigen.[142]

Nun ist das Ende der Welt, das Jüngste Gericht oder die Verwirklichung des Reich Gottes bis heute nicht eingetreten. William Barclay konzediert mit Blick auf die Naherwartung, die auch Matthäus äußerte (Mt 24,32-41), dass es nur wenige Abschnitte gibt, die uns größere Schwierigkeiten bereiten und Jesus sich wohl im Irrtum befand.[143]

Der deutsche Theologieprofessor Klaus Berger geht noch einen Schritt weiter und räumt dabei kräftig mit der heutigen Amtskirche auf. Er schreibt: „Jesus habe das Reich Gottes gepredigt, und zwar verknüpft mit der Naherwartung. Dass heißt: Er habe damit gerechnet, noch zu seinen Lebzeiten werde das Ende der Welt kommen. Das ist nun offenkundig nicht geschehen, und daher habe sich dann nach diesem offenkundigen Irrtum Jesu die Kirche in der Welt eingerichtet ... Die Kirche habe ihre eigene Existenz glorifiziert, ja als Ersatz für das ausgebliebene Gottesreich verstanden. Sie habe mit den Mächtigen kollaboriert und alle Unarten des Machtmissbrauchs kennengelernt. Sie habe lauter unjesuanische Dinge – Amt, Tradition und Rechthaberei, Inquisition, Kreuzzüge und Hexenwahn – heraufgeführt und Jesu Absichten damit ins Gegenteil verkehrt".[144]

Mit der nicht erfüllten Naherwartung hatten die frühen Christen natürlich ihr Problem. Der Verfasser des zweiten Petrusbriefes klagte denn auch: *„Vor allem sollt ihr eines wissen: Am Ende der Tage werden Spötter kommen, die sich nur von ihren Begierden leiten lassen und höhnisch sagen: Wo bleibt denn seine verheißene Ankunft? Seit die Väter entschlafen sind, ist* *alles geblieben, wie es seit Anfang der Schöpfung war"* (Petrusbrief 3,3-4). Aber das Christentum wäre heute keine Weltreligion, hätte es nicht für diesen wie auch für andere Widersprüche eine fantasievolle Erklärung parat. Der zweite Petrusbrief liefert auch gleich den Grund für die Verzögerung: *„Der Herr zögert nicht mit der Erfüllung der Verheißung, wie einige meinen, die von Verzögerung reden; er ist nur geduldig mit euch, weil er nicht will, dass jemand zugrunde geht, sondern dass alle sich bekehren"* (2 Petr 3,9). Soll heißen: Gott wartet mit dem Jüngsten Gericht und dem sich anschließenden Paradies auf Erden, damit die Heiden die Möglichkeit haben, vorher zum rechten Glauben zu finden und nicht in der ansonsten unvermeidlichen Hölle landen.

Chaka will auch in den Himmel

Also, meinte Chaka, dann steht das Weltende noch bevor. Vielleicht erleben wir es ja, bevor wir das Zeitliche segnen. Dann kommen wir beide in den Himmel. Ich kann dann nach Herzenslust mit anderen Hunden spielen und mit dir gemeinsam noch viele Bücher schreiben. Ich starrte Chaka wohl sehr entgeistert an, denn sie fragte etwas unsicher: oder meinst du nicht?

Bestimmt nicht, antwortete ich ihr mit fester Stimme. Und das gleich aus mehreren Gründen: Selbst wenn in den nächsten Jahren der unwahrscheinliche Fall des Weltuntergangs mit dem Jüngsten Gericht eintreten würde, dürften wir uns anschließend nicht im Himmel begegnen. Und warum nicht? Ganz einfach, wer solche Bücher schreibt wie wir, kommt nicht in den Himmel! Selbst wenn wir uns thematisch verlagern würden, zum Beispiel, wir schrieben Kochbücher für vegane Hunde oder etwas ähnlich religionsneutrales, kämst du immer noch nicht in den Himmel. Chaka schaute mich entsetzt an. Warum nicht?, hauchte sie. Weil du ein Hund bist und Hunde nicht in den Himmel kommen, sagte ich so schonend wie möglich.

Am nächsten Tag hatten meine Frau und ich Besuch von guten Freunden, Hans-Dieter und Marianne, zum Abendessen. Beim Nachtisch kamen wir auf unser Buchprojekt zu sprechen und ich warf die am Vortag mit Chaka besprochene Frage auf, ob Hunde und überhaupt Tiere nach dem christlichen Glauben in den Himmel kommen können. Unsere Freunde waren praktizierende Katholiken, so dass sie zu diesem Thema etwas sagen konnten. Zudem hatten sie eine solche Themenstellung selbst im Haus. Sie waren Besitzer eines schwarzen Katers sowie eines Aquariums mit vielen bunten Zierfischen.

Nun ja, begann Hans-Dieter zögerlich. Wenn wir uns die Vertreibung von Adam und Eva aus dem Paradies ansehen, schweigt sich das Alte Testament über das Schicksal der Tiere aus. Wo sind Schafe, Esel, Hunde und Regenwürmer geblieben? Wurden sie auch vertrieben? Hans-Dieter wirkte unsicher. Wohl kaum, schaltete sich Marianne ein. Anders als der Mensch haben sie sich schließlich des Vergehens, sich von Gott abzuwenden, nicht schuldig gemacht. Sie sind einfach im Garten Eden geblieben – bis heute.

Aber schau dir doch an, wie es der Tierwelt ergeht, entgegnete ich. Die Hochleistungskuh sieht ihr Leben lang keinen Himmel und kann sich ohne Kraftfutter kaum auf den Beinen halten. Das Schwein wird im großindustriellen Rahmen geschlachtet. Der zum Wrack gezüchtete Schoßhund krankt an Arthrose, Fettleibigkeit und Atembeschwerden. Fische und

Garnelen wachsen in beengter untypischer Farmhaltung auf und in der freien Natur geht es nach der Devise: fressen oder gefressen werden. Das Paradies stelle ich mir anders vor. Und schließlich: Jesus kam auf die Welt, um die Menschen zu erlösen, von den Tieren hat er nichts gesagt.

So richtig kamen wir an diesem Abend bei diesem Punkt nicht weiter. Marianne hatte aber einen nützlichen Hinweis. Es gibt doch bei euch in Münster, sagte sie, ein Zentrum für theologische Zoologie. Da müsstest du doch mehr erfahren können. Nun gut, ich war mir nicht sicher, ob es so etwas Exotisches im beschaulichen Münsterland gibt, nahm mir aber vor, im Internet zu recherchieren.

Am nächsten Tag nach dem obligatorischen Morgenspaziergang mit Chaka bei leichtem Nieselregen setzte ich mich an meinen PC. Es war genau das richtige Wetter, um einige Stunden am Buchprojekt zu arbeiten. Schnell fand ich, was ich suchte. Tatsächlich, es gibt in Münster ein Zentrum für theologische Zoologie. Es ist sogar das Einzige seiner Art in Europa. Sein Leiter, Rainer Hagencord, ist gelernter Theologe und Priester. Nach seiner Meinung sind Tiere nicht in dem Sinn erlösungsbedürftig, dass ihnen Schuld vergeben werden müsste. Das Tier entscheidet sich nicht zwischen Gut und Böse, also nimmt es auch keine Schuld auf sich. Aber haben denn Tiere eine Seele? – kontern andere Kirchenvertreter. Und wenn ja, wem aus der Fauna darf sie zugesprochen werden? Hat ein Floh noch keine Seele, ein Sperling vielleicht schon, aber ein Schimpanse ganz gewiss? Im Prinzip wohl alle, meint Hagencord. Vor allem dann, wenn man als Christenmensch die Natur, die gesamte Schöpfung als von Gott beseelt definiert und sie als unauflösliches Geheimnis empfindet.

Nun, die Kirchenvertreter sind sich wohl in dieser Frage uneins. Diesen Themenkomplex habe ich gegenüber Chaka nicht weiter vertieft. Sonst drängt meine Co-Autorin noch darauf, fernöstliche Religionen wie den Hinduismus näher zu untersuchen. Der Hinduismus lehrt schließlich, dass alle Lebewesen, auch Vierbeiner oder Tausendfüßler, wiedergeboren werden. Für sie hätten dann auch eine Naherwartung und das „Jüngste Gericht" keine Bedeutung. Womit wir wieder beim Thema, bei Jesus und dem gebrochenen Versprechen der Verwirklichung des Reiches Gottes auf Erden wären.

Wir haben bisher versucht, das irdische Leben Jesu nachzuzeichnen und die wichtigsten Stationen seines Wirkens kritisch beleuchtet. Aber haben wir seinen Charakter und seine Besonderheiten in ausreichendem Maße kennengelernt? Ich denke, noch nicht. Es gibt ein paar weitere wichtige Aspekte.

Kapitel 8: Wie friedliebend war Jesus?

Das Jesusbild, mit dem ich groß geworden bin, zeigt doch einen friedliebenden, selbstlosen Diener seines Herrn, der Sanftmut predigte und seinen Feinden auch die zweite Wange hinhielt, wenn diese die erste schon malträtiert hatten. Etwa so wie Mahatma Gandhi oder Albert Schweitzer, nur halt noch vollkommener.

Chaka hat übrigens ihre eigene Methode der Deeskalation. Wenn sie einem raubeinigen Rüden begegnet, der ihre manchmal etwas aufdringliche Freundlichkeit mit Aggressivität beantwortet, hält sie ihm nicht die andere Wange hin. Vielmehr sucht sie mit beiden Wangen und eingezogenem Schwanz schnellstens das Weite und bringt sich in Sicherheit. Das ist zwar für eine Hunderasse, die in Afrika zur Löwenjagd eingesetzt wurde, nicht gerade standesgemäß, aber recht wirksam. Sicherlich nicht der dümmste Weg, einer Auseinandersetzung im wahrsten Sinne des Wortes aus dem Weg zu gehen – oder vielmehr zu laufen. Und vielleicht auch klüger und realistischer als das unterwürfige Anbieten der anderen Wange. Aber zurück zu Jesus. Ist mein kindliches Bild vom friedliebenden Jesus überhaupt korrekt?

Wenn wir dieser Frage nachgehen, sollten wir berücksichtigen, das Palästina vor der Zeit, in der Jesus lebte, während seines Lebens und auch danach einem politischen Pulverfass glich. Nach dem jüdischen Religionswissenschaftler Pinchas Lapide kam es von der Zeit der Makkabäer (ca. 165 v.Chr.) bis zum Aufstand des Bar Kochba (132-135 n.Chr.) zu 62 Kriegen, die die Juden um ihrer nationalen Unabhängigkeit willen begannen. Die allermeisten, nämlich 61, gingen von Galiläa aus, woher Jesus stammte.[145]

Der historische Jesus nimmt vielleicht daher hinsichtlich der Gewalt eine weitaus komplexere Haltung ein, als den meisten bekannt ist. So hört sich das Folgende bei Matthäus nicht gerade pazifistisch an: *„Denkt nicht, ich sei gekommen, um Frieden auf die Erde zu bringen. Ich bin nicht gekommen Frieden zu bringen, sondern das Schwert“* (Mt 10,34; Lk 12,51). Ähnliches schreibt Lukas: *„Meint ihr, ich sei gekommen, um Frieden auf die Erde zu bringen? Nein, sage ich euch, nicht Frieden, sondern Spaltung. Denn von nun an wird es so sein: Wenn fünf Menschen im gleichen Haus leben, wird Zwietracht herrschen: Drei werden gegen zwei stehen und zwei gegen drei, der Vater gegen den Sohn und der Sohn gegen den Vater, die Mutter gegen die Tochter und die Tochter gegen die Mutter, die Schwiegermutter gegen ihre Schwiegertochter und die Schwiegertochter gegen die Schwiegermutter“* (Lk 12,51-53). Und auch Markus bläst in das gleiche Horn, wenn er unsanften Klartext mit den Worten verkündet: *„Wer da glaubt und getauft wird, der wird selig werden, wer aber nicht glaubt, der wird verdammt werden“* (Mk 16,16). Fremd klingt uns auch, wenn Jesus sagt: *„Wenn einer zu mir kommt und hasst nicht seinen Vater, seine Mutter, sein Weib, seine Kinder, seine Brüder und Schwestern ... kann er nicht mein Jünger sein“* (Lk 14,26). Ähnliche Stellen im Neuen Testament lassen sich beliebig fortsetzen.[146]

Jesus setzte auf Gewalt, als er bei der sogenannten Tempelreinigung Geißelhiebe verteilte. Irritierend auch seine Anweisung: *„Wer kein Schwert hat, der verkaufe sein Gewand und kaufe ein Schwert“* (Lk 22,36). In seiner Warnung vor der Verführung spricht er davon, mit einem Mühlstein um den Hals ins Meer geworfen zu werden, die Hand abzuhauen oder ein Auge herauszureißen (Mk 9,42-48). Wer sich nicht rechtzeitig von verführbaren Körperteilen trennt, wird mit dem ganzen Leib in die Hölle geworfen (Mt 5,29).

Jesus erzeugte sogar den Nährboden für die Verfolgung und Vernichtung von Hexen und Häretikern im Mittelalter, wenn er nach Johannes sagte: *„Wer nicht in mir bleibt, wird wie die Rebe weggeworfen und er verdorrt. Man sammelt die Reben, wirft sie ins Feuer und sie verbrennen“* (Joh 15,6). Oder gilt Johannes dieser zweifelhafte Ruhm, weil er wieder einmal in fabulierender Weise seinem Herrn Worte in den Mund legte.

Jedenfalls wurden die Herrenworte von der Heiligen Inquisition vom 12. bis zum 19. Jahrhundert sehr wörtlich genommen und Tausende von unschuldigen Opfern auf diese Art getötet.[147] Die letzte Vollstreckung eines Todesurteils der Inquisition fand übrigens 1850 in Mexiko statt, deren Hergang der amerikanische Philosoph Sam Harris nach zeitgenössischen Quellen wie folgt beschreibt: „Die Verurteilten werden dann sofort zur Riberia gebracht, einer Hinrichtungsstätte, wo so viele Scheiterhaufen errichtet wurden, wie Gefangene verbrannt werden sollen. ... die Bekenner besteigen ihren Scheiterhaufen mittels einer Leiter, und die Jesuiten liefern sie, nach mehrfach wiederholten Ermahnungen, sich mit der Kirche auszusöhnen, der ewigen Vernichtung aus ... Daraufhin erhebt sich ein lauter Schrei, und der Schrei lautet »Jetzt geht den Hunden an den Bart!«, was geschieht, indem man den Verurteilten ... brennende Sträuße aus Stechginster gegen den Bart stößt, bis ihre Gesichter verkohlt sind und der ringsum stehende Pöbel die Luft mit jubelndem Beifall zerreißt. Zuletzt wird der Stechginster am Fuß des Scheiterhaufens in Brand gesteckt, über dem die Gefangenen in solcher Höhe angekettet sind, dass die Flamme selten höher reicht als bis zur Sitzfläche, auf der sie sich befinden, so dass sie eher geröstet als verbrannt werden. Obwohl es kein beklagenswerteres Schauspiel gibt und die Gepeinigten, so lange sie noch können, immer wieder »Erbarmen um der Liebe Gottes willen!« schreien, sehen sich das Spektakel Personen aller Altersstufen und beiderlei Geschlechts an, die dabei vor Freude und Genugtuung außer sich geraten."[148]

Das Neue Testament entwickelt eine subtile und unterschwellige Förderung von Gewalt, die auch vor Maria, der Mutter Jesu, nicht Halt macht. Im Lukasevangelium wird zu Maria gesagt: *„Du bist gebenedeit unter den Frauen"* (Luk 1,42). Der Kirche ist peinlich, dass dieser seltene Begriff *„gebenedeit unter den Frauen"* zu den alttestamentarischen Zitaten mit unschönem Beigeschmack gehört. Im Buch Richter heißt es: *„Jael sei gebenedeit unter den Frauen" (Ri 5,24)*. Wer war diese Jael? Sie war die Frau, die dem feindlichen Feldherrn Sisera, als dieser sich bei ihr ausruhte, mit einem Hammer einen Holzpflock durch die Schläfe schlug und ihn damit tötete (Ri 5,26). Moderne Bibelübersetzungen vermeiden das Wort „gebenedeit" und ersetzen es durch „gesegnet ist die Frucht deines Leibes". Der Begriff „gebenedeit" finden wir allerdings heute noch im „Ave Maria", wo es unverändert heißt: „Du bist gebenedeit unter den Frauen".[149]

Wer kennt Ananias und Saphira?

Nie gehört, war Chakas kurze Antwort. Wahrscheinlich geht es den meisten Christen so. Durch die Predigt eines Pfarrers während der sonntäglichen Messe hat bestimmt kein Gläubiger

Ananias und Saphira kennengelernt. Dazu müsste man selbst in der Apostelgeschichte des Neuen Testaments nachlesen. Dort ist folgende Geschichte zu finden:

Ein Mann namens Ananias und seine Frau Saphira verkauften zusammen ihr Grundstück. Mit dem Einverständnis seiner Frau behielt er einen Teil des Verkaufserlöses für sich und brachte den anderen Teil den Aposteln. Andere Mitglieder der Gemeinde, so schrieb Lukas, spendeten bei ähnlichen Fällen sogar den gesamten Erlös. Genau genommen handelte Ananias aber immer noch großzügig, denn es stand ihm völlig frei, die Höhe der Spende selbst zu bestimmen. Für die Kirche in der Apostelgeschichte aber war dies ein Fall von „Unterschlagung“, weil sie nicht alles bekam. Zunächst hielt Petrus, der von der Sache wohl Wind bekommen hatte, dem geizigen Bösewicht seine Untat vor: *„Ananias, warum hat der Satan dein Herz erfüllt, dass du den Heiligen Geist belügst und von dem Erlös des Grundstücks etwas für dich behältst?“* (Apg 5,3) Nun konnte Ananias den Heiligen Geist überhaupt nicht belogen haben, denn er hatte nicht mit ihm geredet und ihm schon gar nichts versprochen. Aber Petrus und vor allem der Heilige Geist sahen das anders. Für die beiden war es schlichtweg ein todeswürdiges Verbrechen. Daher *„stürzte er zu Boden und starb“* (Apg 5,5). Die anderen anwesenden jungen Männer waren nicht etwa entsetzt. Sie wussten vielmehr, was in so einem Fall zu tun war. Sie *„trugen ihn hinaus und begruben ihn“* (Apg 5,6).

Seine Frau Saphira kam nach drei Stunden, um nach ihrem Mann zu sehen. Sie wusste nichts von dem, was zwischenzeitlich vorgefallen war. Es wäre von den Aposteln wohl auch zu viel verlangt gewesen – neben der vielen Arbeit als Apostel, vielleicht waren sie gerade mit Geldzählen beschäftigt – Saphira vom Tod und von der Beerdigung ihres Mannes zu unterrichten. Und so konnte Petrus die nichtsahnende Witwe, die von ihrem neuen Familienstand noch keinen blassen Schimmer hatte, hinterlistig fragen, was er ja bereits wusste, ob das von ihrem Mann der Kirche geschenkte Geld der volle Verkaufserlös sei. Obwohl das Petrus überhaupt nichts anging, bejahte die Frau die Frage. Vielleicht wollte sie aus Angst nichts anderes sagen, als ihr Mann wahrscheinlich gesagt hatte. Aber das war ein Fehler, denn augenblicklich wurde auch sie durch den Heiligen Geist zum Tode befördert. Wie es weitergeht, kennen wir schon. *„Die jungen Männer kamen herein, fanden sie tot, trugen sie hinaus und begruben sie neben ihrem Mann"* (Apg 5,10).

Chaka schaute mich mit betroffenem Gesicht wortlos an. Sei nicht so traurig, sagte ich. Lukas hat die Geschichte erfunden. Vielleicht soll mit Gewalt Gehorsam gegenüber einem autoritären Gott eingefordert und gleichzeitig den Gläubigen Geld abgepresst werden.

Doch nun zurück zu Jesus. Es gibt noch einen anderen wichtigen Aspekt zu berücksichtigen, wenn wir herausfinden wollen, wie Jesus zur Gewalt stand. Jesus von Nazareth war in erster Linie Jude. Ein Jude, der die Grundüberzeugungen des jüdischen Glaubens – das Gesetz Mose – und damit das Alte Testament verteidigte. Der Religionswissenschaftler Reza Aslan meint, es bestehe kein Grund zur Annahme, dass Jesu Verständnis von seinen Nächsten und Feinden enger oder weiter gefasst war als das eines beliebigen anderen Juden der damaligen Zeit.[150] Jesu Mission diente nicht der Abschaffung, sondern der Durchsetzung dieses Gesetzes. „... der kleinste Buchstabe des Gesetzes" sollte erfüllt werden (Mt 5,17f.). Um den Geist dieses Alten Testaments besser zu verstehen, machen wir einen kurzen Exkurs in diesen Teil der Bibel.

Gewaltbeispiele im Alten Testament

Das Alte Testament ist nicht nur reich an exzessiver Gewalt gegenüber Einzelpersonen, sondern auch gegenüber ganzen Städten und Völkern. Der Gott, den Jesus kannte und verehrte, wird im Alten Testament als Krieger bezeichnet (2 Mos 15,3). Als die Juden 1000 Jahre zuvor zum ersten Mal einen Fuß in Palästina setzten, befahl ihnen dieser Kriegergott, jeden Mann, jede Frau und jedes Kind, auf die sie stießen, niederzumachen, jeden Ochsen, jede Ziege und jedes Schaf zu schlachten und jedes Gehöft, jedes Feld, jede Erntefrucht und alles Lebendige ohne Ausnahme niederzubrennen, um sicherzustellen, dass das Land nur jenen gehören würde, die diesen einen Gott und keinen anderen anbeteten. Wer nachlesen möchte, kann dies unter 5 Mos 20, 16-17 tun. Es ist ein Gott, der freimütig sagt: *„Ich, der Herr, dein Gott, bin ein eifersüchtiger Gott. Bei denen, die mir Feind sind, verfolge ich die Schuld der Väter an den Söhnen, an der dritten und vierten Generation"* (2. Mos 20,5).

Es wird vermutlich nur wenige Leser geben, die sich die Mühe gemacht haben, das umfangreiche Alte Testament komplett zu lesen. Viele Gläubige kennen die gewaltverherrlichenden Erzählungen kaum. Ich möchte daher zwei Beispiele etwas näher beschreiben:

Ein Levit, so nannte man seinerzeit die jüdischen Priester, reiste mit seiner Konkubine durch die Gegend des Stammes Benjamin und erreichte den Ort Gibea. Sie übernachteten im Haus eines gastfreundlichen alten Mannes und saßen beim Abendessen. Da kamen Männer aus dem Ort, klopften an die Tür und verlangten, der alte Mann solle seinen Gast herausgeben, *„wir wollen unseren Mutwillen mit ihm treiben"*. Der alte Mann entgegnete: *„Nein, meine Brüder, So etwas Schlimmes dürft ihr nicht tun. Dieser Mann ist als Gast in mein Haus gekommen; darum dürft ihr keine solche Schandtat begehen. Da ist meine jungfräuliche Tochter und seine Nebenfrau. Sie will ich zu euch hinausbringen; ihr könnt sie euch gefügig machen und mit ihnen tun, was euch gefällt. Aber an diesem Mann dürft ihr keine solche Schandtat begehen"* (Ri 19,23-24). Der Levit lieferte schließlich seine Konkubine der Meute aus, und dann fand die ganze Nacht über eine Massenvergewaltigung statt: *„Sie missbrauchten sie und trieben die ganze Nacht hindurch bis zum Morgen ihren Mutwillen mit ihr. Als der Morgen anbrach, kam die Frau zurück; vor der Haustür des Mannes, bei dem ihr Herr wohnte, brach sie zusammen und blieb dort liegen"* (Ri 19,25-26). Am Morgen fand der Levit seine Begleiterin vor der Türschwelle – sie war tot. Daraufhin legte er sie auf seinen Esel und machte sich auf die Heimreise. *„Als er nach Hause gekommen war, nahm er ein Messer, ergriff seine Nebenfrau, zerschnitt sie in zwölf Stücke, Glied für Glied, und schickte sie in das ganze Gebiet Israels"* (Ri 19,29).

Wenn sie Zweifel am Wahrheitsgehalt dieser unglaublichen Geschichte haben, dann schlagen Sie bitte nach im Buch Richter. Es gab ein Motiv für dieses zwangsneurotische Verhalten. Es sollte Rachegelüste schüren, was auch gelang. Der Vorfall wurde zum Anlass für einen Feldzug gegen den Stamm Benjamin, in dessen Verlauf, wie im Buch Richter (Ri 20,1-48) freimütig mitgeteilt wird, insgesamt 90.100 Menschen ums Leben kamen.

Das zweite Beispiel stammt aus dem Buch Numeri. Moses wird von Gott angestachelt, Rache an den Midianitern zu nehmen. Es wurde eine Streitmacht von 12.000 Mann aufgestellt. *„Sie zogen gegen Midian zu Feld, wie der Herr es Mose befohlen hatte, und brachten alle männlichen Personen um“* (Num 31,7). *„Die Frauen von Midian und deren kleine Kinder nahmen die Israeliten als Gefangene mit“* (Num 31,9). Moses geriet deswegen in Zorn über die Befehlshaber und sagte zu Ihnen: *„Warum habt ihr alle Frauen am Leben gelassen?“* (Num 31,15). *„Nun bringt alle männlichen Kinder um und ebenso alle Frauen, die schon einen Mann erkannt und mit einem Mann geschlafen haben. Aber alle weiblichen Kinder und die Frauen, die noch nicht mit einem Mann geschlafen haben, lasst für euch am Leben“* (Num 31,17-18)! Dies nenne ich schlicht und einfach Völkermord. Nein, der Gott des Alten Testaments und Moses können für uns keine Vorbilder sein.

Chaka schaute verstört, als ich ihr das vorlas. Da sind Hunde ja menschlicher, meinte sie kopfschüttelnd. Aber Jesus hatte doch damit bestimmt nichts zu tun. Vielleicht wusste er nichts von diesen schrecklichen Dingen. Doch, entgegnete ich, während ich mir ein Schmunzeln verkniff. Natürlich kannte er das Alte Testament, schließlich war es für die Juden die alleingültige Gesetzesgrundlage. Das ist ja gerade so irritierend, dass er Zeit seines Lebens zu den Gesetzen des Alten Testaments stand.[151]

Übrigens, die beiden Beispiele sind nur eine kleine Auswahl von Grausamkeiten. Die Heilige Schrift bietet mehr davon. Eine Übersicht von angeblichen Vergehen, die mit dem Tode bestraft wurden, ist im Anhang zu sehen. Ich habe mich bei der Auswertung auf die ersten fünf Bücher beschränkt, die mengenmäßig noch nicht einmal ein Viertel des Alten Testaments ausmachen. Dreiundsiebzig Stellen habe ich gefunden. Dreiundsiebzig Mal kann man den Kopf schütteln und manchmal könnte man richtig lachen, wäre es nicht so traurig.

Hat das Neue Testament Mitschuld am Holocaust?

Mit meinen Freunden Lothar und Klaus unternehme ich seit längerer Zeit einmal im Jahr eine Erkundungstour zu einer interessanten Stadt oder einer schönen ländlichen Gegend. Als wir vor zwei Jahren das Seengebiet von Mecklenburg-Vorpommern besuchten, machten wir auf der Hinfahrt einen Abstecher nach Oranienburg und besichtigten das dortige ehemalige Konzentrationslager. Zwar gibt es erholsamere Urlaubsziele, aber wir wollten bewusst etwas für unsere zeitgeschichtliche Bildung tun. Es ist schon ein großer Unterschied, über die Vernichtungslager der Nazis zu lesen oder einen solchen Ort aufzusuchen. Nach diesem sehr bewegenden Erlebnis diskutierten wir beim Abendessen über die Ursachen eines solchen Wahnsinns. Ist es denkbar, dass diese zweitausend Jahre zurückreichen und ihren Anfang in der Heiligen Schrift, im Neuen Testament, nahmen?

Unbestreitbar ist, dass der Antisemitismus ebenso zum Inventar der kirchlichen Lehre gehörte wie Strebebögen zu einer gotischen Kathedrale. Und diese schreckliche Wahrheit wird seit den ersten Jahrhunderten unserer Ära mit jüdischem Blut geschrieben.[152] Aber ist die weitergehende Frage erlaubt, ob das Neue Testament eine Mitschuld an der schlimmsten Ausgestaltung des Antisemitismus, dem Holocaust, hat? Zugegeben, eine provokative Fragestellung. Aber der geneigte Leser mag selbst entscheiden, ob diese Frage nicht nur vertretbar ist, sondern auch teilweise bejaht werden kann – vielleicht sogar bejaht werden muss!

In Kapitel 5, als die Passion Jesu behandelt wurde, haben wir von seiner Verurteilung und Kreuzigung durch die Römer gelesen. Gleichwohl erwecken die Evangelien den Eindruck, dass nicht die Römer, sondern die Juden die treibende Kraft für den Tod Jesu waren. Wir erinnern uns an den römischen Prokurator Pontius Pilatus, der angeblich nichts unversucht ließ, Jesu Leben zu retten.

Die Juden waren nach den Evangelien nicht nur für Jesu Tod verantwortlich, sie leugneten auch noch seine Göttlichkeit. Das war für die frühen Christen unverzeihlich und die Verkörperung allen Übels. Paulus wetterte daher: *„ Diese [die Juden] haben sogar Jesus, den Herrn, und die Propheten getötet; auch uns haben sie verfolgt. Sie missfallen Gott und sind Feinde aller Menschen; sie hindern uns daran, den Heiden das Evangelium zu verkünden und ihnen so das Heil zu bringen. Dadurch machen sie unablässig das Maß ihrer Sünden voll"* (1 Thess 2,14-16). Johannes dämonisiert die Juden, wenn er Jesus in ihre Richtung sagen lässt: *„Ihr habt den Teufel zum Vater"* (Joh 8,44).

Als der Tempel in Jerusalem im Jahre 70 zerstört wurde, glaubten die Christen, sie seien Zeugen der Erfüllung von Prophetie. Sie bildeten sich ein, die römischen Legionen wirkten als Vollstrecker der Strafe Gottes gegenüber den Verrätern von Jesus und betrachteten das grausame Schauspiel mit einer gewissen Genugtuung. Diese Feindschaft der Christen gegenüber dem Judentum entwickelte sich in den folgenden Jahrzehnten zu einem festen Glaubensbestandteil. Als das Christentum im Jahre 380 Staatsreligion wurde, hörte die bürgerliche Gleichberechtigung der Juden auf. Die Kirche und der christliche Staat, Konzilienbeschlüsse und Kaisergesetze arbeiteten von da an Hand in Hand. Die Juden wurden vom Militär ausgeschlossen, ihnen standen keine hohen Ämter zu und andere zu bekehren oder sexuelle Beziehungen zu Christenfrauen zu unterhalten wurde ihnen, beides bei Todesstrafe, verboten. Der Codex Justinianus im sechsten Jahrhundert engte den Rechtsstatus der Juden weiter ein. Er verbot die Mischna (den mündlich überlieferten Gesetzeskodex der Juden) und Zweifel an der Auferstehung Jesu oder dem Jüngsten Gericht zu äußern, galten als Kapitalverbrechen.[153] Nach dem Kirchenvater Augustinus waren die Juden dazu verdammt, ruhelos umherzuziehen und dadurch Zeugnis abzulegen für die Wahrhaftigkeit der Heiligen Schrift. Das Leiden und die Knechtschaft der Juden galten als Beweis dafür, dass Jesus eben doch der Messias gewesen sei.[154]

Wie auch die Hexen wurden die europäischen Juden im Mittelalter oftmals der ungeheuerlichsten Verbrechen bezichtigt. Allen voran einer Tat, die als Blutanklage bekannt wurde und der Überzeugung entsprang, Juden benötigten das Blut von christlichen Säuglingen, um es bei einer Vielzahl von Ritualen einzusetzen. Es galt als eine wohl bekannte Tatsache, dass sämtliche Juden, ob männlich oder weiblich, menstruierten, und das Blut von Christen brauchten, um ihre erschöpften Vorräte wieder aufzustocken. Auch litten Juden an furchtbaren Hämorrhoiden und schwärenden Wunden als Strafe für den Mord an Jesus. Da konnte es kaum überraschen, dass Juden christliches Blut als Balsam gegen solche Verletzungen verwendeten. Weiter hieß es, Christenblut lindere die Geburtswehen einer jeden Jüdin, die das Glück hatte, während der Geburt solches Blut, auf Pergamentfetzen verteilt, in ihren geballten Fäusten halten zu können.

Das Verlangen eines Juden nach christlichem Blut entstand schon kurz nach seiner Geburt. Beim Beschneidungsritus nahm es die Stelle von geweihtem Öl ein, und im späteren Leben wurden die Genitalien jüdischer Kinder beiderlei Geschlechts zwecks Fruchtbarmachung mit dem Blut eines frommen Christen eingerieben. Allgemein bekannt war auch, dass Juden blind geboren wurden und dass christliches Blut, auf die Augen gestrichen, ihnen erst die Sehkraft verlieh. Mittelalterliche Christen glaubten, die Juden würden ihr Blut für alles Mögliche benutzen, vom Wangenrouge über den Liebestrank bis hin zum Lepra-Prophylaktikum. Kein Gedanke war abstrus genug, um nicht von vielen Christen entwickelt und geglaubt zu werden.

Diese unsäglichen Absurditäten wurden nur noch übertroffen von der im Mittelalter weit verbreiteten Besorgnis über Hostienentweihungen, mit deren Bestrafung sich die fromme Christenheit jahrhundertelang ihre Komplexe abreagierte. Historische Berichte legen nahe, dass nicht weniger als dreitausend Juden oftmals auf Grund einer einzigen Bezichtigung dieses imaginären Verbrechens ermordet wurden. Der Tatbestand der Hostienentweihung stand in Europa jahrhundertelang unter Strafe.[155]

Die lange Geschichte theologisch motivierter Verfolgungen ist es, die den weltlichen Antisemitismus hervorbrachte. Ein Antisemitismus, der sich wie ein roter Faden vom Neuen Testament bis in das 20. Jahrhundert zieht. Organisierte Judenverfolgungen und Pogrome gab es zu allen Zeiten und in allen

Gebieten, in denen Juden lebten. Besonders schlimm waren die sogenannten Pestpogrome während der Pestwelle in den Jahren 1348 bis 1353. Den Juden wurde vorgeworfen, die Brunnen vergiftet zu haben, um Christen zu ermorden. Pogrome fanden in Osteuropa (im Jahre 1919 wurden zum Beispiel allein in der Ukraine 60.000 Juden ermordet), Spanien und anderen Ländern statt. Der von den Nazis initiierte Holocaust gegenüber den Juden ist nicht der einzige seiner Art, wohl aber der umfassendste und abscheulichste.[156] Noch im vorigen Jahrhundert, scheute sich Papst Pius IX. nicht, die Juden als „Hunde" zu diffamieren.[157]

Chaka hatte wieder ihre Stirn in Falten gelegt und meinte, das Neue Testament könne doch nicht die einzige Ursache für den Antisemitismus sein. Dafür müsse es doch noch andere Gründe geben. Ja gewiss, entgegnete ich. Sogar einen gewichtigen, der für die Juden überhaupt nicht schmeichelhaft ist. Das über Generationen hinweg andauernde jüdische Leiden mit dem Höhepunkt des Holocaust verbietet zwar geradezu die Vermutung, die Juden könnten für ihre Probleme selbst verantwortlich sein. Doch genau dies kommt der Wahrheit sehr nahe. Sie haben sich ihre Probleme zum Teil selbst eingehandelt.

Was die Juden zusätzlich zu den religiösen Diffamierungen zu Objekten des Argwohns und der Verfolgung machten, war ihre Weigerung, sich anzupassen, waren ihre Absonderung sowie die vorgebliche Überlegenheit ihrer religiösen Kultur. Die Lehre vom „auserwählten Volk", die in den anderen Religionen vielleicht leise anklang, verdichtete sich im Judentum zu provozierender Schärfe. Gläubige Juden des Alten Testaments zeigten durchaus Eigenschaften, die manche als rassistisch bezeichnen würden. Wir hatten ja schon in diesem Kapitel gelesen, dass der alttestamentarische Gott alles niedermachen ließ, was nicht zum jüdischen Volk gehörte. Juden, sofern sie ihre Religion ausüben, glauben, sie hätten einen einzigartigen Bund mit Gott geschlossen. Sie fühlten sich daher allen anderen Völkern und Religionen überlegen. Es kann somit kaum verwundern, dass die Juden von anderen ins Abseits gestellt wurden. Das Neue Testament und die katholische Kirche haben hierzu tatkräftig beigetragen, mit all den uns bekannten Folgen.

Aber zurück zu der Frage, ob Jesus und das Neue Testament friedliebend sind. Eine Differenzierung tut hier gut. Was die Gläubigen in den Kirchen zu hören bekommen, ist die Geschichte des friedliebenden Hirten, der liebevoll seine Schäflein um sich schart. Was in den Hintergrund gedrängt wird, ist Jesu Verwurzelung zum Alten Testament mit seinen grausamen Vorschriften, die niemand ernst nehmen kann. Jesus und das Neue Testament stehen für eine Ansammlung von Gegensätzlichkeiten. Friedensliebe gehört dazu, aber auch Angst, Hass und Gewalt.

Kapitel 9: Schuf Jesus eine neue Religion?

Zu meinem Geburtstag im vergangenen Jahr schenkte mir meine Frau eines der Sachbücher, die aus Anlass des 75. Jahrestages des Beginns des Zweiten Weltkriegs veröffentlicht wurden. Ein Kapitel des Buches war der Judenverfolgung gewidmet. Mir ist ein Foto aus diesem Buchabschnitt in besonderer Erinnerung geblieben. Es zeigt die idyllische Ansicht eines bayrischen Bergdorfes. Am Rande des Weges, der zum Dorfeingang führt, steht ein Kruzifix, mit Blumen dekoriert und liebevoll gepflegt. Nur wenige Schritte weiter, ebenfalls am Wegrand, ist ein Schild aufgestellt: „Juden sind hier unerwünscht“. Es schien damals niemandem aufzufallen, dass der christliche Glaube an einen jüdischen Jesus und der Hass auf Juden nicht zueinander passen.

Wir haben im vorigen Kapitel gehört, dass Jesus ein Produkt der jüdischen Gesellschaft seiner Zeit war. Er achtete die jüdischen Gesetze und die jüdische Kultur. Diese schlichte historische Tatsache eröffnet uns die Tür zum Verständnis, wer Jesus wirklich war und was er wollte. Jesus war beschnitten,[158] er feierte das Passahfest, las die Bibel auf Hebräisch und heiligte den Sabbat am Samstag.

Apropos Sabbat. Wenige Dinge sind uns so fremd und gleichzeitig so charakteristisch für die Juden wie der Sabbat und dessen strikte Einhaltung. Der Sabbat war ein Tag, der allein Gott gewidmet war. Er war mehr als nur ein leeres Ritual, mehr als eine Erinnerung daran, dass es im Leben noch wichtigere Dinge als die Arbeit gab. Es war für die Juden ein Nachvollziehen des göttlichen Rhythmus. Sechs Tage lang arbeitete Gott, am siebten ruhte er sich aus. Die am Sabbat einzuhaltenden Regeln waren sehr komplex. In der Bibel stand, es solle keine Arbeit getan werden – aber was genau war denn Arbeit? Das Traktat über den Sabbat in der Mischna enthält 39 verbotene Tätigkeiten: alles vom Nähen bis hin zum Tragen von Gegenständen oder Festziehen und Lösen von Knoten. Nicht einmal zwei Buchstaben des Alphabets durften geschrieben werden. Einem Juden war es am Sabbat nicht gestattet, mehr als 1.000 Ellen zu gehen. Dies führte mitunter zu ernsthaften Problemen, wenn die Gemeinschaftstoiletten außerhalb der Wohnbereiche angelegt waren. Dem Buch der Jubiläen zufolge war auch jeglicher Sex verboten, wenngleich dieser dort nicht explizit als „Arbeit" definiert war.

Die orthodoxen Juden hielten die Sabbatregeln so streng ein, dass sie buchstäblich lieber starben als das Gesetz zu brechen. In der Zeit des Makkabäeraufstandes im 2. Jahrhundert v.Chr. suchten die jüdischen Freiheitskämpfer in der Wüste in Höhlen Zuflucht. Als Antiochus eine Abteilung Soldaten losschickte und sie an einem Sabbat angreifen ließ, starben die Rebellen, ohne auch nur den geringsten Widerstand zu leisten, weil sie das Gesetz bei einer Gegenwehr am Sabbat übertreten hätten.

Nur weil die Juden darauf bestanden, dass der Sabbat eingehalten wurde, gelang es Pompejus im Jahre 63 v.Chr. Jerusalem einzunehmen. In der Antike war es üblich, dass der Angreifer riesige Erdwälle aufbauen ließ, von denen aus die Zinnen der belagerten Städte eingesehen und auch beschossen werden konnten. Einen solchen Erdwall ließ auch Pompejus errichten, und zwar am Sabbat, an dem die Juden bloß zuschauten, ohne ihm Einhalt zu gebieten. Josephus erinnert etwa auch daran, wie überrascht der griechische Historiker Agatharchides über die Art war, in der Ptolemäus Lagos die

Stadt Jerusalem einnehmen konnte, weil die Juden, statt ihre gut befestigte Stadt zu verteidigen, ihr Land einer bitteren Fremdherrschaft auslieferten, nur weil sie an törichten Bräuchen festhielten.[159] Später beschlossen die Juden, es müsse ihnen zumindest erlaubt sein, sich zu wehren.

Die Essener, die sich besonders streng an die Gesetze hielten, vertraten die Meinung: Niemand sollte seinen Tieren am Sabbat beim Werfen helfen. Und wenn sie in den Brunnen gefallen waren oder in eine Grube, so sollte niemand sie am Sabbat wieder herausholen. Dasselbe wurde sogar für Menschen geltend gemacht.[160]

Ich möchte in diesem Kapitel aufzeigen, dass Jesus keine neue Religion stiften wollte und dass sein Wirken und Streben ausschließlich dem jüdischen Volk galt. Er hat sich selbst noch nicht einmal als Messias oder Christus, was beides „der Gesalbte“ bedeutet, bezeichnet. Diese Bezeichnung haben ihm andere zugeschrieben. Allerdings besaß Jesus einen hohen Selbstanspruch und glaubte sich Gott besonders nahe. Er sah sich gewissermaßen als dessen menschlicher Repräsentant, dessen Absicht es war, das Judentum zu reformieren und nicht etwa Heiden zu missionieren.

Chaka schaute wieder skeptisch, sah mich mit großen Augen an und meinte: Jetzt fährst du aber ein dickes Geschütz auf. Alle Welt sieht doch Jesus als den Begründer des Christentums an. Schließlich forderte er nach den Evangelisten seine Jünger auf, alle Menschen zu taufen. So steht es doch geschrieben, beharrte Chaka irritiert. Ja, entgegnete ich, du hast Recht mit der Feststellung, dass hier ein deutlicher Widerspruch vorliegt. Die Frage ist nun: Sind diese Aussagen von Jesus authentisch?

Stammen sie wirklich von Jesus? Wir wollen dieser Frage nachgehen.

Die Verfasser der Evangelien und insbesondere diejenigen, die verfälschende Nachträge an- oder einfügten, hatten bestimmte Motive. So berichten die synoptischen Evangelien übereinstimmend, dass Jesus nach seinem Tod den zwölf Aposteln erschien und sie zum Missionieren in die Welt mit den Worten hinausschickte: *„Darum geht hin und macht zu Jüngern alle Heiden, indem ihr sie tauft auf den Namen des Vaters und des Sohnes und des Heiligen Geistes“* (Mt 28,19; siehe auch Lk 24,36-43 und Joh 20,19-23). An diese und ähnliche Aussagen dachte Chaka wohl, als sie Jesus als den Begründer des Christentums bezeichnete.

Wenn drei Evangelien das Gleiche berichten, so sollte man meinen, muss da doch etwas dran sein. Tatsächlich sind jedoch renommierte Bibelkritiker der Meinung, dass es sich hierbei um spätere Ergänzungen von unbekannten Verfassern handelt, die sich der Missionierung der ganzen Erde durch die zwölf Apostel verpflichtet fühlten. Der Bibelkritiker Gerd Lüdemann begründet diesen Fälschungsvorwurf mit der Verwendung der triadischen Taufformel: *„auf den Namen des Vaters und des Sohnes und des Heiligen Geistes“* in der vorgenannten Periskope. Diese war in der Zeit gebräuchlich, als die Evangelien geschrieben wurden. Zu Jesu Lebzeiten wurde aber anders getauft, und zwar eingliedrig auf Christus oder auf den Namen Jesus. Der Satz mit der dreistufigen Taufformel musste demnach später ergänzt worden sein und ist nicht historisch.[161]

Meine Behauptung, dass Jesu Wirken nur den Juden galt, möchte ich durch zwei Beispiele aus dem Neuen Testament belegen: Während seiner Wanderschaft in Palästina rief Jesus seine zwölf Jünger zu sich und gebot ihnen: *„Geht nicht den Weg zu den Heiden und zieht in keine Stadt der Samariter, sondern geht hin zu den verlorenen Schafen aus dem Haus Israel“* (Mt 10,5-6). Der Inhalt dieser Botschaft spricht für sich selbst. Den Jüngern wird verboten, zu den Heiden zu gehen. Das heißt, dass sie weder ins nördlich gelegene Syrien noch in das östlich des Jordans gelegene Gebiet der „Zehn Städte“, nach Dekapolis gehen durften. Auch das südlich gelegene Samarien war verboten.

Das zweite Beispiel ist die einzige Stelle, in der berichtet wird, dass Jesus sich auch außerhalb Palästinas aufgehalten hat. Hier äußert sich Jesus nicht nur in gleicher Weisung deutlich hinsichtlich seines Auftrages, er wird sogar geradezu beleidigend und ausfallend gegenüber nichtjüdischen Volksgruppen. Was war geschehen: Jesus hatte sich mit seinen Jüngern aus dem dicht besiedelten Galiläa, wo die Menschen den charismatischen Wunderprediger oftmals umlagerten, in das dünn bevölkerte Gebiet zwischen Tyrus und Sidon zurückgezogen. Eine Einheimische hatte ihn aber erkannt und bat Jesus jammernd um Heilung ihrer von einem bösen Geist besessenen Tochter. *„Jesus aber gab ihr keine Antwort. Da traten seine Jünger zu ihm und baten: Befrei sie, denn sie schreit hinter uns her. Er antwortete: Ich bin nur zu den verlorenen Schafen des Hauses Israel gesandt ... Es ist nicht recht, das Brot den Kindern wegzunehmen und den Hunden vorzuwerfen“* (Mt 15,24-26). Wie schon gesagt, das war starker Tobak. Jemanden einen Hund zu nennen, war eine tödliche Beleidigung. So sprachen die Juden in überheblicher Anmaßung von „heidnischen Hunden" oder „ungläubigen Hunden". Hunde waren damals die unsauberen Straßenkehrer der Städte – magere, verwilderte und oft kranke Köter. Ja, ja, hörte ich Chaka im Hintergrund rufen. Du brauchst das gar nicht so auszumalen. Ich weiß, dass ich es vergleichsweise gut bei euch habe.

Das war nun wirklich nicht nett von Jesus, meinte Chaka bedrückt weiter. Ich dachte, Jesus liebte alle Menschen und alle Tiere. Tut er ja auch, antwortete ich beschwichtigend. Die Tochter der Frau hat er dann letztendlich auch geheilt.

Es gibt aber noch ein weiteres Argument dafür, dass Jesu Botschaft ausschließlich den Juden galt. Wenn wir akzeptieren, dass Jesus am Kreuz gestorben, aber nicht wieder auferstanden ist, dann können die Aussprüche von Jesus, die eine Missionierung der gesamten Welt forderten, gar nicht gesprochen worden sein. Der sogenannte Missionsbefehl wurde dem angeblich auferstandenen Jesus von späteren Autoren in den Mund gelegt. Jesus hat keine christliche Gemeinde gründen wollen, er wollte lediglich Israel erneuern.[162] Christen sind demnach so etwas wie reformierte Juden.

Kapitel 10: Sind die Worte Jesu authentisch?

Wer einmal lügt, dem glaubt man nicht, und wenn er auch die Wahrheit spricht, ist ein mir gut bekanntes Sprichwort, welches meine Mutter mir in meiner Kindheit bei passenden Gelegenheiten vorhielt. Wenn man diese simple Volksweisheit auf die Bibel überträgt, dann wird die Glaubwürdigkeit der Schrift ziemlich in Mitleidenschaft gezogen. In einigen Beispielen haben wir bereits gesehen, dass die Erzählungen der Evangelisten oftmals nicht historisch sind, sondern legendenhaften oder mythischen Charakter haben. Es ist auch klar geworden, dass einige Jesusworte von den Evangelisten nach Gutdünken formuliert wurden. Waren das nur Ausnahmen? Wie stark muss man die Worte Jesu insgesamt in Zweifel ziehen?

Was sagen denn hierzu die Bibelkritiker und was meint die Amtskirche? Um es vorweg zu nehmen: Kaum jemand in der katholischen Kirche – die Protestanten sind in diesen Fragen ohnehin moderater – verteidigt die volle Historizität der Jesusworte und der Evangelien. Die Kirche befindet sich da in den vergangenen zwei Jahrhunderten mit dem Aufkommen der Bibelforschung auf einem permanenten Rückzug, und das Ende der Fahnenstange ist bestimmt noch nicht erreicht. Wie ist der Stand aktuell?

Nach dem Historiker Hans-Christian Huf drängt sich der Verdacht auf, „dass in den Jahrzehnten munterer und mündlicher Traditionsbildung, wie sie nach dem Tode Jesu unter der Anhängerschaft ins Kraut schoss, doch manches verändert, vieles verklärt und einiges uminterpretiert wurde. Wer das Spiel „Stille Post“ je einmal gespielt hat, ahnt, was mit einer

Geschichte passieren mag, die über zwanzig Jahre von Ohr zu Ohr, von Mund zu Mund wandert, zumal wenn diejenigen, die diese Geschichte erzählen, glühende Anhänger der Hauptperson sind, um die sich alles dreht. Von der verfälschenden Wirkung übersetzungstechnischer Übertragung ganz zu schweigen".[163]

Auch der Fundamentaltheologe Prof. Hans Kessler selektiert. Nach seiner Meinung „sind alle neutestamentlichen Aussagen, die den Tod Jesu als Heilsereignis verstehen, erst nach Jesu Tod entstanden".[164] Dies gilt beispielsweise für *„Die Deutung des Gleichnisses vom Unkraut"* (Mt 13,41-43), *„Das Gleichnis vom Fischernetz"* (Mt 13,49f) und *„Vom Weltgericht"* (Mt 25,31-46). Alle diese Gleichnisse handeln von einem Gericht, in denen Jesus als Richter fungiert. So sah ihn die spätere christliche Gemeinde, nicht aber die Jünger zu Lebzeiten Jesu. Manipuliert worden sein dürften auch die Texte über den Bruch Jesu mit seiner Familie (Mt. 12, 46f; Mk 3, 31f; Lk 8, 19f). In dieser Form sind die Szenen im Hinblick auf den starken Familiensinn der Juden undenkbar, zumal Jesu Brüder seine engsten Mitarbeiter blieben.[165]

In einem anderen Zusammenhang lässt Markus Jesus Folgendes sagen: *„Wenn sie euch aber in dieser Stadt verfolgen, flieht in die andere. Denn Amen, ich sage euch, ihr werdet mit den Städten Israels nicht zu Ende kommen, bis der Menschensohn kommt"* (Mt 10,23). Auch dieses Logion wird heute nahezu einhellig der nachösterlichen Situation zugewiesen. Es setzt die Missionsarbeit und die konsequente Verfolgung der Missionare voraus, denen Trost gespendet werden soll mit der Verheißung des zu erwartenden Menschensohnes.[166]

Weiter geht der niederländische Dogmatikprofessor Piet Schoonenberg, wenn er mit Blick auf Jesus deutlich sagt: „Seine Worte wurden uns durch die gläubige Gemeinde überliefert. Denken Sie beispielsweise daran, dass sich bei Lukas und bei Matthäus eine andere Redaktion der Bergpredigt, ein anderer Text des Vaterunsers findet und dass wir im Neuen Testament vier Versionen der eucharistischen Einsetzungsworte haben. Es ist also möglich, dass bestimmte Glaubenseinsichten der Gemeinde ... dem irdischen Jesus in den Mund gelegt wurden“.[167]

Der vielleicht einflussreichste Bibelwissenschaftler des 20. Jahrhunderts, Rudolf Bultmann, veränderte die moderne Einstellung zu den Evangelien völlig. Er war der Meinung, dass wir praktisch gar nichts über Jesu Leben und Person wissen können, da die christlichen Quellen sich für derartige Dinge nicht interessierten. Bultmann und andere Wissenschaftler der „formgeschichtlichen“ Schule argumentierten, dass die Evangelien keine historische Schilderungen seien, sondern äußerst stilisierte Sammlungen überlieferter „Formen“. Diese Sammlungen seien im Lauf der Zeit entstanden und hätten sich aus dem Leben, dem Kult und den mündlichen Überlieferungen der frühchristlichen Gemeinden entwickelt. Sie spiegeln eher die Bedürfnisse der nachösterlichen Kirche – Predigt, Unterweisung und Gebet – als die historische Realität des vorösterlichen Jesus.[168]

Eine lose Gruppierung von etwa hundert zumeist nordamerikanischen Wissenschaftlern hatte sich 1985 in der Pacific School of Religion in Berkeley, Kalifornien, zum ersten Mal zu einem Jesus-Seminar getroffen. Das von dem amerikanischen Jesus-Forscher Robert Funk organisierte Treffen wollte ermitteln, in welchen der vielen Jesus zugeschriebenen Sprüche die Bibelkritiker tatsächlich seine authentische Stimme hörten. Die Ergebnisse wurden 1993 unter dem Titel „The Five Gospels: The Search for the Authentic Words of Jesus“ unter großem Medienwirbel veröffentlicht. Das Buch enthüllte auf drastische Weise, für wie unzuverlässig viele Wissenschaftler das Neue Testament halten. Nach Ansicht des Seminars sind nur zwanzig Prozent der Sprüche in den Evangelien ganz oder zumindest annähernd authentisch. Fast das gesamte Johannesevangelium sei nicht authentisch. Jesus habe von sich nie als „Sohn Gottes“ gesprochen. Auch habe er seinen eigenen Tod nicht als den Sinn seines Lebens angesehen.[169]

Gerd Lüdemann behauptet, nur 15 Prozent der Jesusworte stammen tatsächlich von Jesus selbst.[170] Am weitesten geht Rudolf Augstein in seinem Buch „Jesus Menschensohn“. Nach ihm gibt es kein Gleichnis, „das in etwa so, wie es in den Evangelien steht, vom historischen Jesus stammt“.[171] Augstein kommt daher zu dem Fazit: „Nicht das tätige Beispiel, sondern das Nichtbeispielhafte, das Leiden und Sterben für eine nicht definierbare, von niemandem zu verstehende Sache macht die Evangelien leuchten. Sie sind ein Selbstbedienungsladen. Jeder kann finden, was er zu brauchen meint, Thomas Münzer wie Karl V., Mutter Teresa wie General Pinochet, irische Protestanten und irische Katholiken, serbische Orthodoxe und katholische Kroaten. Nicht was ein Mensch namens Jesus gedacht, gewollt, getan hat, sondern was nach seinem Tode mit ihm gedacht, gewollt, getan worden ist, hat die christliche Religion und mit ihr die Geschichte des sogenannten christlichen Abendlandes bestimmt“.[172]

Was Jesus gesprochen haben könnte, hat niemand mitstenographiert. Diejenigen, die mit ihm kurze Zeit umherzogen, waren einfache Leute, die wohl nur Aramäisch sprachen und nicht daran dachten, für sich selbst oder gar für die Nachwelt festzuhalten, was sie hörten und sahen. Nach dem Tode ihres Meisters ging es ihnen darum, sich einen Reim auf das Geschehen zu machen. Was ihnen jeweils richtig und wichtig schien, machten sie zu seinem Wort. Darum gibt es nach Augsteins Meinung: „kein »echtes« Jesuswort, keine »auf Jesus selber zurückgehende Parabel«, kein »sehr wahrscheinlich altes echtes Jesuswort«, kein »wahrscheinlich echtes Gleichnis«, wie uns von den fortschrittlichsten Theologen immer noch suggeriert wird. Und schon gar nicht gibt es irgendeinen Satz mit authentischem Wortlaut oder Worte, »von denen man mit an Sicherheit grenzender Wahrscheinlichkeit sagen kann, dass sie authentisch seien«. Da steigert man sich in eine Gewissheit, die es nicht gibt“.[173]

Papst Benedikt XVI. formuliert es verständlicherweise etwas zurückhaltender, wenn er sagt: „Radikale Skepsis führt hier ebenso in die Irre wie naives Zutrauen“.[174] Immerhin zeigt er sich durchaus offen und fragt warnend: „Ist der Gestaltungswille bestimmender als die Erinnerung, so dass in seinem Namen die Wirklichkeit vergewaltigt werden darf“?[175] Er wird aber, zumindest bezogen auf das Johannesevangelium, konkreter und meint: „Wenn man unter „historisch“ versteht, dass die mitgeteilten Reden Jesu sozusagen den Charakter einer Tonbandnachschrift haben müssen, um als „historisch“ authentisch anerkannt zu werden, dann sind die Reden des Johannesevangeliums nicht „historisch“.[176] Papst Benedikt XVI., alias Kardinal Ratzinger unterscheidet 3 Gruppen von Jesusworten. „Die erste Gruppe bestehe aus Worten über den kommenden Menschensohn, in denen Jesus aber sich nicht selbst als diesen Menschensohn bezeichne, sondern diesen Kommenden von sich selbst unterscheide. Die zweite Gruppe werde von Worten über das irdische Wirken des Menschensohnes gebildet, die dritte spreche von seinem Leiden und Auferstehen". Und jetzt kommt der entscheidende Satz: „Der überwiegende Trend der Ausleger geht dahin, – wenn überhaupt – nur die erste Gruppe als echte Jesusworte anzusehen ...".[177] So viel zu diesem Thema vom weltlichen Chef selbst.

Für die Evangelien von Matthäus, Markus und Lukas ist festzustellen: Je persönlicher ein Jesuswort klingt, desto sicherer ist es ihm posthum zugeschrieben worden. Wo Jesus angeblich von sich selbst spricht, spricht gewöhnlich nicht der historische Jesus, sondern eine ehrfürchtige spätere christliche Gemeinde. Zahlreiche Sprüche, die Jesus gesagt haben soll, stammen zudem aus dem Alten Testament.[178]

Martin Dibelus, deutscher Theologe und Professor für das Neue Testament, resümiert denn auch: „Was immer an Konkretem in den Berichten der Evangelisten vorliegt, scheint aus den Weissagungen und Psalmen der älteren Schriften herausgesponnen, mit einer dichterischen Einbildungskraft, die unglaublich wäre, wenn nicht die Schriften des Alten Bundes als über 800 Jahre fortgesponnene religiöse Dichtung unablässig und anregend Pate gestanden hätten".[179]

Zu einem ähnlichen Fazit kommt der amerikanische Theologe Ed Parish Sanders in seinem Jesus-Buch. Er schreibt: Nach Ansicht der Christen „hatten die jüdischen Propheten von Jesus geredet, der gekommen war, die prophetischen Verheißungen zu erfüllen. Die Christen konnten deshalb die Propheten lesen und dort Dinge finden, die Jesus getan haben musste".[180]

Die Gleichnisse sind nicht nur nicht authentisch, ihr Sinn eröffnet sich auch nur teilweise. Oft sind sie unverständlich, zweideutig, banal, verstümmelt oder verkehrt wiedergegeben. Nur scheinbar erschließen sie sich dem Einfältigen leichter als dem ungeliebten Intellektuellen.[181]

Bezeichnend für die häufige Unverständlichkeit der Gleichnisse ist, dass sogar die Jünger sie oftmals nicht verstanden. Sie fragten daher ihren Herrn: „*Warum redest du zu ihnen in Gleichnissen? Er antwortete: Euch ist es gegeben, die Geheimnisse des Himmelreiches zu erkennen; ihnen aber ist es nicht gegeben. Denn wer hat, dem wird gegeben, und er wird im Überfluss haben; wer aber nicht hat, dem wird auch noch weggenommen, was er hat. Deshalb rede ich zu ihnen in Gleichnissen, weil sie sehen und doch nicht sehen, weil sie hören und doch nicht hören und nichts verstehen*" (Mt 13,10-13).

Ich bezweifle, ob die Jünger diese Antwort verstanden haben. Zu oft standen sie wie die kompletten Trottel dar, wenn sie die verborgenen Weisheiten aus dem Munde ihres Herrn hörten, so dass Jesus sich genötigt sah, ihnen vorzuhalten: „*Wenn ihr schon dieses Gleichnis nicht versteht, wie wollt ihr dann all die anderen Gleichnisse verstehen?*" (Mk 4,13). Fast schon resignierend fragte Jesus: „*Begreift und versteht ihr immer noch nichts*" (Mk 8,17).

Als ich vor einiger Zeit das Handbuch „Über das Schreiben“ vom amerikanischen Lektor und Bestsellerautor Sol Stein las, blieb mir ein Absatz über die Todsünden, die ein Sachbuchautor begehen kann, in Erinnerung. Er beschwor seine Leser förmlich, nie den Fehler zu machen, der uns in Historienromanen gelegentlich begegnet: Dialoge zu schreiben, die unmöglich dokumentiert sein können. „Ich kenne Fälle“, so schreibt er, „in denen ein Buch von Verlagen abgelehnt wurde, weil irgendein Dialog so offensichtlich erfunden war, dass das Vertrauen in die Verlässlichkeit des Autors insgesamt erschüttert war“.[182]

An vielen Stellen in den Evangelien stellt sich der interessierte Leser genau diese Frage: Woher hat der Autor eigentlich diese Information, woher wusste er so genau, was Jesus sagte? Diese Frage drängt sich geradezu immer dann auf, wenn Jesus alleine meditiert oder mit dem Vater im Himmel spricht, wenn keiner der Jünger anwesend ist und als frühzeitlicher Berichterstatter fungieren kann. Jesus müsste schon selbst zur Feder gegriffen oder Interviews gegeben haben. Wir dürfen davon ausgehen, dass er beides nicht getan hat.

Chaka hatte aufmerksam zugehört, als ich ihr die letzten Absätze vorlas. Sie zeigte sich angesichts dieser Kritik irritiert und etwas kleinlaut. Wie geht denn die Amtskirche mit diesen Vorwürfen um, fragte sie. Sie muss doch irgendetwas dazu sagen. Ja, Chaka, das tut sie, antwortete ich. Und ich denke, du wirst über ihren Standpunkt überrascht sein.

Und nun?

Der Sommer hatte sich zwischenzeitlich im Münsterland mit hohen Temperaturen und stabiler Wetterlage eingerichtet. Gleichwohl waren meine Frau und ich mit Chaka für einige Tage an den Bodensee gefahren. Ich konnte dort einen Freund besuchen, den ich einige Jahre nicht gesehen hatte. Zudem wollten wir einfach einen Tapetenwechsel genießen und ausführliche gemeinsame Wanderungen unternehmen. Zugleich nahmen Chaka und ich eine Auszeit von unserem Buchprojekt. Frauchen wollte Urlaub, und keine Diskussionen, die den Blick auf die wunderbare Bodenseelandschaft ablenkten.

Nach einer Woche wieder zu Hause zurück setzten wir unser Buchprojekt fort. Mit dem Abstand der erholsamen Urlaubstage fragten Chaka und ich uns, ob wir wirklich die zehn größten Ungereimtheiten des Neuen Testament erfasst hatten. Gab es noch andere Irrtümer und Ungenauigkeiten, die stärker zu bewerten waren, als die von uns aufgeführten? Möglich, aber das, was wir zusammengetragen haben, dürfte ausreichen, um ein Resümee zu ziehen.

Ich möchte dies mit den Worten des Bibelkritikers Gerd Lüdemann einleiten, der schreibt: Das Neue Testament enthält vier Evangelien, 21 Briefe, außerdem die Apostelgeschichte und die Johannesoffenbarung. Die ersten drei Evangelien und die Apostelgeschichte haben keine Autorenangabe, sie sind anonym. Das Johannesevangelium gibt zwar den Lieblingsjünger als Verfasser an, doch geht diese Notiz auf eine spätere Nachbearbeitung zurück. Auch das letzte Buch der Bibel, die Johannesoffenbarung, sowie der zweite und dritte Johannesbrief nennen einen Autor. Doch wissen wir historisch nichts über diese Personen. Zehn Briefe des Neuen Testaments sind pseudepigraphisch, d.h. Sie weisen Texte einem falschen Autor zu. Zwei weitere Briefe, der erste Johannesbrief und der Hebräerbrief machen keine direkte Angabe über den Namen des Absenders. Nur sieben Briefe stammen von einer uns bekannten Person, von Paulus. Also: Sieben der 27 Dokumente des Neuen Testaments sind echt, drei vielleicht echt, die übrigen bewegen sich zwischen Unechtheit und Anonymität. Keine gute Basis für die Seriosität des Neuen Testaments.[183]

Die vier Evangelisten des Neuen Testaments haben teilweise spannende Geschichten und interessante Anekdoten erzählt, oftmals kluge Worte gefunden, die Größe bezeugen, Sanftmut lehren, Trost spenden und zur Erbauung beitragen. Aber es gibt auch zahlreiche erschreckende Passagen. Vor allem in den Gleichnissen werden oft Bilder der Gewalt, Motive der Unterdrückung, der Ungerechtigkeit und des Mordes verwendet. Es ist paradox und inkonsequent, eine Gewaltfreiheit mit Hilfe von gewaltgetränkten Bildern zu predigen oder gar extreme und ewige Strafen anzudrohen.

Zudem wurde - mit oder ohne Vorsatz - kopiert, ergänzt, gekürzt, weggelassen und verdreht. Die Evangelien erzählen von einem charismatischen Wanderprediger, nicht von einem göttlichen Wesen. Zum Sohn Gottes machte ihn die katholische Kirche erst Jahre später. Es gibt zahlreiche Theologen, die diese Meinung teilen. Einer der bekanntesten ist Rudolf Bultmann. Nach seiner Meinung hat sich Jesus selbst nicht für den Messias gehalten.[184] Auch für den Göttinger Theologen Gerd Lüdemann war Jesus nur ein Mensch.[185] Liberale Theologen behaupten heute, Jesus habe sich für all die ihm laut den Evangelien beigelegten Hoheitstitel gar nicht interessiert, habe sich nicht für den Messias, nicht für Gottes Sohn und nicht für einen Nachkommen des Königs David gehalten.

Sicher können wir nur sein, dass Jesus geboren wurde, während seiner letzten Lebensjahre predigend durch Palästina zog, dabei einen gewissen Bekanntheitsgrad erlangte und am Kreuz als Aufrührer starb. Aber schon das Geburts- und Todesjahr sind nicht genau bekannt. Alles, was darüber hinaus im Neuen Testament zu lesen ist, sind fromme Ausschmückungen, und hat sich so wie beschrieben nicht ereignet, wenn es denn überhaupt stattgefunden hat. Die Evangelisten sind dem Zwang erlegen, die im Alten Testament gemachten Verheißungen in ihren Schriften mit viel Fantasie in Erfüllung gehen zu lassen. Zudem waren die Urchristen keine homogene Masse mit nur einer Glaubensansicht. Vielmehr war die Glaubensvielfalt seinerzeit ähnlich groß wie heute. Es setzte sich die Gruppe durch, die durch vielseitigen Druck und durch geschickte Nutzung des geschriebenen Wortes die Oberhand bekam. Es gibt nicht nur die vier bekannten Evangelien der Bibel, sondern zusätzlich eine Vielzahl weiterer Evangelien, die oftmals etwas ganz anderes als die kanonisierten Geschichten berichten. Die Evangelisten haben in dem Bestreben, Jesus so darzustellen, wie sie ihn sahen und ihn erhofften, Änderungen und Ergänzungen in Form von frommen Unwahrheiten an bereits vorhandenen Berichten vorgenommen. Sie haben Jesus „Worte in den Mund gelegt, die er nicht gesprochen hat, und Taten von ihm berichtet, die er nicht getan hat“. So schreibt es unter anderem der evangelische Theologe Heinz Zahrnt.[186]

Wie reagiert denn die Amtskirche darauf, fragte Chaka. Ach ja, meinte ich, die Frage hattest du schon vor unserem Urlaub gestellt. Die Katholische Kirche vertritt eine, vorsichtig formuliert, sehr konservative Meinung. Sie stellt in ihrem Katechismus die rhetorische Frage: „Warum lehrt die Heilige Schrift die Wahrheit?", und antwortet dann sehr vollmundig: „Weil Gott selbst ihr Urheber ist: Die Heilige Schrift wird darum als inspiriert bezeichnet und lehrt ohne Irrtum jene Wahrheiten, die zu unserem Heil notwendig sind. Der Heilige Geist inspirierte nämlich die menschlichen Verfasser, die das aufgezeichnet haben, was er uns lehren wollte".[187] Chaka schaute mich erstaunt mit großen Augen und offenem Maul an. Das riecht nach Sturheit, sagte sie nach einer Pause, zog langsam die Luft durch ihre lange Nase ein und schüttelte den Kopf, dass ihre Schlappohren laute Klatschgeräusche erzeugten.

Also, fuhr sie fort, nachdem sie sich gefangen hatte, ich bin vielleicht nicht von allen Irrtümern überzeugt, die du aufgeführt hast, aber einige wichtige hast du schon zu Recht genannt. Und die werden einfach negiert, antwortete ich, weil angeblich der Heilige Geist den Evangelisten die Wahrheit eingehaucht hat. Inspirieren, ergänzte ich, kommt übrigens vom lateinischen inspirare und bedeutet „einhauchen", falls du das fragen wolltest.

Die Katholische Kirche geht in ihrer Arroganz sogar noch weiter. Sie behauptet nicht nur, in Glaubensdingen die alleinige Wahrheit zu vertreten, sondern auch darüber hinaus: „Der Kirche kommt es zu, immer und überall die sittlichen Grundsätze auch über die soziale Ordnung zu verkündigen wie auch über menschliche Dinge jedweder Art zu urteilen." So steht es in dem 1993 veröffentlichten „Weltkatechismus", von

Papst Johannes Paul II. Joseph Kardinal Ratzinger, der spätere Papst Benedikt XVI., sagte über die von ihm geleitete Katechismus-Kommission: „Wir glaubten oft förmlich die höhere Hand zu spüren, die uns führte“.[188]

Hoffentlich hat die Hand von Kardinal Ratzinger dabei nicht zu sehr gezittert, meinte Chaka, für ihre Verhältnisse schon recht keck. Pass nur auf, meinte ich schmunzelnd, dass du dich nicht mit dem Heiligen Geist anlegst. Mit ihm ist nämlich nicht zu spaßen, denn im Markusevangelium sagt Jesus: *„Amen, das sage ich euch: Alle Vergehen und Lästerungen werden den Menschen vergeben werden, so viel sie auch lästern mögen; wer aber den Heiligen Geist lästert, der findet in Ewigkeit keine Vergebung, sondern seine Sünde wird ewig an ihm haften“* (Mk 3,28-29). Jesus verzeiht dir alles, fast so wie Frauchen, aber der Heilige Geist ist nachtragend, mehr noch als Herrchen, hoffte ich scherzend ihren Schreck zu mildern. Chaka hielt kurz inne und meinte mit einem schelmischen Lächeln: Rache ist Blutwurst; wenn ich als Hund schon nicht in den Himmel komme, dann auch nicht in die Hölle.

Chaka schreibt an den Papst

Der Morgenspaziergang mit Chaka in unserem nahe gelegenen Wäldchen und das anschließende Frühstück haben sich zu einer festen Einrichtung, ja zu einem Ritual entwickelt. Zwischen Spaziergang und Frühstück liegt normalerweise nur eine kurze Zeitspanne. Doch an jenem Morgen sprach mich Chaka zwischen Spaziergang und Frühstück mit bedeutsamer Miene an. Sie hatte wohl während des Gassigehens eine wichtige Entscheidung getroffen.

Ich schreibe einen Brief, sagte sie mit entschlossener Stimme. Und zwar an den Papst. Zu der Behauptung, die Heilige Schrift enthalte das wahre Wort Gottes, kann er am besten etwas sagen, ergänzte sie. Das ist eine feine Idee, nickte ich anerkennend. Am gleichen Tag schrieb sie folgenden Brief:

Sehr geehrter Herr Papst,

ich wende mich an Sie als oberster katholischer Zweibeiner, da mein Herrchen mir sagte, die Heilige Schrift, also das Alte wie auch das Neue Testament, enthalte das wahrhafte Wort Gottes. Es fällt mir schon ziemlich schwer, alles zu glauben, was im Neuen Testament steht. Mit dem Alten Testament habe ich aber erst recht meine Schwierigkeiten. Geben Sie mir doch bitte Tipps, wie ich mich verhalten soll oder welche Empfehlung ich meinem Herrchen geben kann:

- Wir haben einen Nachbarn, der stets am Samstag arbeitet. Exodus 35,2 stellt zweifelsfrei fest, dass er daher getötet werden muss. Ist das die Aufgabe meines Herrchens oder sollte ich diese moralische Pflicht übernehmen? Die Zähne eines nunmehr erwachsenen Ridgebacks sind sicherlich dafür besser geeignet als ein paradontöses Seniorengebiss.
- Ich weiß aus Lev 11,26, dass das Berühren der Haut eines toten Schweins Herrchen und mich unrein machen. Dürfen wir dennoch meinen Lieblingsball aus Schweinsleder zum spielen benutzen, wenn wir uns dabei Handschuhe anziehen?
- Lev 25,44 stellt fest, dass wir Sklaven besitzen dürfen, wenn sie von benachbarten Nationen erworben werden. Gilt das wirklich nur für Schweizer, Niederländer usw. und nicht für Marokkaner und Türken? Die beiden letzteren wären einfacher zu bekommen.

- Wenn ich am Altar eine Ziege als Brandopfer darbiete, weiß ich, dass dies für Gott, den Herrn, einen lieblichen Geruch darstellt. (Lev 1,2). Das Problem sind unsere Nachbarn. Sie behaupten, der Geruch sei nicht lieblich. Soll ich sie niederstrecken?

- In Lev 21,20 wird dargelegt, dass man sich dem Altar Gottes nicht nähern darf, wenn man eine Hodenquetschung hat. Ich muss zugeben, dass ich überhaupt keine Hoden habe. Wird das toleriert?

- Der Onkel Heinrich meines Herrchens hat einen kleinen Bauernhof. Er verstößt gegen Lev. 19,19, weil er zwei verschiedene Saaten auf ein und demselben Feld anpflanzt. Darüber hinaus trägt seine Frau Kleider, die aus zwei verschiedenen Stoffen gemacht sind (Baumwolle und Leinen). Onkel Heinrich flucht und lästert außerdem recht oft. Ist es wirklich notwendig, dass wir den ganzen Aufwand betreiben, das komplette Dorf zusammen zu holen, um sie zu steinigen (Lev 24,10-16)? Genügt es nicht, wenn wir sie in einer kleinen familiären Zeremonie verbrennen, so wie man es ja auch mit Leuten macht, die mit ihrer Schwiegermutter schlafen (Lev 20,14)?

- Mein Herrchen lässt sich das Haupt- und die Barthaare schneiden, inklusive der Haare seiner Schläfen, obwohl dies eindeutig durch Lev. 19,27 verboten wird. Muss er wirklich deswegen sterben oder kann ich das mit meinen vielen Haaren, von denen kein einziges abgeschnitten wird, ausgleichen?

- Lev 18,22 sagt, dass Homosexualität ein Gräuel ist. Wir haben in der Verwandtschaft jemanden, der einem homosexuellen Lebenswandel nachgeht. Jedes Mal, wenn ich ihn sehe, erinnere ich ihn einfach nur an das Buch Mose, wo klargestellt wird, dass es sich dabei um ein Gräuel handelt. Reicht dies aus?

- Ich weiß, dass ein Mann mit keiner Frau in Kontakt treten darf, wenn sie sich im Zustand ihrer menstrualen Unreinheit befindet (Lev. 15,19-24). Das Problem ist, wie kann ich wissen, dass sich mein Herrchen daran hält? Soll ich ihn einfach fragen?

Mir liegen noch zahlreiche andere Fragen auf der Seele. Da Sie aber sicherlich sehr beschäftigt sind, wäre ich Ihnen sehr verbunden, wenn Sie diese Punkte schon mal vorab klären.

Mit freundlichen Grüßen

Chaka

Brauchen wir eine christliche Moral?

Viele Menschen, die sich als Mitglied einer der beiden großen christlichen Religionsgemeinschaften verstehen, sind nicht unbedingt gläubig. Sie begründen ihre beitragspflichtige Mitgliedschaft oftmals mit der Verteidigung von abendländischen Werten, Moral und Ethik.

Dabei ist eine Moral, die sich aus der Religion ableitet, gar nicht erforderlich, um ein gesittetes Zusammenleben zu ermöglichen. Wenn die Menschen unter moralischen Aspekten weltweit etwas für richtig oder falsch halten, dann existiert überraschenderweise eine weitreichende Übereinstimmung. Und dieser Konsens steht in keinem erkennbaren Zusammenhang zu den Religionen. Von extremen Ausnahmen abgesehen, unterstützen die meisten Menschen ein weit gefasstes, liberales Spektrum ethischer Prinzipien. In unserer Mehrzahl fügen wir anderen nicht unnötig Leid zu und glauben an die freie Meinungsäußerung. Wir bezahlen normalerweise unsere Steuern, wir betrügen und morden nicht und tun in der Regel nichts, das wir auch von anderen nicht erleiden wollen. Psychologen und Biogenetiker sind überzeugt, dass es moralische Regeln in jedem von uns gibt. Da sich die Menschen dieser Regeln normalerweise gar nicht bewusst sind, werden diese Regeln auch nicht bewusst durch Erziehung weitergegeben. Sie sollen nach Meinung vieler Wissenschaftler in unseren Genen verankert sein und werden in den ersten Lebensjahren verinnerlicht. Der intuitive Moralsinn kann in unserem Gehirn sogar geortet werden, er liegt im sogenannten menschlichen Stirnlappen.[189]

Dass Moral unabhängig von der Religion ist, wurde durch wissenschaftliche Untersuchungen belegt. So hat der amerikanische Soziologe Gregory S. Paul in 2005 im „Journal of Religion and Society" eine vergleichende Studie über die gesellschaftlichen Auswirkungen des Glaubens veröffentlicht. Er hat Umfragen über die Häufigkeit von Mord, Abtreibung, Suizid und Schwangerschaft bei Minderjährigen aus zahlreichen Ländern untersucht. Die Daten, meist aus den 1990er Jahren, betrafen ca. 800 Millionen Menschen. Interessant ist der Umstand, dass gerade in den USA mit ihrer bemerkenswert hohen Zahl von Gottgläubigen die soziale Funktion der Gesellschaft hochgradig gestört ist. Das zeigt sich zum Beispiel an einer extrem hohen Mordrate. Obwohl die amerikanische Regierung christliche Keuschheitsprogramme mit viel Geld unterstützt hat, sind die Infektionsraten bei sexuellen Krankheiten in den USA wesentlich höher als in weniger religiösen Ländern. Jugendliche Schwangerschaften sind nach Paul in den USA zwanzigmal so häufig wie in säkularen Ländern und auch die Abtreibungsraten sind dort besonders hoch. Insgesamt schneiden die USA in allen Bereichen aller Vergleichsstaaten am schlechtesten ab, während die weniger gläubigen Gesellschaften etwa in Frankreich, den skandinavischen Ländern und Japan die besten Werte erreichen. Selbst innerhalb der USA sind die sozialen Probleme in den religiösen Süd- und Mittel-West-Staaten größer als in den liberaleren nordöstlichen Bundesstaaten.[190]

In den USA befürworten signifikant mehr Kirchgänger als Nicht-Kirchgänger die Folterung mutmaßlicher Terroristen und entsprechend ist die Einstellung zur Todesstrafe. Ein Artikel aus „Psychology Today" befasste sich 2009 mit diversen Studien, die unter anderem ergaben, dass religiöse Schüler bei Prüfungen häufiger betrügen als atheistische, dass Religiöse gegenüber Minderheiten intoleranter sind und dass Fundamentalisten ethisch zurückgeblieben sind.[191]

In die gleiche Richtung geht die Abhandlung des Psychiaters und Neurowissenschaftlers Manfred Spitzer. Kirchenmitglieder werden zwar von ihrer Religionsgemeinschaft beeinflusst, aber ein höheres Verantwortungsgefühl für die Mitmenschen resultiert daraus nicht. Im Gegenteil gibt es Bereiche, in denen sich die Religion negativ auswirkt.[192]

Chaka hat einen weiteren Einwand

Am nächsten Tag während unseres obligatorischen Nachmittagsspaziergangs am Aasee sprach Chaka mit mir nochmals über den Legitimationsanspruch der Christen und insbesondere der Katholischen Kirche. Sie hatte sogar auf das Spielen mit anderen Hunden verzichtet, so sehr ging ihr dieses Thema durch den Kopf. Die Christen sind doch weltweit die größte Religionsgemeinschaft und haben viele Märtyrer, die für ihren Glauben gestorben sind. Deswegen muss doch an der ganzen Sache etwas dran sein! Hältst du das nicht für ein ernstzunehmendes Argument, fragte sie mich.

Diese Überzeugung hörte ich auch schon von meinen Freunden Hans-Dieter und Marianne an dem Abend als wir über die tierische Theologie diskutierten. Das Argument mit den Märtyrern wird verstärkt, wenn es sich um frühe Christen handelt, die noch einen gewissen zeitlichen Bezug zum Leben und Wirken von Jesus hatten. Dies mag auf den ersten Blick durchaus ein stichhaltiges Argument sein, erwiderte ich. Das Christentum jedenfalls war und ist auf Märtyrer sehr stolz. Das Martyrium sei der beste, wenn nicht der einzige Weg zu Gott, so Ignatius, Bischof von Antiochien in Kleinasien, der um 115 von den römischen Behörden verhaftet wurde. Er freute sich darauf, von den wilden Tieren in einer römischen Arena zerrissen zu werden. Zuvor schrieb er mehrere Briefe und meinte, er bete, dass nichts dazwischenkommen möge. Christen, die den Sinn des Martyriums in Frage stellten, waren für Irenäus „Häretiker“, Tertullian verspottete sie als Feiglinge.[193]

Der Märtyrertod der frühen Christen kann durchaus ein Beleg für die Richtigkeit der christlichen Lehre sein, muss es aber nicht. Menschen sind ja bereit, für alle möglichen Überzeugungen zu sterben. Wichtig hierbei ist nur, dass sie entsprechend stark von ihrem Glaubens überzeugt sind. Den freiwilligen Tod eines islamistischen Selbstmordattentäters werten wir ja auch nicht als Beweis für die Richtigkeit seiner Glaubensrichtung. Darüber hinaus gibt es noch einen weiteren wichtigen psychologischen Grund, an einer Überzeugung festzuhalten. Ich will dies mit einer kleinen Geschichte verdeutlichen, die ich bei Charles Foster in seinem Buch „Die Akte Jesus“ gefunden habe:

Im Mittleren Westen der USA glaubte eine Frau in den fünfziger Jahren des letzten Jahrhunderts, Botschaften aus dem Weltall zu empfangen. Bald hatte sie zahlreiche Anhänger. Eine ganz bestimmte Botschaft war dabei besonders wichtig. Angeblich sollte Amerika durch eine Flut apokalyptischen Ausmaßes zerstört werden. Ein genauer Termin stand auch schon fest.

Die Flut kam natürlich nicht. Es wurde schließlich deutlich, dass ihre Botschaft gefälscht war. Die Frau hatte all ihre Anhänger lächerlich gemacht. Man sollte nun meinen, dies hätte das schnelle Ende für die Sekte bedeutet. Aber weit gefehlt. Die ursprünglichen Mitglieder waren aggressive und weiterhin erfolgreiche Missionare, die immer noch Zulauf erhielten. Ihre These lautete nunmehr, dass Gott die Welt allein dieser

Gruppe wegen gerettet habe. Die vorgesehene Flut sei abgesagt oder verschoben um dieser Getreuen willen. Wenn Menschen vernunftbegabte Tiere wären, dann hätte sich die Gruppe in völliger Verzweiflung aufgelöst. Das tat sie aber nicht. Die Missionare konnten aus psychologischen Gründen nicht die Preisgabe all dessen ertragen, womit und wofür sie all die Jahre gelebt hatten. Sie brauchten einfach die Ermutigung, die von den Neubekehrten kam. Je größer deren Zulauf war, desto glaubwürdiger wurden die Behauptungen, die von der Gruppe aufgestellt wurden – und dies vor allem in den Augen und der Psyche der Mitglieder selbst. Die Bekehrungen waren somit kein Beweis für die Wahrheit der Botschaft der Sektierer. Sie waren vielmehr ein Beleg für die Abhängigkeit der Gläubigen von ihrer ureigensten Überzeugung.[194]

Diese bemitleidenswerten Mitglieder einer durchgeknallten Sekte sollen jedoch nicht mit den Jüngern Jesu und den ersten Christen verglichen werden. Aber auch viele der frühen Christen hielten eisern an ihrem Glauben fest, missionierten neue Mitglieder und einige gingen sogar freiwillig in den Märtyrertod. Dies kann aus ähnlichen Gründen geschehen sein wie bei den Sektenmitgliedern. Fazit: Die Tatsache, dass Christen für ihren Glauben starben, ist kein Beleg für die Richtigkeit ihrer Lehre.

Es ist aber doch eine Tatsache, meldete sich Chaka wieder, dass sich das Christentum rasant ausbreitete und die Christen heute die größte Religionsgemeinschaft der Welt sind. Das stimmt, antwortete ich. So viele Leute können sich doch nicht irren, meinte sie.

Über 2,2 Milliarden Menschen gehören den christlichen Kirchen an. Der Islam kommt nur auf 1,4 Milliarden, der Hinduismus auf 900 Millionen und der Buddhismus auf 400 Millionen. Wenn man allerdings die nichtchristlichen Religionen addiert sind das zusammen 2,7 Milliarden Menschen. Die hebeln das Christentum aber nicht aus, nur weil sie eine noch größere Zahl darstellen. Schließlich ist die Frage nach der wahren Religion nicht mit einer Bundestagswahl zu verwechseln. Mehrheiten zählen in Religionsfragen so wenig wie die Wünsche des Einzelnen, wie eine Religion denn aussehen sollte, damit sie einem gefällt.

Aber so leicht war Chaka nicht kleinzukriegen. Es gibt ja nicht nur viele Christen, argumentierte sie, sondern darunter auch viele sehr intelligente Leute; Frauchen zum Beispiel, und ihre Augen blitzten, als hätte sie mir den argumentativen KO-Schlag versetzt. Die müssten eigentlich doch alle genau so denken wie du, wenn du Recht hättest.

Du bist ja ziemlich gemein in deiner Argumentation, erwiderte ich. Natürlich gibt es ganz hervorragende Geistesgrößen, die sehr stark mit dem christlichen Glauben verbunden sind. Sogar im privaten Umfeld fallen mir da einige ein. Aber diese intelligenten Menschen sind ja nicht Christen geworden, weil sie sich mal in Ruhe an den Schreibtisch gesetzt haben und sorgsam die in Frage kommenden Religionen einschließlich des Atheismus vergleichend studierten. Nein, sie sind in aller Regel als Kind getauft worden, fühlten sich in der christlichen Erziehung gut aufgehoben und empfinden die Religion auch heute noch als positiven Bestandteil ihres Lebens. Jedenfalls dann, wenn die Kirche nicht durch übergroße Strenge und Angstmacherei die kindliche Naivität nachhaltig verletzt hat. Es ist ähnlich wie bei dir Chaka, die Eindrücke, die du im Welpenalter erfahren hast, sind unwiederbringlich auf deiner Festplatte gespeichert. Bei Frauchen ist es ähnlich. Der gleiche Mechanismus führt dazu, dass junge Inder lernen, Buddha zu verehren, junge Araber zum Islam finden und – fuhr ich mit einem Schmunzeln fort – junge Hunde den Glauben ihres Herrchens annehmen. Von wenigen Ausnahmen abgesehen, beeilte ich mich zu ergänzen. Die meisten Menschen verharren lieber in der gesicherten Einfältigkeit des überlieferten Glaubens, als sich den ungewissen Ergebnissen des Denkens auszusetzen.

Außerdem gibt es auch bei den anderen Religionen und bei den Atheisten sehr kluge Leute. Ich würde nicht soweit gehen und sagen, dass diese sogar noch klüger sind, aber es gibt angesehene Leute, die so ähnlich denken und folgendes sagen: „Der christliche Gläubige ist eine einfache Person. Aufgabe der Bischöfe ist es deshalb, den Glauben dieser kleinen Leute vor dem Einfluss von Intellektuellen zu bewahren.“ Wer soll das denn gesagt haben, fragte Chaka leicht entsetzt. Da wirst du nicht so leicht drauf kommen. Es war Joseph Kardinal Ratzinger, der spätere Papst Benedikt XVI. bei seiner Predigt am 31.12.1979 zum Entzug der Missio canonica für Hans Küng.[195]

Ich will die Sache mal auf die Spitze treiben, sagte ich zu Chaka. Wenn wir zu dem Ergebnis kommen, dass das Christentum nicht das hält, was es verspricht und auch die anderen Religionen nicht den wahren Glauben darstellen, dann müssten alle Menschen Atheisten sein, fiel mir Chaka ins Wort. Falsch, entgegnete ich. Jedenfalls nicht zwangsläufig. Stelle dir vor, es gäbe einen Schöpfergott, der von keiner Religion erkannt wird. Dieser Schöpfergott hätte die Bausteine für die Evolution des Lebens ebenso geschaffen wie die tote Materie und existiert unentdeckt. Er interessierte sich nur einfach nicht für uns. Er ist möglicherweise weder gut noch böse und vielleicht auch nicht allmächtig. Es könnte auch sein, dass dieser Gott unser Universum als ein riesiges Laboratorium ansieht und uns zum Zeitvertreib beobachtet, so wie es unsere Freunde Hans-Dieter und Marianne mit ihren Zierfischen im Aquarium tun. Letztlich ist alles denkbar, was wir uns vorstellen können, so lange niemand das Gegenteil beweisen kann.[196]

Chaka war bei unserem Spaziergang stehen geblieben. So denkst du also, sagte sie leise. Dann ist das Christentum für dich also alles Unsinn?! So möchte ich das nicht sagen, antwortete ich. Mein Verständnis für den christlichen Glauben ist jedenfalls in dem Maße dahingeschmolzen, wie ich die Irrtümer und Ungereimtheiten der Bibel erkannt habe. Um eine alte Redensart zu bemühen, könnte ich sagen: Für mich ist Gott auf den Hund gekommen. Mit diesem Spruch haben die Menschen im Mittelalter deutlich gemacht, dass sie blank waren, kein Geld mehr hatten. Chaka schaute mich fragend an. Früher, fuhr ich fort, verwahrte man die Geldstücke in einer Holztruhe, auf dessen Boden zur Verzierung ein Hund gemalt war. War alles Geld ausgegeben, so war man „auf den Hund gekommen".

Wenn es den christlichen Gott geben würde, der uns Menschen liebt, wie es ja in der Bibel heißt, dann würde er sich auch in eindeutiger Form zu erkennen geben. Die Menschen vor der Geburt Jesu hatten überhaupt keine Gelegenheit gehabt, ihn kennenzulernen und die heutigen Menschen in anderen Kulturkreisen, die mit ihrer eigenen Religion aufgewachsen sind, oftmals nur sehr eingeschränkt.

Ein kluger Mann hat einmal gesagt: Religion ist nur eine Frage der Geografie. Und des Datums.[197] Da du, Chaka, viel von der Meinung bedeutender Zweibeiner hältst, will ich noch ein Zitat eines Nobelpreisträgers, des Physikers Steven Weinberg, anführen. Er sagte: Es gibt gute Menschen und böse Menschen. Aber dafür, dass gute Menschen Böses tun, bedarf es der Religion. Ich selbst meine, wenn ein Gott die Lebewesen, die er erschaffen hat, wirklich liebt, dann würde er doch anders mit ihnen umgehen. Ja, das verstehe ich, meinte Chaka, dieser Gott würde auch Hunde, andere Tiere und sogar Katzen zu sich nehmen. Vielleicht sollten wir die fernöstlichen Religionen mal näher untersuchen, wo der Himmel für alle Lebewesen geöffnet ist. Ja, Chaka, seufzte ich, das wäre dann allerdings ein völlig neues Buchprojekt.

Und noch etwas!

Als meine Frau das Manuskript dieses Buches in der Rohfassung gelesen hatte, fragte sie mich spontan: Wie gehst du eigentlich damit um, wenn nun jemand durch deine Ausführungen mit seinem Glauben an Gott nicht mehr glücklich wird? Ich dachte eine Weile nach und antwortete, ich könnte ihm Folgendes sagen:

Die Familie, aus der ich stamme, ist nicht sehr groß. Trotz des begrenzten Personenkreises gibt es zwei sehr unterschiedliche Beispiele für den Versuch, zum eigenen Glück zu kommen. Mein Großvater mütterlicherseits glaubte, dies mit Geld, Macht und einem hohen Lebensalter zu erreichen. Es klappte nur bedingt. Er wurde zwar 88 Jahre alt, konnte sich aber seines Lebens nicht so recht erfreuen, weil es weder mit dem Geld noch mit der Macht geklappt hatte. Vielmehr bewegte er sich sein Leben lang in bescheidenen Verhältnissen. Seine Frau, meine Großmutter, dagegen verfolgte eine ganz andere Strategie. Für sie führte ein Leben in Gott zum Glück. Das klingt, als wenn sie bewusst und mit Überlegung ein gläubiges Leben geführt hätte. Es wird aber eher so gewesen sein, dass ihr Elternhaus und die sozialen Umstände in ihrer Kindheit ihr diesen Weg mit Nachdruck gezeigt haben. Sie hat in der Religion sicherlich Trost gefunden, insbesondere in der schweren Zeit zwischen den beiden Weltkriegen. Letztlich aber war sie eine verhärmte und oftmals einsame Frau, die mit den strengen Regeln ihres Glaubens gehadert hat. Die Lebenswege von meinem Opa und meiner Oma sind nicht geeignet, uns als Vorlage für ein glückliches Leben zu dienen.

Geld, Macht und die Aussicht auf ein hohes Lebensalter machen nicht glücklich, zumindest nicht auf Dauer. Diesbezügliche Untersuchungen[198] kommen zu dem Ergebnis, dass Erwerben zwar kurzfristig glücklich machen kann, nicht aber Besitzen. Das gilt sogar für Hunde: Wenn ich beim Spaziergang ein Stöckchen in Händen halte, will Chaka dieses unbedingt haben. Nur, um es sofort wieder fallen zu lassen, wenn ich ein Neues aufhebe.

Der Philosoph und Bestsellerautor Richard David Precht formuliert es in seinem Buch „Wer bin ich und wenn ja wie viele?“ so: „Sind bestimmte Ansprüche erfüllt, wachsen schnell neue nach, während man sich an das, was man hat, schnell als selbstverständlich gewöhnt. Reichtum ist damit ein sehr relativer Begriff. Man ist immer so reich, wie man sich fühlt, und die Mitmenschen bieten hierfür normalerweise den Maßstab. Ein Hartz-IV-Empfänger in Deutschland wird sich nicht reich fühlen, auch wenn er damit in Kalkutta ein Krösus wäre“.[199]

Die Wissenschaftler, die sich mit den Glücksfaktoren beschäftigen, kommen zu einer ganz eindeutigen Werteskala. Danach gibt es nichts, was mehr anhaltendes Glück stiftet als die Beziehungen zu anderen Menschen, also zur Familie, zum Partner, zu Kindern und Freunden. Danach folgt das Gefühl, etwas Nützliches zu tun, und je nach Umständen Gesundheit und Freiheit. Vertraut man diesen Erkenntnissen, so leben die meisten Menschen im reichen Westen mit ihren Geldwerten völlig falsch: Sie opfern ihre Selbstbestimmung für ein höheres Einkommen. Und sie kaufen Dinge, die sie nicht brauchen, um Leute zu beeindrucken, die sie nicht mögen, oftmals mit Geld, das sie nicht haben.[200]

Der griechische Philosoph Epikur, der im 4. Jahrhundert v. Chr. lebte, weist uns hier einen anderen Weg. Seine Lehre konzentriert sich auf das sinnlich erfahrbare Leben. Alles Übersinnliche lehnte Epikur ab. Die Religion spielt für ihn keine Rolle. Auch der Tod, so meinte er, soll in seiner Bedeutung für das tägliche Leben nicht überbewertet werden: „Gewöhne dich daran zu glauben, dass der Tod keinen Wert für uns hat. Denn alles, was gut, und alles, was schlecht ist, ist Sache der Wahrnehmung. ... Solange wir da sind, ist der Tod nicht da, wenn aber der Tod da ist, dann sind wir nicht da“.[201]

Die menschliche Natur lässt die Menschen nach Lustgefühlen streben. Doch die meisten Lustzustände – wie zum Beispiel der Genuss von Sex, Essen und Alkohol (im fortgeschrittenen Alter mögen sich die Prioritäten etwas verschieben) – halten nicht lange vor. Insbesondere Überfluss wird schnell fade. Jeden Morgen Butterstuten mit Rosinen verliert selbst für denjenigen an Wert, der dies eigentlich gerne isst. Man muss also die Wünsche und Bedürfnisse regulieren, um dem Genuss Dauer zu verschaffen. Das aber geht nur mithilfe der Vernunft. Diese Erkenntnis hilft uns, verlässliche Strategien zu entwickeln, um nicht von schnellen Kicks abhängig zu sein. Bestandteil einer solchen Strategie ist: Nicht suchen, sondern finden. Nicht verkrampft nach den großen Momenten des Lebens Ausschau halten, sondern die kleinen schönen Dinge des Alltags erkennen.

Erst die späten Gegner des gottlosen Epikur, vor allem die Christen, haben ihn zu einem Verfechter des Lasters verfälscht. Dabei war – psychologisch gesehen – Epikur den Lehren des Christentums weit voraus. Denn er erkannte das untrennbare Wechselspiel von Körper und Geist und stellte es ins Zentrum seiner Philosophie. Was er lehrte, wird heute durch die Erkenntnisse der Positiven Psychologie neu entdeckt. Vertreter dieser psychologischen Richtung entwerfen Programme, um Menschen darin zu trainieren, glücklicher zu werden. Denn Glück, da stimmen die Psychologen voll mit Epikur überein, kann und muss aktiv hergestellt werden. Glück entsteht zumeist nicht von alleine und bleibt uns ohne eigenes Zutun nicht erhalten.[202]

Und es gibt noch etwas, was für ein erfülltes Leben wichtig ist: Abwechslung. Ein Leben in angenehmer Regelmäßigkeit und Wohlgefühl, aber unterbrochen von den normalen Enttäuschungen, Entbehrungen und Schmerz. Ein garantiertes und immerwährendes Glück hätte einen schalen Geschmack und würde uns schnell langweilen. Ich wünsche jedem von uns viele Medaillen, die zwei Seiten haben. So wie die Erde Berge und Täler hat und erst hierdurch vielseitig wird und sowohl das Eine wie das Andere erst durch die Existenz des Kontroversen erkennbar wird. Die Langeweile des einförmigen Glücks würde unser Leben ziemlich unheimlich machen.

Bei all denen, deren Jesusbild durch diese Lektüre in Mitleidenschaft gezogen wurde, deren Misstrauen gegenüber dem Wahrheitsgehalt der Bibel neue Nahrung gefunden hat und die nicht mehr an den christlichen Gott glauben können, möchte ich als Alternative das Bild des in sich selbst gefestigten Menschen anbieten. Die Bausteine für diese Lebenseinstellung hat jeder Mensch durch die Natur, durch die Evolution mitbekommen. Wir haben die Veranlagung, uns über kleine Dinge des Lebens zu freuen und soziale Kontakte höher einzuschätzen als materielle Vorteile. Wir können uns selbst programmieren, glücklich zu sein. Wir werden vielleicht am

Ende erstaunt feststellen, dass ein Mensch, der so handelt, in seinen Taten kaum zu unterscheiden ist von einem Menschen, der nach den christlichen Regeln lebt. Mit dem Unterschied, dass der Gläubige einem äußeren Zwang folgt, während der in sich gefestigte Mensch seinen natürlichen Moralvorstellungen und Bedürfnissen nachgeht. Um glücklich zu sein bedarf es keiner Religion. Wohl aber Demut und Respekt vor anderen Menschen, der Natur und einem Schöpfergott, wenn man an ihn glauben mag. Dieses „Glaubensbekenntnis“ ist universell, verbindet alle Menschen und trennt sie nicht durch konkurrierende Religionen.

Beispiele für Todesstrafen aus den ersten 5 Büchern des Alten Testaments

Gen: 6,7 Tod allen Geschöpfen: „ ... und er sprach: Ich will die Menschen, die ich geschaffen habe, vertilgen von der Erde, vom Menschen an bis hin zum Vieh und bis zum Gewürm und bis zu den Vögeln unter dem Himmel; denn es reut mich, dass ich sie gemacht habe“.

Gen: 17,14 Tod für Unbeschnittene: „Wenn aber ein Männlicher nicht beschnitten wird an seiner Vorhaut, wird er ausgerottet werden aus seinem Volk, weil er meinen Bund gebrochen hat“.

Ex: 12,19 Tod für das Essen von gesäuertem Brot: „ ... so dass man sieben Tage lang keinen Sauerteig finde in euren Häusern. Denn wer gesäuertes Brot isst, der soll ausgerottet werden aus der Gemeinde Israel, auch ein Fremdling oder ein Einheimischer des Landes“.

Ex: 12,29 Tod allen Erstgeborenen: „Und zur Mitternacht erschlug der Herr alle Erstgeburt in Ägyptenland vom ersten Sohn des Pharao an, der auf seinem Thron saß, bis zum ersten Sohn des Gefangenen im Gefängnis und alle Erstgeburt des Viehs“.

Ex: 22,17 Tod den Zauberinnen: „Die Zauberinnen sollst du nicht am Leben lassen“.

Ex: 22,18 Tod den Sodomiten: „Wer einem Vieh beiwohnt, der soll des Todes sterben“.

Ex: 28,35 Tod für das Betreten des Heiligtums, ohne zu schellen: „Und Aaron soll ihn anhaben, wenn er dient, dass man seinen Klang höre, wenn er hineingeht ins Heiligtum vor den Herrn und wieder herauskommt, so wird er nicht sterben“.

Ex: 28,43 Tod für das Betreten des Heiligtums mit der falschen Hose: „Und Aaron und seine Söhne sollen sie anhaben, wenn sie in die Stiftshütte gehen oder hinzutreten zum Altar, um im Heiligtum zu dienen, damit sie keine Schuld auf sich laden und sterben müssen. Das soll für ihn und sein Geschlecht nach ihm eine ewige Ordnung sein“.

Ex: 30,33 Tod für die Herstellung und Weitergabe von heiliger Salbe: „Wer solche Salbe macht oder einem Unberufenen davon gibt, der soll aus seinem Volk ausgerottet werden“.

Ex: 31,14 Tod für Samstags-Arbeiter: „Darum haltet meinen Sabbat, denn er soll euch heilig sein. Wer ihn entheiligt, der soll des Todes sterben. Denn wer eine Arbeit am Sabbat tut, der soll ausgerottet werden aus seinem Volk".

Ex: 35,2 Tod, wem der Sabbat nicht heilig ist: „Sechs Tage sollt ihr arbeiten, den siebenten Tag aber sollt ihr heilig halten als einen Sabbat völliger Ruhe, heilig dem Herrn. Wer an diesem Tag arbeitet, soll sterben.

Lev: 7,27 Tod für das Essen von Blutwurst: „Jeder, der Blut isst, wird ausgerottet werden aus seinem Volk".

Lev: 7,20 Tod den unreinen Hungrigen: „Wer aber essen wird von dem Fleisch des Dankopfers, das dem Herrn gehört, und hat eine Unreinheit an sich, der wird ausgerottet werden aus seinem Volk".

Lev: 7,21 Tod für Zeremonieübertretungen: „Und wenn jemand mit etwas Unreinem in Berührung gekommen ist, es sei ein unreiner Mensch, ein unreines Vieh oder sonst ein Gräuel ist, und dann vom Fleisch des Dankopfers isst, das dem Herrn gehört, der wird ausgerottet werden aus seinem Volk".

Lev: 7,25 Tod für das Essen von Fett: „Denn wer das Fett isst von solchen Tieren, von denen man dem Herrn Feueropfer bringt, der wird ausgerottet werden aus seinem Volk".

Lev: 10,2 Tod für falsches Feuermachen: „Da fuhr ein Feuer aus von dem Herrn und verzehrte sie, dass sie starben vor dem Herrn".

Lev: 17,9 Tod für Schlachten ohne Opfer an den Herrn: „... und bringt es nicht vor die Tür der Stiftshütte, um es dem Herrn zu opfern, der wird ausgerottet werden aus seinem Volk".

Lev: 18,29 Tod wegen Sex: „Denn alle, die solche Gräuel tun, werden ausgerottet werden aus ihrem Volk".

Lev: 19,8 Tod für den Verzehr von verbotenen Nahrungsmitteln: „ ... und wer davon isst, muss seine Schuld tragen, weil er das Heilige des Herrn entheiligt hat, und solcher Mensch wird ausgerottet werden aus seinem Volk".

Lev: 20,2 Tod, wenn Kinder fremden Göttern dienen: „Sage zu den Israeliten: Wer unter den Israeliten oder den Fremdlingen in Israel eins seiner

Kinder dem Moloch gibt, der soll des Todes sterben; das Volk des Landes soll ihn steinigen".

Lev: 20,3 Tod den Lästerern: „Und ich will mein Antlitz kehren gegen einen solchen Menschen und will ihn aus seinem Volk ausrotten, weil er dem Moloch eins seiner Kinder gegeben und mein Heiligtum unrein gemacht und meinen heiligen Namen entheiligt hat".

Lev: 20,5 Tod dem Molochkult: „ ... und merze sie aus der Mitte ihres Volkes aus, ihn und alle, die sich mit ihm dem Molochdienst hingeben".

Lev: 20,6 Tod für den Besuch von Wahrsagern: „Wenn sich jemand zu den Geisterbeschwörern und Zeichendeutern wendet, dass er mit ihnen Abgötterei treibt, so will ich mein Antlitz gegen ihn kehren und will ihn aus seinem Volk ausrotten".

Lev: 20,9 Tod, wer Vater oder Mutter flucht: „Wer seinem Vater oder seiner Mutter flucht, der soll des Todes sterben. Seine Blutschuld komme über ihn, weil er seinem Vater oder seiner Mutter geflucht hat".

Lev: 20,10 Tod den Ehebrechern: „Wenn jemand die Ehe bricht mit der Frau seines Nächsten, so sollen beide des Todes sterben ..."

Lev: 20,13 Tod den Schwulen: „Wenn jemand bei einem Manne liegt wie bei einer Frau, so haben sie getan, was ein Gräuel ist, und sollen beide des Todes sterben; Blutschuld lastet auf ihnen".

Lev: 20,14 Tod wer seine Schwiegermutter liebt: „Wenn jemand eine Frau nimmt und ihre Mutter dazu, der hat eine Schandtat begangen; man soll ihn mit Feuer verbrennen und die beiden Frauen auch, damit keine Schandtat unter euch sei".

Lev: 20,15 Tod für Sodomie: „Wenn jemand bei einem Tiere liegt, der soll des Todes sterben, und auch das Tier soll man töten".

Lev: 20,16 Tod wenn sie sich einem Tier nähert: „Wenn eine Frau sich irgendeinem Tier naht, um mit ihm Umgang zu haben, so sollst du sie töten und das Tier auch. Des Todes soll sie sterben; ihre Blutschuld komme über sie".

Lev: 20,17 Tod für Geschwisterliebe: „Wenn jemand seine Halbschwester nimmt, seines Vaters Tochter oder seiner Mutter Tochter, und sie miteinander Umgang haben, so ist das Blutschande; sie sollen ausgerottet werden vor den Leuten ihres Volkes".

Lev: 20,18 Tod für Geschlechtsverkehr während der Menstruation: „Ein Mann, der mit einer Frau während ihrer Regel schläft und ihre Scham entblößt, hat ihre Blutquelle aufgedeckt und sie hat ihre Blutquelle entblößt; daher sollen beide aus ihrem Volk ausgemerzt werden".

Lev: 20,20 Tod wer seine Tante liebt: „Wenn jemand mit der Frau seines Oheims Umgang hat, der hat seinen Oheim geschändet. Sie sollen ihre Schuld tragen; ohne Kinder sollen sie sterben".

Lev: 20,27 Tod für Geisterbeschwörung: „Wenn ein Mann oder eine Frau Geister beschwören oder Zeichen deuten kann, so sollen sie des Todes sterben; man soll sie steinigen; ihre Blutschuld komme über sie".

Lev: 21,9 Tod für unkeusche Priestertöchter: „Wenn eines Priesters Tochter sich durch Hurerei entheiligt, so soll man sie mit Feuer verbrennen; denn sie hat ihren Vater entheiligt".

Lev: 23,29 Tod für den, der nicht fastet: „Denn wer nicht fastet an diesem Tage, der wird aus seinem Volk ausgerottet werden".

Lev: 23,30 Tod für den, der am Versöhnungstag arbeitet: „Und wer an diesem Tage irgendeine Arbeit tut, den will ich vertilgen aus seinem Volk".

Lev: 24,14 Tod für Gotteslästerung: „Führe den Flucher hinaus vor das Lager und lass alle, die es gehört haben, ihre Hände auf sein Haupt legen und lass die ganze Gemeinde ihn steinigen".

Num: 1,51 Tod für Fremde, die sich dem Heiligtum nähern: „Und wenn man weiterzieht, so sollen die Leviten die Wohnung abbrechen. Wenn aber das Heer sich lagert, sollen sie die Wohnung aufschlagen. Und wenn ein Fremder sich naht, so soll er sterben".

Num: 3,10: Tod für Fremde, die sich der Priesterschaft nahen: „Aaron aber und seine Söhne sollst du bestellen, dass sie auf ihr Priesteramt achthaben. Wenn ein Fremder sich naht, so soll er sterben".

Num: 3,38 Tod für Fremde: „Aber vor der Wohnung, vor der Stiftshütte, nach Osten sollen sich lagern Moses und Aaron und seine Söhne, dass sie auf das Heiligtum achthaben für die Israeliten. Wenn sich ein Fremder naht, so soll er sterben.

Num: 4,15 Tod für das Berühren des Heiligtums: „Wenn nun Aaron und seine Söhne beim Aufbruch des Heeres dies alles ausgerichtet und das Heilige und all sein Gerät bedeckt haben, dann sollen die Söhne Kehat kommen, um es zu tragen. Sie sollen aber das Heilige selbst nicht anrühren, dass sie nicht sterben".

Num: 4,20 Tod für den unerlaubten Blick: „Sie aber sollen nicht selbst hineingehen, auch nur einen Augenblick das Heilige zu schauen, dass sie nicht sterben".

Num: 9,13 Tod für das Versäumen eines Festes: „Wer aber rein ist und wer nicht auf einer Reise ist und unterlässt es, das Passa zu halten, der soll ausgerottet werden aus seinem Volk, weil er seine Gabe nicht zur festgesetzten Zeit dem Herrn gebracht hat. Er soll seine Sünde tragen".

Num: 11,1 Tod für Gezeter: „Und das Volk klagte vor den Ohren des Herrn, dass es ihm schlecht gehe. Und als es der Herr hörte, entbrannte sein Zorn, und das Feuer des Herrn loderte auf unter ihnen und fraß am Rande des Lagers".

Num: 11,33 Tod für Schlemmer: „Als aber das Fleisch noch zwischen ihren Zähnen war und ehe es ganz aufgebraucht war, da entbrannte der Zorn des Herrn gegen das Volk, und er schlug sie mit einer sehr großen Plage".

Num: 15,30 Tod für Frevler: „Wenn aber ein Einzelner aus Vorsatz frevelt, es sei ein Einheimischer oder Fremdling, so hat der den Herrn geschmäht. Er soll ausgerottet werden aus seinem Volk".

Num: 15,35 Tod für das Sammeln von Brennholz: „Der Herr aber sprach zu Moses: Der Mann soll des Todes sterben; die ganze Gemeinde soll ihn steinigen draußen vor dem Lager".

Num: 16,30 Tod für Lästerungen: „ ... wird aber der Herr etwas Neues schaffen, dass die Erde ihren Mund auftut und sie verschlingt mit allem, was sie haben, dass sie lebendig hinunter zu den Toten fahren, so werdet ihr erkennen, dass diese Leute den Herrn gelästert haben".

Num: 18,3 Tod für das sich Nähern an heilige Geräte: „Und sie sollen dir dienen und den Dienst an der ganzen Stiftshütte versehen. Doch zu dem Gerät des Heiligtums und zu dem Altar sollen sie sich nicht nahen, damit nicht beide sterben, sie und ihr".

Num: 18,7 Tod für Fremde, die hinter den Vorhang treten: „Du aber und deine Söhne mit dir, ihr sollt auf euer Priesteramt achthaben, dass ihr dienet in allen Verrichtungen am Altar und drinnen hinter dem Vorhang; denn euer Priesteramt gebe ich euch zum Geschenk. Wenn ein Fremder sich naht, so soll er sterben".

Num: 19,13 Unreinheit wer Tote berührt: „Wenn aber jemand irgendeinen toten Menschen anrührt und sich nicht entsündigen will, so macht er die Wohnung des Herrn unrein, und solch ein Mensch soll ausgerottet werden aus Israel. Weil das Reinigungswasser nicht über ihn gesprengt ist, ist er unrein; seine Unreinheit bleibt an ihm".

Num: 19,20 Tod wer sich nicht entsündigen will: „Wer aber unrein wird und sich nicht entsündigen will, der soll ausgerottet werden aus der Gemeinde".

Num: 21,6 Tod wer nörgelt: „Da sandte der Herr feurige Schlangen unter das Volk; die bissen das Volk, dass viele aus Israel starben".

Num: 25,4 Tod zur Gottesversöhnung: „ ... und er sprach zu Moses: „Nimm alle Oberen des Volkes und hänge sie vor dem Herrn auf im Angesicht der Sonne, damit sich der grimmige Zorn des Herrn von Israel wende".

Num: 31,7 Tod den Midianitern: „Und sie zogen aus zum Kampf gegen die Midianiter, wie der Herr es Moses geboten hatte, und töteten alles, was männlich war".

Num: 31,8 Tod den Königen: „Samt diesen Erschlagenen töteten sie auch die Könige der Midianiter, nämlich Ewi, Rekem, Zur, Hur und Reba, die fünf Könige der Midianiter. Auch Bileam, den Sohn Beors, töteten sie mit dem Schwert".

Num: 31,17 Tod allen Knaben und Frauen: „So tötet nun alles, was männlich ist unter den Kindern, und alle Frauen, die nicht mehr Jungfrauen sind".

Dtn: 2,34 Tod einer ganzen Nation: „Da nahmen wir zu der Zeit alle seine Städte ein und vollstreckten den Bann an allen Städten, an Männern, Frauen und Kindern, und ließen niemand übrigbleiben.

Dtn: 3,6 Tod fremden Gemeinschaften: „Und wir vollstreckten den Bann an ihnen, gleichwie wir an Sihon, dem König von Heschbon, taten. An allen Städten vollstreckten wir den Bann, an Männern, Frauen und Kindern".

Dtn: 7,2 Tod den sieben Nationen: „ .. und wenn sie der Herr, dein Gott, vor dir dahingibt, dass du sie schlägst, so sollst du an ihnen den Bann vollstrecken. Du sollst keinen Bund mit ihnen schließen und keine Gnade gegen sie üben".

Dtn: 7,16 Tod fremden Völkern: „Du wirst alle Völker vertilgen, die der Herr, dein Gott, dir geben wird. Du sollst sie nicht schonen und ihren Göttern nicht dienen; denn das würde dir zum Fallstrick werden".

Dtn: 7,24 Tod fremden Königen: „ ... und wird ihre Könige in deine Hände geben, und du sollst ihren Namen auslöschen unter dem Himmel. Es wird dir niemand widerstehen, bis du sie vertilgt hast".

Dtn: 13,6 Tod den Träumern: „Der Prophet aber oder der Träumer soll sterben, weil er euch gelehrt hat, abzufallen von dem Herrn, eurem Gott, der euch aus Ägyptenland geführt und dich aus der Knechtschaft erlöst hat, und weil er dich von dem Wege abbringen wollte, auf dem du wandeln sollst, wie der Herr, dein Gott geboten hat -, auf dass du das Böse aus deiner Mitte wegtust".

Dtn: 13,10 Tod den Brüdern, Töchtern, Söhnen: „ ... sondern sollst ihn zum Tode bringen. Deine Hand soll die erste wider ihn sein, ihn zu töten, und danach die Hand des ganzen Volks.

Dtn: 13,11 Tod durch Steinigung: „Man soll ihn zu Tode steinigen, denn er hat dich abbringen wollen von dem Herrn, deinem Gott, der dich aus Ägyptenland, aus der Knechtschaft, geführt hat".

Dtn: 13,16 Tod den Heiden: „ ... so sollst du die Bürger dieser Stadt erschlagen mit der Schärfe des Schwerts und an ihr den Bann vollstrecken, an allem, was darin ist, auch an ihrem Vieh, mit der Schärfe des Schwerts".

Dtn: 17,5 Tod den Sonnenanbetern: „ ... so sollst du den Mann oder die Frau, die eine solche Übeltat begangen haben, hinausführen zu deinem Tor und sollst sie zu Tode steinigen".

Dtn: 17,12 Tod für alle Frevler: „Und wenn jemand vermessen handeln würde, dass er dem Priester nicht gehorcht, der dort im Dienst des Herrn, deines Gottes, steht, oder dem Richter, der soll sterben, und du sollst das Böse aus Israel wegtun ... "

Dtn: 18,20 Tod den falschen Propheten: „Doch wenn ein Prophet so vermessen ist, dass er redet in meinem Namen, was ich ihm nicht geboten habe, und wenn einer redet in dem Namen anderer Götter, dieser Prophet soll sterben".

Dtn: 20,13 Tod für männliche Heiden: „Wenn der Herr, dein Gott, sie in deine Gewalt gibt, sollst du alle männlichen Personen mit scharfem Schwert erschlagen".

Dtn: 22,21 Tod für Mädchen, die zu früh lieben: „ ... so soll man sie heraus vor die Tür des Hauses ihres Vaters führen, und die Leute der Stadt sollen sie zu Tode steinigen, weil sie eine Schandtat in Israel begangen und in ihres Vaters Hause Hurerei getrieben hat; so sollst du das Böse aus deiner Mitte wegtun".

Dtn: 22,22 Tod für Ehebrecher: „Wenn jemand dabei ergriffen wird, dass er einer Frau beiwohnt, die einen Ehemann hat, so sollen sie beide sterben, der Mann und die Frau, der er beigewohnt hat; so sollst du das Böse aus Israel wegtun".

Dtn: 22,24 Tod für vergewaltigte Mädchen: „ ... so sollt ihr sie alle beide zum Stadttor hinausführen und sollt sie beide steinigen, das sie sterben, die Jungfrau, weil sie nicht geschrien hat, obwohl sie doch in der Stadt war, den Mann, weil er seines Nächsten Braut geschändet hat; so sollst du Böse aus deiner Mitte wegtun.

Endnoten

1 Tabor, James D.: Die Jesus-Dynastie, 1. Aufl., München 2007, S. 66-68. Die biblischen Berichte sind in Gen. 38, Jos. 2, Ruth 3 und 2 Sam. 11 zu finden.

2 Tabor: Die Jesus-Dynastie, s. Endn. 1, S. 66-68.

3 Nach dem Lukasevangelium soll Jesus – oder eigentlich sein Vater Josef – von Davids Sohn Natan abstammen, nach dem Matthäusevangelium hingegen finden wir Davids Sohn Salomo und eine Reihe weiterer Könige in dieser Ahnenreihe. Der Vater Josefs soll nach dem Lukasevangelium Eli geheißen haben (Lk 3,23), nach dem Matthäusevangelium Jakob (Mt 1,16). Auch die Abstammungslinie von Abraham bis David stimmt in beiden Berichten nicht überein. Ebenso ergibt der Vergleich mit den Genealogien im Alten Testament Widersprüche (1 Chr 1-8, Gen 5, Gen 11).

4 Tabor: Die Jesus-Dynastie, s. Endn. 1, S. 85. Der christliche Philosoph Origenes schrieb um das Jahr 248 eine Erwiderung auf Kelsos' Werk mit dem Titel „Contra Celsum (gegen Kelsos). Zur Widerlegung der von Kelsos vorgebrachten Argumente zitiert Origenes längere Passagen des (ansonsten nicht erhaltenen) Werkes von Kelsos.

5 Tabor: Die Jesus-Dynastie, s. Endn. 1, S. 429

6 Tabor: Die Jesus-Dynastie, s. Endn. 1, S. 85-86.

7 Deißmann, Adolf: „Der Name Panthera" in: Orientalische Studien, A. Töpelmann, Gießen 1906, S. 871-75.

8 Tabor: Die Jesus-Dynastie, s. Endn. 1, S. 87. Der lateinische Text lautet: „TIB. JUL. ABDES. PANTERA. SIDONIA. ANN. LXII STIPEN. XXXX.MILES EXS. COH I. SAGITTARIORUM.H.S.E."

9 Tabor: Die Jesus-Dynastie, s. Endn. 1, S. 88-93.

10 Tabor: Die Jesus-Dynastie, s. Endn. 1, S. 82-83.

11 Tabor: Die Jesus Dynastie, s. Endn. 1, S. 80.

12 Die früheste offizielle Erwähnung der „immerwährenden Jungfräulichkeit" begegnet uns erst beim Kirchenschriftsteller Epiphanios im Jahr 374. Diese Lehre wurde auf dem 2. Konzil von Konstantinopel im Jahre 553 und

dem Laterankonzil von 649 bestätigt. Die „Jungfrauengeburt" wird oftmals mit der „Unbefleckten Empfängnis" verwechselt. Die von der katholischen Kirche gelehrte „Unbefleckte Empfängnis" bezieht sich jedoch auf Mariä Empfängnis durch ihre Mutter Anna, nicht auf die Empfängnis Jesu. Diese Doktrin erklärt, dass Maria ohne „Erbsünde" geboren wurde, also ohne die Sünde, die seit Adam jedes Menschen Erbteil ist. Dies gestattet ihr, Jesus in einem besonderen Zustand seelischer Reinheit zu gebären (Tabor: Die Jesus-Dynastie, s. Endn. 1, S. 63).

13 Epiphanios: Panárion 78,8f; vergleiche Philipposevangelium 59,6-11 mit Protevangelium des Jakobus 19f.

14 Die meisten uns vorliegenden christlichen Schriften aus der Zeit vor dem späten 4. Jahrhundert gingen ganz selbstverständlich davon aus, dass die Brüder und Schwestern Jesu die leiblichen Kinder Josefs und Marias waren. Eusebius, ein griechischer Kirchenschriftsteller des 3./4. Jahrhunderts, zitiert immer wieder ältere Quellen und spricht selbst von Jesu Brüdern „nach dem Fleische", die er als Kinder Marias und Josefs verstand (Eusebios: Kirchengeschichte 2,23; 3,19; in: Tabor: Die Jesus-Dynastie, s. Endn. 1, S. 99).

15 Page, Nick: Der falsche Messias, Die wahre Geschichte des Jesus von Nazareth, München, 2012, S. 71/72.

16 Page: Der falsche Messias, s. Endn. 15, S. 72/73.

17 Es gibt allerdings ein Problem: Es spricht viel für die Annahme, das Josef schon früh starb – sei es, weil er deutlich älter als Maria war, sei es aus anderen, unbekannten Gründen. Im Anschluss an die Geburtsgeschichte scheint er von der Bildfläche zu verschwinden. Lukas erzählt eine spätere Episode mit Josef, in der der 12-jährige Jesus nach dem Passah-Fest im Tempel zurückbleibt. Diese Passage erwähnt zwar tatsächlich „die Eltern Jesu", aber die meisten Forscher zweifeln ihre Historizität an. Jesus wird zwar ein paar Mal als „Sohn des Josefs" oder „Sohn des Zimmermanns" tituliert, aber Josef selbst tritt in keinem Evangelium wieder auf, und es wird auch nichts weiter über ihn berichtet. Jesus zog irgendwann *„mit seiner Mutter und seinen Brüdern"* nach Kafarnaum – von Josef ist nicht die Rede (Joh 2,12). In einer Geschichte kamen *„seine Mutter und seine Brüder"* und ließen ihn aus einem Haus herausrufen – wieder kein Wort von Josef (Mk 3,31). Selbst in der Kreuzigungsszene wird zwar Maria und möglicherweise eine Schwester Jesu erwähnt, aber von Josef hören wir abermals nichts. Nach dem Tod Jesu versammelten sich seine Jünger im „Obergemach" in Jerusalem, *„zusammen ... mit Maria, der Mutter Jesu, und mit seinen Brüdern"* – aber ohne Josef (Apg. 1,14). Dies alles scheint darauf hinzudeuten, dass Josef etwas zugestoßen war. Aber wenn Josef tatsächlich kinderlos starb, so hat dies weitere Konsequenzen für die traditionellen theologischen Dogmen über Maria. Nach der Thora und dem Mosaischen Gesetz war der älteste überlebende ledige Bruder nämlich verpflichtet, die Witwe seines verstorbenen Bruders zu heiraten und in dessen Namen ein Kind zu zeugen, damit der „Name" oder das Geschlecht seines toten Bruders nicht unterging. Diese so genannte „Leviratsehe" wird in der Thora ausdrücklich vorgeschrieben (Deut 25,5-10). Sie ist eines der Gebote Gottes an Israel, und fromme Juden nahmen sie sehr ernst (Tabor: Die Jesus-Dynastie, s. Endn. 1, S. 100-102).

18 Selbst wenn Jesaja von einer Jungfrau gesprochen hätte, was er nicht tat, so hätte das immer noch keine jungfräuliche Empfängnis bedeutet. Von einer solchen redete er nicht. Er schrieb nur, dass die Mutter des zu erwartenden Kindes vor seiner Zeugung eine Jungfrau war, nicht aber, dass sie nach der Zeugung eine solche bleiben würde. Als Jesaja 734 v.Chr. König Ahas in Jerusalem die Schwangerschaft einer jungen Frau ankündigte, sprach er zudem von der damaligen Zeit, und nicht von einem Ereignis, das 700 Jahre später erfolgen sollte. Und Immanuel, so sollte das Neugeborene heißen, hat Maria ihr Kind ja auch nicht genannt.

19 Der Messias war nach jüdischer Vorstellung ein Mensch. Er mochte zwar Gottes Werk tun, aber er war nicht Gott. Wenn Petrus zu Jesus sagt, er sei der Christus, sagt er damit nicht, er sei Gott. Diese Auslegung kam erst später. Der Messias war ein König. Was das im Einzelnen bedeutete, war eine Frage der Interpretation, jedenfalls war der Messias der „König der Juden". Man nahm an, dass der Messias als der wahre, von Gott gesandte König die irdischen Dynastien der Hasmonäer oder Herodianer ersetzen würde. Der Messias würde ein neues Zeitalter einläuten und die Feinde Israels besiegen. In den Psalmen Salomons heißt es, der Messias werde Jerusalem *„von den Heiden reinigen"*, die *„Sünder aus dem Erbe vertreiben"*, *„die Arroganz der Sünder wie einen tönernen Topf zerschmettern"* und sie *„mit einem eisernen Stab zertrümmern"* (Ps So. 17,23ff). Der Sieg in der Schlacht war für den Messias unabdingbar. Der Messias musste also erfolgreich sein. Ein Messias, der versagte, wäre ein Widerspruch in sich. Ein Messias, der besiegt würde, wäre nicht der Messias, sondern ein Betrüger.

20 Vgl. Zilling, Henrike Maria: Überlegungen zum Zensus des Quirinius, in: H-Soz-Kult, 22.12.2006.

21 Als ein weiteres Indiz für die Armut von Josef und Maria kann ein Lied – heute bekannt als Magnificat – gelten, welches Lukas Maria zuschreibt. Eine Hymne des Triumphs der Armen und Unterdrückten über die Reichen und Hochnäsigen. *„Er [Gott] stürzt Herrscher von ihrem Thron / und erhöht die Niedrigen"*, singt sie. *„Die Hungrigen beschenkt er mit seinen Gaben / und lässt die Reichen leer ausgehen"* (Lk 1,52-53). Dieses Lied ergäbe keinen Sinn, wenn Maria – und der Mann, den sie später heiratete – nicht selbst unterdrückt, arm und sogar hungrig gewesen wären (Page: Der falsche Messias, s. Endn. 15, S. 32/33). Jeder glaubt zu wissen, dass Jesus Zimmermann war. Die traditionelle Übersetzung, die wir bereits seit Martin Luther kennen, ist allerdings irreführend. Das entsprechende Wort, das wir im griechischen Original finden, tékton, hat eine viel unbestimmtere Bedeutung, die sich am ehesten mit „Handwerker" wiedergeben lässt. Das heimelige Bild des jungen Jesus, der seinem Vater in der familieneigenen „Zimmermannswerkstatt" fröhlich zur Hand geht, ist uns dank entsprechender Gemälde seit Jahrhunderten wohlvertraut. Es hat allerdings kaum etwas mit der harten Realität der damaligen galiläischen Gesellschaft zu tun. Ein tékton war so etwas wie ein Tagelöhner und bedeutete, die Not und Angst zu kennen, nicht genügend Unterhalt zu verdienen. Ein Sklave hatte es besser, da für dessen Ernährung und sonstige Grundbedürfnisse gesorgt wurde (Tabor: Die Jesus-Dynastie, s. Endn. 1, S. 116-117). Der an der University of California arbeitende amerikanische Professor Reza Aslan meint, dass die Römer den Begriff „tekton" umgangssprachlich für jeden ungebildeten oder analphabetischen Kleinbauern verwendeten, und das Jesus sehr wahrscheinlich beides war (Aslan: Zelot, s. Endn. 37, S. 68).

22 Von Kaiser Augustus wissen wir, dass er dreimal einen Reichszensus für die römischen Bürger angeordnet hat. Nach unserer Zeitrechnung war dies in den Jahren: 28 v.Chr., 8 v.Chr. und 14 n.Chr. Dies geht aus einem Bericht hervor, den er gegen Ende seines Lebens verfasste und der uns im sogenannten Monumentum Ancyranum im Tempel der Roma und des Augustus zu Ancyra erhalten ist. Beim Reichszensus des Jahres 8 v.Chr. wurden 4.233.000 römische Bürger ermittelt.

Warum fand der von Lukas erwähnte Zensus im Jahre 6 n.Chr. überhaupt statt? Als der von den Römern eingesetzte Herodes 4 v.Chr. starb, wurde sein Reich unter seinen Söhnen Antipas, Archelaos und Philippus aufgeteilt. Zehn Jahre später, 6 n.Chr. setzte der römische Kaiser Augustus den Herodessohn Archelaos, den Herrscher von Judäa, wozu Bethlehem gehörte, ab und schickte ihn in die Verbannung. Das herrscherlose Judäa wurde der Provinz Syrien verwaltungstechnisch zugeschlagen und P. Sulpicius Quirinius wurde römischer Statthalter von Syrien. Im Jahr 6 n.Chr. unterzog er diesem neu konfigurierten Gebiet erstmalig einem von den Römern organisierten Zensus. Die Herrschaftsgebiete der beiden anderen Herodessöhne Antipas (unter seiner Verwaltung stand auch Nazareth) und Philippus wurden diesem Zensus nicht unterworfen, da sie verwaltungstechnisch nicht direkt Rom unterstanden. Dies hatte zur Folge, dass Maria und Josef ihre Steuern nicht direkt an Rom, sondern an ihren Landesherrn Herodes Antipas zahlten (wird nach Angaben des jüdischen Geschichtsschreibers Josephus in seinen Antiquitates 18,1f. bestätigt, siehe dazu auch Joachim Marquardt: Römische Staatsverwaltung, Bd. 1, Darmstadt 1957, S. 213).

Von theologischer Seite wird versucht, das chronologische Problem der lukanischen Synchronisierung der Regierungszeit Herodes des Großen mit dem unter Quirinius durchgeführten Zensus auf zwei unterschiedlichen Wegen zu heilen:

Die erste Erklärungsmöglichkeit besteht darin, dass Quirinius schon vor seiner Ernennung zum Statthalter von Syrien im Jahre 6 n.Chr. eine ähnliche Funktion ausgeübt hat. Danach hatte er das erste Mal indirekt statthalterliche Befugnisse inne, als er während des Homonadenserkrieges in der Zeit von 11 – 7 v.Chr. Militäroberbefehlshaber über drei in der Provinz Syrien stationierten Legionen (Legio III Gallica, Legio VI Ferrata, Legio X Fretensis) war. Der Befehlshaber römischer Truppen in einer Provinz war in der Zeit kriegerischer Auseinandersetzungen Vorgesetzter auch für die römische Zivilverwaltung und könnte daher eine Volkszählung in Auftrag gegeben oder sogar durchgeführt haben, auch wenn er nicht Statthalter war.

Die zweite Erklärungsmöglichkeit übersetzt den griechischen Text anders. In der griechischen Grammatik ist dies möglich, nämlich: Diese Zählung fand statt, <u>bevor</u> (griech. απογραφη πρωτη – apographä protä) Quirinius Statthalter von Syrien war. Es gibt verschiedene neutestamentliche Parallelen zu dieser Übersetzung (Norman L. Geisler: Baker Encyclopedia of Christian Apologetics, S. 46f).

23 Im Falle Bethlehem als prophezeitem Geburtsort ist Matthäus beim Propheten Micha fündig geworden. Micha spricht von Bethlehem als dem Geburtsort eines zukünftigen *„Herrschers über Israel"* (Mi 5,1). Bei näherem Hinsehen erweist sich aber der Bezug zwischen diesem bei Micha prophezeiten Führer und Jesus als problematisch. Prophezeit wird nämlich ein blutiger Kriegsführer, der mit dem Schwert regiert (Mi 5,5) und alle seine Gegner ausrottet (Mi 5,8). Auf Jesus sollte dies nun wirklich nicht zutreffen.

24 Lukas macht detaillierte Zeitangaben im Zusammenhang mit dem Auftreten von Johannes dem Täufer und dem ersten öffentlichen Wirken von Jesus: *„Es war im fünfzehnten Jahr der Regierung des Kaisers Tiberius; Pontius Pilatus war Statthalter von Judäa, Herodes Tetrarch von Galiläa, sein Bruder Philippus Tetrarch von Ituräa und Trachonitis, Lysanias Tetrarch von Abilene; Hohepriester waren Hannas und Kajaphas"* (Luk 3,1f.). Im Einzelnen bedeutet dies: Tiberius (42 v.Chr. - 37 n.Chr) wurde am 19. August 14 n.Chr. Kaiser, mithin lag das 15. Jahr seiner Regierung zwischen August 28 und August 29 n.Chr. Pontius Pilatus war von 26 bis 36 n.Chr. Prokurator von Judäa. Herodes Antipas war 4 v.Chr. bis 39 n.Chr. Vierfürst von Galiläa und sein Bruder Philippus 4 v.Chr. bis 34 n.Chr. Vierfürst von Ituräa und Trachonitis. Von Lysanias weiß man nicht viel mehr, als dass er zwischen 28 und 37 n.Chr. gestorben ist. Kajaphas wurde im Jahre 18 n.Chr. Hohepriester. Falsch ist jedoch die Aufnahme des Hohepriesters Hannas in diese Aufzählung von Würdenträgern, da dessen Amtszeit bereits im Jahre 15 n.Chr. endete (Uta Ranke-Heinemann: Nein und Amen, s. Endn. 26, S. 27f.). Nach alledem wäre das Jahr 28 n.Chr. für das erste öffentliche Auftreten von Jesus das Wahrscheinlichste. Wenn er zu diesem Zeitpunkt ungefähr 30 Jahre alt war, so dürfte sein Geburtsjahr um das Jahr 2 v.Chr. liegen.

25 Außerdem drängt sich der Vergleich mit Moses auf. Zu seiner Zeit lebte ein Teil des jüdischen Volkes in Ägypten und wurde von diesem geknechtet. Dem Buch Exodus zufolge versucht der Pharao, die israelitischen Fremdlinge in Ägypten durch folgende Anordnung auszurotten: *„Alle Knaben, die den Hebräern geboren werden, werft in den Nil! Die Mädchen dürft ihr am Leben lassen"* (Exodus 1,22). Es gibt auch andere berühmte Geburtslegenden des Altertums wie Sargon II., König des neuassyrischen Reiches, Sargon von Akkad, König aus Mesopotamien, Kyros dem Großen,

Perseus aus der griechischen Mythologie und sogar vom römischen Kaiser Augustus. Sie alle wurden schon im Kindesalter von ihren Feinden verfolgt.

26 Ranke-Heinemann, Uta: Nein und Amen, 8. Aufl., Hamburg 2002, S. 47.

27 Als im Jahre 2011 der indische Guru Sythay Sai Baba im Alter von 84 Jahren starb, wurden in seiner Heimat, im indischen Bundesstaat Andhra Pradesch vier Tage Staatstrauer ausgerufen. Nicht einmal einem Präsidenten käme eine solche Ehre zuteil. Wie kommt dies, wo Kritiker ihn als »entlarvten« Scharlatan bezeichnen? Während seiner täglichen zwei Audienzen kam es über rund 60 Jahre hinweg zu vielen tausend sogenannter Materialisationen, zum Beispiel von: Früchten, Ringen, Schmuckstücken usw. und vor allem heiliger Asche. Die Kritiker sagen, hierbei habe es sich durchweg um plumpe Tricks gehandelt. Er habe Aschetabletten zwischen seinen Fingern versteckt und diese dann zerrieben. Er habe die Gegenstände aus seinem Ärmel gezogen oder sonst irgendwo am Körper versteckt. Die Gläubigen lassen sich hierdurch bis heute nicht beirren. Sie sind davon überzeugt, dass er Wunder wirkte und nebenbei noch zahllose Kranke heilte.

28 Dawkins, Richard: Der entzauberte Regenbogen, Hamburg 2000, S. 12.

29 Theißen, Gerd und Merz, Annette: Der historische Jesus, Göttingen 2001, S. 278.

30 Flavius Josephus: Jüdische Altertümer, 12. Auflage, Dreieich 1994, S. 475

31 Divus Vespasianus 7,2f. Der Bericht erinnert in einigen Zügen an die Blindenheilung aus Mk 8,22-26. Vespasian wägt mit politischem Kalkül ab, ob er das – als solches empfundene – Risiko eingehen soll, eine Heilung zu versuchen. In einem längeren Bericht von Tacitus zum selben Ereignis (Historien 4,81) heißt es, Vespasian habe zunächst den Rat von Ärzten eingeholt: „Die Ärzte redeten etwas zweideutig hin und her: Bei dem einen, so sagten sie, sei das Augenlicht nicht eigentlich erloschen; es werde daher wiederkehren, wenn man die Hindernisse beseitige. Bei dem anderen seien die Gliedmaßen wie verrenkt; bei Gebrauch heilkräftiger Mittel sei ein einwandfreier Zustand wieder herzustellen. Vielleicht liege den Göttern an der Sache, und vielleicht sei er, der Fürst, als Werkzeug der Gottheit ausersehen. Letztlich falle bei erfolgreicher Anwendung des Heilmittels der Ruhm dem Fürsten zu; sollte es nicht wirken, so würde der Spott die zwei

unglücklichen Geschöpfe treffen." (Theißen und Merz: Der historische Jesus, s. Endn. 29, S. 284)

32 Ein junges Mädchen schien in der Stunde ihrer Hochzeit gestorben zu sein und der Bräutigam folgte der Bahre und jammerte über die ganz unerfüllte Ehe. Aber auch die Stadt Rom trauerte mit ihm, denn das Mädchen war aus einer Familie, die zu den vornehmsten zählte. Als nun Apollonios zufällig dem Trauerzug begegnete, sagte er: "Setzt die Bahre ab, denn ich werde euren Tränen über das Mädchen ein Ende machen." Und er fragte zugleich nach ihrem Namen. Die Menge glaubte, er werde eine Trauerrede halten, wie sie zum Leichenbegängnis gehören, und Wehklagen wecken. Er aber tat nichts dergleichen, sondern berührte das Mädchen nur, sprach einige unverständliche Worte und erweckte es so aus dem scheinbaren Tode. Das Kind gab einen Laut von sich und kehrte in das Haus des Vaters zurück. Als die Verwandten des Mädchens Apollonios fünfzehn Myriaden schenken wollten, ordnete er an, sie dem Kind als Aussteuer zu geben. Ob er nun noch einen Funken Leben in ihr gefunden hat, der den Ärzten verborgen geblieben war – es heißt nämlich, Zeus habe Tau auf sie fallen lassen und da sei von ihrem Gesicht Dunst aufgestiegen – oder ob er das erloschene Leben wieder anfachte und es wiederherstellte, das ist nicht nur mir allein, sondern auch den Anwesenden unmöglich zu erhellen (Philostratos: Das Leben des Apollonios von Tyana, IV 45).

33 Die Wunder Jesu nach den Evangelien:

AUSTREIBUNG VON DÄMONEN UND HEILUNGEN:

- Der Besessene in der Synagoge (Mk 1,21-28)
- Die Geister verkünden den Sohn Gottes (Mk 3,10)
- Der Besessene aus Gerasa (Mk 5, 1-20; Mt 8, 28-34; Lk 8, 26-39)
- Fernheilung der Tochter einer Ausländerin (Mk 7,26-30)
- Heilung des epileptischen Knaben (Mk 9,14-29)
- Heilung eines Stummen (Mt 9,32-34)
- Heilung eines Blinden und Stummen (Mt 12,22; Lk 11,14)
- Heilung des schlafwandlerischen Knaben (Mt 17,14-21)
- Schwiegermutter des Petrus (Mk 1,29f.; Mt 8,14f.; Lk 4,38f.)
- Heilung des Aussätzigen (Mk 1,40f.)
- Heilung des Gichtbrüchigen (Mk 2,1-12)

- Heilung des Menschen mit der verdorrten Hand (Mk 3,1-6)
- Heilung der Frau mit Blutfluss (Mk 5,25-34)
- Heilungssummarium am See Genezareth (Mk 6,54f.)
- Heilung des Taubstummen in der Dekapolis (Mk 7,31-37)
- Heilung des Blinden von Bethsaida (Mk 8,22-26)
- Heilung des Blinden (Mk 10,46-52)
- Heilung eines Gelähmten (Lk 5,17-26)
- Heilung einer Frau am Sabbat (Lk 13,10-17)
- Knecht eines römischen Offiziers (Mt 8,5-13; Lk 8,1-10)
- Heilung eines Beamtensohnes (Joh 4,47-53)
- Heilung des Kranken am Teich Bethesda (Joh 5,1-9)
- Heilung eines Blindgeborenen (Joh 9,1-7)

GESCHENKWUNDER:

- Speisung der 5.000 (Mk 6,35f.; Mt 14,13f.; Lk 9,10f.; Joh 6,1f.)
- Speisung der 4.000 (Mk 8,1-9; Mt 15,32–38)
- Der wunderbare Fischfang (Lk 5,1-11)
- Ein weiterer wunderbarer Fischfang (Joh 21,3-6)
- Die Wandlung von Wasser in Wein (Joh 2,1-11)

RETTUNGSWUNDER:

- Die Stilllegung des Seesturms (Mk 4,35-41)
- Der Seewandel (Mk 6,45f.)

STRAFWUNDER:

- Die Verfluchung des Feigenbaums (Mk 11,12f.; Mt 21,18-19)

TOTENERWECKUNGEN:

- Tochter des Jairus (Mt 9,18-26; Mk 5,21f.; Lk 8,49-56)
- Jüngling zu Naïn (Lk 7,11-17)
- Lazarus in Bethanien (Joh 11,1-45)

34 Ranke-Heinemann: Nein und Amen, s. Endn. 26, S. 124. Zur Zeit Jesu traf man insbesondere Aussätzige vielerorts an. Es konnte sich hierbei um Lepra oder jede andere krankhafte und abstoßende Veränderung der Haut handeln. Hierzu gehörten die Schuppenflechte, Ekzeme und alle Pilzinfektionen. Wer im alten Israel das Pech hatte, sich eine solche Krankheit zuzu-

ziehen, war schlecht dran. Wie so vieles wurde bei den Juden auch der Umgang mit dieser Krankheit in der Heiligen Schrift geregelt. Im Buch Levitikus 13,45-46 heißt es: *„Der Aussätzige, der von diesem Übel betroffen ist, soll eingerissene Kleider tragen und das Kopfhaar ungepflegt lassen; er soll den Schnurrbart verhüllen und ausrufen: Unrein! Unrein! Solange das Übel besteht, bleibt er unrein. Er soll abgesondert wohnen, außerhalb des Lagers soll er sich aufhalten"*. Der Aussätzige hatte es demnach außerordentlich schwer, er war für die Gemeinschaft so gut wie tot und brachte überdies noch in einer von Ehre und Schande regierten Gesellschaft Unglück über seine Familie.

35 Ranke-Heinemann: Nein und Amen, s. Endn. 26, S. 125-126.

36 Barclay, William: Matthäusevangelium, Bd. I, 7. Auflage, Neukirchen-Vluyn 2000, S. 257/258. Einige wenige dieser falschen Messiasse tauchen sogar im Neuen Testament auf. Der Prophet Theudas hatte nach Darstellung der Apostelgeschichte 400 Jünger, bevor die Römer ihn festnahmen und köpften. Eine mysteriöse charismatische Gestalt, die nur „der Ägypter" genannt wurde, stellte in der Wüste eine bewaffnete Menge zusammen, die dann von römischen Soldaten vernichtet wurde. Im Jahr 4 v.Chr. setzte sich ein armer Schafhirte namens Athronges ein Diadem auf den Kopf und krönte sich damit selbst zum „König der Juden"; er und seine Anhänger wurden von einer Legion Soldaten niedergemetzelt. Ein weiterer messianischer Aspirant, der sich einfach „der Samariter" nannte, wurde von Pontius Pilatus gekreuzigt, obwohl er noch nicht einmal ein Heer aufgestellt und Rom in keiner Weise herausgefordert hatte – ein Fingerzeig darauf, dass die Behörden das um sich greifende apokalyptische Fieber spürten und extrem empfindlich geworden waren. Dann gab es noch die Bandenführer Hiskia, Simon von Peräa, Judas der Galiläer, seinen Enkel Manaim, Simon bar Giora und Simon bar Kochba. Sie alle traten mit messianischen Ansprüchen hervor, und sie alle wurden von Rom deshalb hingerichtet. Palästina durchlebte im 1. Jahrhundert n.Chr. eine Ära intensiver messianischer Energie (Aslan: Zelot, s. Endn. 37, Seite 19f.).

37 Aslan, Resa: Zelot, Hamburg 2013, S. 146.

38 Ian Wilson: The Evidence, S. 109; in Lee Strobel: Der Fall Jesus, Asslar 1999, S. 171.

39 Joachim Gnilka: Jesus von Nazaret, Freiburg im Breisgau 2004, S. 131.

40 Galileo Mystery von Pro 7 vom 22.2.2008.

41 Barclay, William: Matthäusevangelium Bd. II, 6. Auflage, Neukirchen-Vluyn 2000, S. 102f.

42 Barclay: Matthäusevangelium, s. Endn. 41, S. 100f.

43 Gnilka: Jesus von Nazaret, s. Endn. 39, S. 140.

44 Ranke-Heinemann: Nein und Amen, s. Endn. 26, S. 120.

45 Barclay: Matthäusevangelium II, s. Endn. 41, S. 233.

46 Berger, Klaus: Jesus, München 2007, S. 92.

47 Die Evangelisten Markus, Matthäus und Lukas nennt man Synoptiker, weil sie in ihren Darstellungen eine „Synopse", eine „gemeinsame Sicht" haben.

48 DAS MARKUSEVANGELIUM:

Markus ist wahrscheinlich der erste Evangelist, der das Leben Jesu etwa zu der Zeit der Zerstörung des Tempels in Jerusalem, also um das Jahr 70, dokumentierte. Das Markusevangelium beginnt direkt mit dem Wirken Jesu, seine Geburt und Jugend überliefert Markus nicht. Im Zentrum des Evangeliums steht die Passionsgeschichte, die mit Jesu Tod abschließt. Die Zuordnung des „Markus" zu einer biblischen Gestalt – dem Markus, der als ein Gefährte des Paulus und dann des Petrus gilt – ist eine späte Tradition. Wir haben keine Ahnung, wer das Markusevangelium verfasst hat.

DAS MATTHÄUSEVANGELIUM:

Es steht im Neuen Testament an erster Stelle, da lange Zeit angenommen wurde, dass es das älteste Evangelium ist. Heute sind die meisten Bibel-Forscher jedoch der Meinung, dass das Evangelium von Markus noch vor dem Matthäusevangelium niedergeschrieben wurde. Das Matthäusevangelium entstand um das Jahr 80, wurde auf Griechisch abgefasst und nutzte darüber hinaus das Markusevangelium als Vorlage. Matthäus nutzte zusätzlich noch andere Informationen, die in der Fachwelt als Quelle Q bezeichnet werden. Leider ist uns diese Quelle nicht erhalten geblieben. Wir wissen nicht, wer das Matthäusevangelium geschrieben hat, wir können aber mit einiger Sicherheit davon ausgehen, dass er kein Augenzeuge war.

DAS LUKASEVANGELIUM:

Lukas war wahrscheinlich Arzt. Er trat mit dem Anspruch an, einen Tatsachenbericht zu verfassen und die Geschichte Jesu wahrheitsgemäß wiederzugeben. Er wollte die Verkündigung der frohen Botschaft historisch und theologisch zuverlässig überliefern und berief sich auf Augenzeugen zurückgehender Überlieferungen. Lukas hat selbst nichts von den geschilderten Ereignissen persönlich miterlebt. Auch Lukas hatte Kenntnis von der Quelle Q, aus der schon Matthäus schöpfte. Außerdem konnte die Bibelforschung durch intensiven Vergleich der Quellen belegen, dass Lukas das Markus- und das Matthäusevangelium kannte. Aufgrund der vielen teils wörtlichen Gemeinsamkeiten spricht die Forschung bei den drei Evangelisten von den Synoptikern (Synopsis, griechisch: "Zusammenschau"). Das Lukasevangelium datiert aus der Zeit 80 bis 90 n.Chr. und ist vermutlich in Kleinasien, der heutigen Türkei oder Griechenland entstanden. Es schildert in allen Einzelheiten die Geburt Jesu mit der Weihnachtsgeschichte.

DAS JOHANNESEVANGELIUM:

Das vierte und letzte Evangelium nennen wir Johannesevangelium. Es entstand etwa um 100 n.Chr., vermutlich in Ephesus, der heutigen Türkei. Dieses Evangelium unterscheidet sich ganz erheblich von den drei übrigen synoptischen Evangelien. Es wird auch das "pneumatische" Evangelium, das Evangelium des Geistes, genannt, weil es im Vergleich zu den anderen Schriften am häufigsten vom Heiligen Geist spricht. Tatsächlich fehlen in der Schrift viele der Ereignisse, die bei den Synoptikern zur Sprache kommen. Während bei Markus, Matthäus und Lukas die Erzählung abwechslungsreich und der Handlungsverlauf von Aktivität gekennzeichnet ist, wird das Johannesevangelium durch einen kontemplativen, meditativen Ton geprägt, in dem die Belehrungen und Reflexionen Jesu im Vordergrund stehen. Das Johannesevangelium beginnt die Jesusgeschichte mit der Erzählung seiner Taufe. Wie schon Markus erwähnt auch Johannes die Geburt Jesu mit keinem Wort. Auch beim Johannesevangelium wissen wir nicht, wer der Verfasser ist. Der Name „Johannes“ beruht auf einer späteren christlichen Überlieferung (Tabor: Die Jesus-Dynastie, s. Endn. 1, S. 179f).

49 Ferguson, Kitty: Gottes Freiheit und die Gesetze der Schöpfung, Sonderausgabe 2. Aufl. 1996, S. 284.

50 Haenchen, Ernst: Die Apostelgeschichte, 1977, S. 171, in: Ranke-Heinemann: Nein und Amen, s. Endn. 26, S. 215.

51 Ranke-Heinemann: Nein und Amen, s. Endn. 26, S. 218.

52 Schopenhauer, Arthur: Neue Paralipomena, Vereinzelte Gedanken über vielerlei Gegenstände, in: Arthur Schopenhauer: Handschriftlicher Nachlass, Band 4, S. 259.

53 Josephus bell 2,224-227. Der Vorfall ereignete sich unter dem Prokuratur Cumanus (48-52 n.Chr); in: Gerd Theißen: Der Schatten des Galiläers, Berlin, S. 237f.

54 Bultmann, Rudolf: Synoptische Tradition; S. 281; in: Augstein: Jesus Menschensohn, s. Endn. 77, S. 198.

55 Conzelmann/Lindemann: Arbeitsbuch, 10. Auflage, S. 498; in: Augstein: Jesus Menschensohn, s. Endn. 77, S. 198.

56 Theißen/Merz: Jesus, S. 111; in: Augstein: Jesus Menschensohn, s. Endn. 77, S. 198.

57 Crossan, John Dominic: Jesus, München 1996, S. 170.

58 Eisler, Robert: Jesous basileus II, S. 469-475. Der Einzug von Jesus in Jerusalem sei einem militärischen Aufstand gleich gekommen und der Grund für seine Hinrichtung gewesen. Eisler ordnet damit Jesus genau so ein wie den so genannten „Ägypter“, der wenige Jahre nach dem Tod Jesu mit einem Volkshaufen vom Ölberg aus Jerusalem erobern wollte. Vgl. auch Josephus, ant 20,169; bell 2,262.

59 Mendelsohn, von, Harald: Jesus - Rebell oder Erlöser, Hamburg 1981, S. 60/61.

60 Page: Der falsche Messias, s. Endn. 15, S. 315-316.

61 Page: Der falsche Messias, s. Endn. 15, S. 315-317.

62 Page: Der falsche Messias, s. Endn. 15, S. 82-84.

63 Origenes: Johannes-Erklärung X,16; in: Augstein: Jesus Menschensohn, s. Endn. 77, S. 196.

64 Schalom Ben-Chorin: Jesus, S. 121.

65 Nach der Lehre der römisch-katholischen Kirche verwandelt sich beim Abendmahl das Brot in den wahrhaftigen Leib Jesu und der Wein in das wahrhaftige Blut Jesu (obwohl das Brot und der Wein Aussehen, Geruch und Geschmack beibehalten), wenn ein geweihter Priester die Worte spricht: „Dies ist mein Leib“ und „dies ist mein Blut“. Diese geheimnisvolle Wandlung wird Transsubstantiation genannt.

66 Ranke-Heinemann: Nein und Amen, s. Endn. 26, S. 167-168.

67 Crossan: Jesus, s. Endn. 57, S. 171.

68 Dawkins, Richard: Der Gotteswahn, 7. Auflage, Berlin 2007, S. 350.

69 Pagels, Elaine und King, Karen L.: Das Evangelium des Verräters, München 2008, S. 16-17.

70 Pagels und King: Das Evangelium des Verräters, s. Endn. 69, S. 34-35.

71 Matthäus beruft sich auf den Propheten Jeremias (Jer 32,6-9), meint aber ganz offensichtlich den Propheten Sacharja (Sach 11,12f.), der von 30 Silberlingen spricht. Jeremia stellt einen ganz anderen Sachverhalt dar und erwähnt zudem nur 17 Silberlinge.

72 Rudolf Bultmann: Synoptische Tradition, S. 288; in: Augstein: Jesus Menschensohn, s. Endn. 77, S. 195.

73 Der Eindruck, dass es sich um eine Kohorte gehandelt haben soll, wird noch von der griechischen Bezeichnung, die das Johannesevangelium für den Anführer verwendet, verstärkt: „chiliarchos". Dieses Wort bedeutet Anführer der Tausend („chilioi", tausend, „archos", Anführer). Einhorn: Das Rätsel von Damaskus, s. Endn. 91, S. 182.

74 Gnilka: Jesus von Nazaret, s. Endn. 39, S. 292.

75 Bruce schreibt: „Der Bericht des Johannes, nach dem die Abgesandten des Sanhedrin von einer „speira" begleitet worden sein sollen ... hat man so verstanden, dass bei der Festnahme auch römische Soldaten anwesend waren, Angehörige einer Kohorte, die in der Antoniafestung Dienst hatte, denn das griechische Wort „speira" ist gleichbedeutend mit dem Lateinischen „cohors", was in Judäa einer Hilfstruppe mit einer Truppenstärke von 760 Infanteristen und 240 Kavalleristen entsprochen haben müsste". F.F. Bruce: New Testament History, S. 195; in: Einhorn: Das Rätsel von Damaskus, s. Endn. 91, S. 182.

76 Bultmann, Rudolf: Synoptische Tradition, S. 290; in: Augstein: Jesus Menschensohn, s. Endn. 77, S. 212.

77 Augstein, Rudolf: Jesus Menschensohn, München 2001, S. 236.

78 Augstein: Jesus Menschensohn, s. Endn. 77, S. 224.

79 Becker, Jürgen: Jesus, S. 427f., in: Augstein: Jesus Menschensohn, s. Endn. 77, S. 225.

80 Eine Verhandlung vor dem Hohen Rat, wie bei Markus geschildert wird, „verstößt in jeder Hinsicht gegen die in der Mischna überlieferten einschlägigen Prozessvorschriften", stellt Professor Wolfgang Reinbold fest.

Als die fünf wichtigsten Verstöße nennt er: Es wird an einem hohen Festtag verhandelt; zur Nachtzeit; im Haus des Hohepriesters; die Verhandlung beginnt mit der Anklage statt mit der Verteidigung; das Todesurteil wird sofort und nicht erst am Tag nach der Verhandlung verkündet. Wolfgang Reinbold: Der älteste Bericht über den Tod Jesu, Berlin 1993, S. 252.

81 Zwei von den Tafeln, die den Tod für den genannten Fall androhen und rings um den inneren Tempelbezirk angebracht waren, sind erhalten geblieben. Die eine befindet sich in Istanbul, die andere in Jerusalem. Josef Blinzler: Der Prozess Jesu, Regensburg 1955, S. 238-240.

82 Bösen, Willibald: Der letzte Tag, S. 218, in: Augstein: Jesus Menschensohn, s. Endn. 77, S. 226.

83 Eine weitere kleine Ungenauigkeit betrifft den Namen des zu der Zeit amtierenden Hohepriesters. Er steht richtig als Kaiphas bei Matthäus und ist in der Apostelgeschichte des Lukas falsch als Hannas erwähnt.

84 Cohn, Chaim: Der Prozess und Tod Jesu aus jüdischer Sicht, Berlin 1997, S. 401.

85 Burchard, Christoph: Jesus, S. 53, in: Augstein: Jesus Menschensohn, s. Endn. 77, S. 218.

86 Augstein: Jesus Menschensohn, s. Endn. 77, S. 229.

87 Reinbold, Wolfgang: Der älteste Bericht über den Tod Jesu, Berlin 1993, S. 262.

88 Vgl. Dtn 21,1-9; Mendelsohn, von: Jesus - Rebell oder Erlöser, s. Endn. 59, S. 71.

89 Gnilka: Jesus von Nazaret, s. Endn. 39, S. 301.

90 Crossan: Jesus, s. Endn. 57, S. 184. Aus einem Brief von König Agrippa I. an Caligula, geschrieben etwa um das Jahr 41, erfahren wir, dass Pilatus „Bestechung, Gewalttat, Räuberei, Misshandlung, Beleidigung, fortwährende Hinrichtungen ohne Urteilsspruch [ausübte] und ... endlosen und unerträglichen Grausamkeiten“ zugetan war“. Philon: Legatio ad Gaium, 302, in: Charles Foster: Die Akte Jesus, s. Endn. 110, S. 131. Auch die nichtbiblischen Autoren Josephus und Philon berichten über Pontius Pilatus Ähnliches. Philon, Legatio ad Caium, S. 38, in: Einhorn: Das Rätsel von Damaskus, s. Endn. 91, S. 195.

91 Einhorn, Lena: Das Rätsel von Damaskus, München 2007, S. 189.

92 Crossan: Jesus, s. Endn. 57, S. 185.

93 Gnilka: Jesus von Nazareth, s. Endn. 39, S. 303f.

94 Bruce, F.F.: New Testament History, S. 203, in: Einhorn: Das Rätsel von Damaskus, s. Endn. 91, S. 186.

95 Crossan: Jesus, s. Endn. 57, S. 185.

96 Einhorn: Das Rätsel von Damaskus, s. Endn. 91, S. 192f.

97 Crossan: Jesus, s. Endn. 57, S. 187.

98 Reinbold: Der älteste Bericht über den Tod Jesu, S. 274, in: Augstein: Jesus Menschensohn, s. Endn. 77, S. 260. Die Erkenntnis, dass Kreuzesinschriften unüblich waren, fußt auf einer 1982 veröffentlichen Arbeit des Münchner Neutestamentlers Heinz-Wolfgang Kuhn über die Kreuzesstrafe. Kuhn fand in antiken Quellen nur vier Belege für Tafeln oder Schilder, auf denen die Schuld von Delinquenten publik gemacht wurde (zwei bei Sueton, je eine bei Cassius Dio und Eusebius), jedoch keinen aus Palästina, keinen aus der Zeit Jesu, keinen mit politischem Hintergrund, keinen, der auf einem Urteil beruhte. Ein Römer ließ im dritten Jahrhundert einen Sklaven, der seinen Sohn auf der Flucht im Stich gelassen hatte, erst mit einer Schuldtafel auf den Marktplatz führen und dann kreuzigen. Ein weiterer Fall ereignete sich bei einem Gastmahl, als Kaiser Caligula den Dieb einer Silberplatte mit abgehackten Händen und einer Schuldtafel seinen Gästen zeigte, ein dritter in einem Zirkus, als ein Todgeweihter das Schild „Dies ist Attalus, der Christ" tragen musste, bei einem vierten rächte sich der Kaiser Domitian für private Beleidigung. Jesusbuch-Autor Becker konstatiert, Kuhn folgend, dass es „in gar keinem Fall eine feste Sitte gab, den Grund einer Bestrafung um den Hals des Verurteilten oder im Falle einer Kreuzigung auch am Kreuz anzubringen". Augstein: Jesus Menschensohn, s. Endn. 77, S. 260/261.

99 Barclay: Matthäusevangelium, s. Endn. 41, S. 156.

100 Seneca, Sen. Ep. 101,14.

101 Augstein: Jesus Menschensohn, s. Endn. 77, S. 263-264.

102 Dieser Ausruf wurde einmal mehr dem Alten Testament (Psalm 22,2) entnommen.

103 Bösen, Willibald: Der letzte Tag des Jesus von Nazaret, Freiburg im Breisgau 1999, S. 292.

104 Johannes gibt als Todestag den Tag des Passahmahls an, die Synoptiker einen Tag später.

105 Tabor: Die Jesus-Dynastie, s. Endn. 1, S. 278.

106 Vgl. Babylonischer Talmud, Traktat Aboda Zara 18a, in: Augstein: Jesus Menschensohn, s. Endn. 77, S. 269f.

107 Zu einer Sonnenfinsternis kommt es, wenn sich der Mond vor die Scheibe der Sonne schiebt. Damit befindet sich der Mond genau zwischen Sonne und Erde, die Sonne beleuchtet also die von der Erde abgewandte Seite des Mondes. Die der Erde zugewandte Seite bekommt also keine Sonne ab, es ist Neumond (www.astronews.com).

108 Fuchs, Ernst: Zur Frage nach dem historischen Jesus, Band 2, S. 37; in: Augstein: Jesus Menschensohn, s. Endn. 77, S. 245.

109 Bultmann, Rudolf: Synoptische Tradition, S. 296, in: Augstein: Jesus Menschensohn, s. Endn. 77, S. 256.

110 Foster: Die Akte Jesus, München 2008, S. 117-18.

111 Als Augustus die Verschwörer inhaftierte, die für den Tod von Julius Cäsar verantwortlich waren, flehte einer von ihnen darum, zumindest anständig begraben zu werden. Die Antwort darauf lautete: „... dies werde in der Macht der Vögel liegen“ (Sueton: Augustus 13,1-2). Als Tiberius sich anschickte, Sejanus und dessen Verbündete im Jahr 31 zu vernichten, wählten manche lieber den Selbstmord statt einer Exekution: „ ... Solche Todesarten legt die Furcht vor dem Henker ebenso nahe wie die Tatsache, dass bei einer Verurteilung das Vermögen eingezogen und die Bestattung verweigert wurde, während diejenigen, die Selbstmord begingen, beerdigt wurden und deren Testamente gültig blieben, zum Lohn für ihre Eile“. Tacitus: Annalen Buch VI., 29; in: Foster: Die Akte Jesus, s. Endn. 110, S. 118.

112 Foster: Die Akte Jesus, s. Endn. 110, S. 133.

113 Foster: Die Akte Jesus, s. Endn. 110, S. 145.

114 Tabor: Die Jesus-Dynastie, s. Endn. 1, S. 279.

115 Foster: Die Akte Jesus, s. Endn. 110, S. 125.

116 „Die Zeit“ vom 10.12.2010.

117 Ranke-Heinemann: Nein und Amen, s. Endn. 26, S. 82.

118 Ranke-Heinemann: Nein und Amen, s. Endn. 26, S. 81f.

119 Lüdemann, Gerd: Die Auferweckung Jesu von den Toten, Lüneburg 2002, S. 46. Die 34 Kilogramm Myrrhe und Aloe hätten einen damaligen

Wert von 30.000 Denaren gehabt, was einem Gegenwert von 600.000 Euro entsprechen würde.

120 Bei der Beerdigung von Herodes dem Großen wurden 500 Diener benötigt, um die Gewürze zu tragen: Josephus: Jüdischer Krieg I, 33.9, in: Foster: Die Akte Jesus, s. Endn. 110, S. 135.

121 Zwei Hypothesen bieten sich an: Die griechische Passage in dem entsprechenden Text lautet: ... litras hekaton ... (Joh 19,39). Fügt man einen Buchstaben hinzu (der beim Kopieren durch einen Schreiber leicht verloren gegangen sein könnte), heißt dieser Ausdruck „hekaston", was die Bedeutung verändern würde zu: „Myrrhe und Aloe, etwa ein Pfund". Es kann auch sein, dass „litra" eine Volumen- statt einer Gewichtsmaßeinheit war (wie in Joh 12,3). In diesem Falle ist das gesamte Volumen auf ungefähr 11 bis 15 Liter berechnet worden. Foster: Die Akte Jesus, s. Endn. 110, S. 154.

122 Der bedeutendste katholische Theologe des 20. Jahrhunderts, der Jesuit Karl Rahner, teilt diese Meinung, wenn er schreibt: „Das leere Grab ist eher als Ausdruck einer schon aus anderen Gründen verbreiteten Überzeugung zu werten, das Jesus lebt". Schriften zur Theologie, Bd. XII., S. 348, in: Ranke-Heinemann: Nein und Amen, s. Endn. 26, S. 188.

123 Der sogenannte „Markusschluss" erscheint nicht in unseren zwei ältesten Handschriften, dem Codex Sinaitius und dem Codex Vaticanus (beide 4. Jahrhundert). Ebenso wenig findet er sich in über hundert armenischen Handschriften, der altlateinischen Übersetzung (Vetus Latina) und der „Vetus Syra". Selbst solche Markushandschriften, die den Schluss aufnehmen, enthalten oft die Anmerkung des Kopisten, dass er in älteren Manuskripten nicht vorkomme.

124 Später wurden dann sogar noch zwei weitere „zusammengedichtete" Schlüsse als kürzere Alternativen zu dieser längeren, mittlerweile traditionellen Version in Umlauf gebracht. Offensichtlich konnte niemand akzeptieren, dass Markus sein Buch so abschloss, wie er es nun einmal getan hatte – es war einfach zu schockierend und zu problematisch für den christlichen Glauben. Tabor: Die Jesus-Dynastie, s. Endn. 1, S. 286f.

125 Die Evangelien führen insgesamt folgende Jesussichtungen auf:

- Maria Magdalena (Joh 20,10-18)
- Den anderen Frauen (Mt 28,8-10)

- Dem Kleopas und einem anderen Jünger (Lk 24,13-32)
- Elf Jüngern und anderen (Lk 24,33-49)
- Zehn Aposteln, wobei Thomas fehlt (Joh 20,19-23)
- Dem Thomas und anderen Aposteln (Joh 20,26-30)
- Sieben Jüngern (Joh 21,1-14)
- Den Jüngern (Mt 28,16-20)

Außerdem war Jesus vor seiner Aufnahme in den Himmel zusammen mit seinen Jüngern auf dem Ölberg (Lk 24,50).

126 Wikipedia, Auferstehung Jesu.

127 Spiegel, Yorick: Der Prozeß des Trauerns. Analyse und Beratung. KT 60, S. 171; in: Lüdemann: Die Auferweckung Jesu von den Toten, s. Endn. 119, S. 141.

128 Parkes, Colin Murray / Robert S. Weiss, Robert S.: Recovery from Bereavement, in: Lüdemann: Die Auferweckung Jesu von den Toten, s. Endn. 119, S. 143.

129 Dies gilt unter der Voraussetzung, dass die Leidensweissagungen Jesu in Mk 8,31; 9,31 und 10,32-34 nicht historisch sind.

130 Kerr, Carol L.: Dreams and Visions of those who Grieve: A Psychological and Theological Approach, in: Lüdemann: Die Auferweckung Jesu von den Toten, s. Endn. 119, S. 143.

131 Renan, Ernest: Die Apostel, S. 70f., in: Lüdemann: Die Auferweckung Jesu von den Toten, s. Endn. 119, S. 152.

132 Dawkins: Der entzauberte Regenbogen, s. Endn. 28, S. 180-181.

133 Bon, Gustav Le: Psychologie der Massen, S. 13f., in: Lüdemann: Die Auferweckung Jesu von den Toten, s. Endn. 119, S. 65.

134 Reuter, Hermann: Geschichte Alexanders des Dritten und der Kirche seiner Zeit III, 1864, S. 105f.

135 Hase, Karl von: Heilige und Propheten, 2. Abteilung. Neue Propheten, 3. Aufl., 1893, S. 171f.

136 Lüdemann: Die Auferweckung Jesu von den Toten, s. Endn. 119, S. 66f.

137 Strauß, David Friedrich: Der alte und der neue Glaube, S. 47, in: Lüdemann: Die Auferweckung Jesu von den Toten, s. Endn. 119, S. 192.

138 Lüdemann. Die Auferweckung Jesu von den Toten, s. Endn. 119, S. 187.

139 Der entsprechende Himmelfahrtbericht bei Markus gehört zu dem unechten Schluss, den wir schon in Kapitel 6 behandelt haben.

140 Ranke-Heinemann: Nein und Amen, s. Endn. 26, S. 207. Die Himmelfahrt passt auch nicht zum übrigen Lukasevangelium: Jesus sagt zu einem der Mitgekreuzigten: *„Heute noch wirst du mit mir im Paradiese sein"* (Lk 23,43).

141 Crossan: Jesus, s. Endn. 57, S. 198.

142 Gnilka: Jesus von Nazaret, s. Endn. 39, S. 154.

143 Barclay: Matthäusevangelium II, s. Endn. 41, S. 293.

144 Berger: Jesus, s. Endn. 46, S. 549-550.

145 Ranke-Heinemann: Nein und Amen, s. Endn. 26, S. 148.

146 Zahlreiche Passagen der synoptischen Evangelien sind erschreckend: *„Lass doch die Toten ihre Toten begraben"* (Mt 8,22); *„Wer sagt „du gottloser Narr" soll ewig in der Hölle braten"* (Mt 5,22). *„Wenn man euch aber in einem Haus oder in einer Stadt nicht aufnimmt und eure Worte nicht hören will, dann geht weg und schüttelt den Staub von euren Füßen. Amen, das sage ich euch: Dem Gebiet von Sodom und Gomorra wird es am Tag des Gerichts nicht so schlimm ergehen wie dieser Stadt"* (Mt 10,14-15; ähnlich Lk 10,10f). *„Der Menschensohn wird seine Engel senden. Sie werden aus dem Gottesreich alle Verführer und alle, die Unrecht tun, aussondern, - sie in den Feuerofen werfen und verbrennen"* (Mt 13,41-13,42). Die ewige grausame Hölle für zeitliche Sünden ist den meisten europäischen Theologen peinlich. Neuere Bibelausgaben enthalten vielfach selbst in umfangreichen Stichwortregistern die Begriffe Hölle und Verdammnis nicht mehr, da sie nicht zum „lieben Gott" passen. Aber die entsprechenden Bibelstellen bleiben bestehen, ohne dass sie, was einer Auflösung der Bibel nahe käme, für überholt erklärt würden. Die EKD-Kirchen vermeiden in der Regel die Höllenlehre, ebenso viele katholische Geistliche. Aber sie ist nach wie vor offizielle katholische Lehre und von Papst Benedikt XVI. bekräftigt. Im Katholischen Weltkatechismus von 1993 heißt es in Nr. 1035: „Die Lehre der Kirche sagt, dass es eine Hölle gibt und dass sie ewig dauert. Die Seelen derer, die im Stand der Todsünde sterben, kommen sogleich nach dem Tod in die Unterwelt, wo sie die Qualen der Hölle erleiden ...". Czermak: Problemfall Religion, s. Endn. 190, S. 312.

147 Es gab etwa 100.000 Hexenprozesse und circa 45.000 Hinrichtungen, von denen wohl 75% Frauen waren. Unbeachtet bleiben bei diesen Zahlen die getöteten Glaubensabweichler. Harris: Das Ende des Glaubens, s. Endn. 152, S. 89.

148 The Percy Anecdotes, zitiert in Swain, Pleasures, S. 181, in: Harris: Das Ende des Glaubens, s. Endn. 152, S. 87.

149 Ranke-Heinemann: Nein und Amen, s. Endn. 26, S. 71-72. Es gibt mit Esther (Esth 8,11 und 9,13) und Debora (Ri 4,4-5,31) noch mehr gewalttätige Vorbilder Marias in der katholischen Mariologie. Diese unterstützten nicht nur die Vernichtung von Einzelpersonen, sondern von ganzen Völkern und Stämmen. So war es kein Zufall, dass frühchristliche Herrscher Maria zur Schutzherrin im Krieg erkoren. Im Mittelalter wurden in ganz Europa zahllose Schlachtensiege auf den erflehten Beistand Marias zurückgeführt. Maria, das Wahrzeichen des Deutschen Ordens, wurde auf der Hauptfahne den Kriegszügen vorangetragen. Die „Marienritter" führten über 200 Jahre lang Vernichtungsfeldzüge, brannten unzählige Dörfer und Städte nieder und zeichneten sich durch Gewalttätigkeit, Hab- und Herrschsucht aus. Wo die Landesherrn den Marienkult förderten, wurde dieser ein identitätsbildender Faktor, besonders in Ungarn, Bayern, Österreich, Frankreich und Polen. Die meisten der noch heute bestehenden rund 180 bayerischen Wallfahrten sind Marienwallfahrten. Bis in den Ersten Weltkrieg hinein zierten Marienbilder die bayerischen Fahnen. Czermak: Problemfall Religion, s. Endn. 190, S. 168-169.

150 Aslan: Zelot, s. Endn. 37, S. 165.

151 Die hebräische Bibel heißt Tanach. Sie hat insgesamt 24 Bücher und besteht aus den drei Teilen: Tora, Nevi'im und Ketuvim. Die Tora umfasst die fünf Bücher Mose, also die ersten fünf Bücher unseres Alten Testaments. Im zweiten Teil, Nevi'im, ist die Schriftensammlung der Propheten zusammengefasst. Hierzu gehören die Bücher Josua, Richter, Samuel und Könige sowie von weiteren Propheten. Sie gehören zum Teil zu unserem Alten Testament. Unter dem Begriff Ketuvim wurden im dritten Teil der hebräischen Bibel verschiedene Schriften gesammelt.

152 Harris, Sam: Das Ende des Glaubens, Winterthur 2007, S. 93.

153 Harris: Das Ende des Glaubens, s. Endn. 152, S. 98-99.

154 Augustinus: De Civitate Dei, XVIII.

155 Harris: Das Ende des Glaubens, s. Endn. 152, S. 98-100.

156 Harris: Das Ende des Glaubens, s. Endn. 152, S. 104.

157 Time: 4.9.2000, in: Ranke-Heinemann: Nein und Amen, s. Endn. 26, S. 96.

158 Für die Juden bedeutet die Beschneidung ein sichtbares Zeichen für die bedingungslose Zugehörigkeit zur jüdischen Glaubensgemeinschaft. Es gibt einen präzisen Kodex: Am achten Tag nach der Geburt hat die Beschneidung zu erfolgen. Sie ist so wichtig, dass sie sogar die Vorschrift, am Sabbat sämtliche Aktivitäten einzuschränken, außer Kraft setzt. Selbst bei Säuglingen, die vor der Beschneidung sterben, führt der Mohel seinen Auftrag aus. Für die Beschneidung wird ein Messer benutzt, das zuvor als Gunstbezeugung unter dem Kopfkissen der Mutter lag. Der Mohel hält den Penis fest, fixiert die Haut, drückt die Eichel zurück und schneidet ohne Betäubung die Vorhaut weg. Nachdem er den Mund mit einem Schluck Wein gespült und den Wein anschließend heruntergeschluckt hat, saugt er das Blut aus der Wunde – die Juden bezeichnen dieses Ritual als Meziza. Laut Talmud darf kein Blut in der Wunde bleiben. Wenn der Mohel dreimal ausgespuckt hat, gibt er dem Kind einen Namen. Michael Onfray: Wir brauchen keinen Gott, München 2006, S. 159.

159 Barclay: Matthäusevangelium II, s. Endn. 41, S. 32-33.

160 Theißen: Der Schatten des Galiläers, Berlin 1986, S. 143.

161 Lüdemann: Die Auferweckung Jesu von den Toten, s. Endn. 119, S. 87. Eingliedrige Taufformeln finden wir in Gal 3,27: „Denn ihr alle, die ihr auf Christus getauft seid, habt Christus angezogen“, siehe auch 1 Kor 1,13; Apg 8,16: „... sie waren nur auf den Namen Jesu, des Herrn, getauft“; Apg 19,5: „Als sie das hörten, ließen sie sich auf den Namen Jesu, des Herrn, taufen“.

162 Theißen: Der Schatten des Galiläers, s. Endn. 160, S. 136.

163 Huf, Hans-Christian: Das Bibelrätsel, Berlin 2008, S. 269.

164 Kessler, Hans: Erlösung als Befreiung, S. 24, in: Augstein: Jesus Menschensohn, s. Endn. 77, S. 185.

165 Mendelsohn, von: Jesus - Rebell oder Erlöser, s. Endn. 59, S. 161.

166 Gnilka: Jesus von Nazaret, s. Endn. 39, S. 154.

167 Verlag Herder: Wer ist in Gottes Namen dieser Jesus, Freiburg im Breisgau 1971, S. 129f.

168 Thiede, Carsten Peter / d'Ancona, Matthew: Der Jesus-Papyrus, Bergisch-Gladbach 2003, S. 251.

169 Thiede / d'Ancona, Der Jesus-Papyrus, s. Endn. 168, S. 256.

170 Lüdemann: Das Unheilige an der Heiligen Schrift. Die andere Seite der Bibel, S. 122, in: Augstein: Jesus Menschensohn, s. Endn. 77, S. 367.

171 Augstein: Jesus Menschensohn, s. Endn. 77, S. 341.

172 Augstein: Jesus Menschensohn, s. Endn. 77, S. 15.

173 Braun: Jesus, S. 104, in: Augstein: Jesus Menschensohn, s. Endn. 77, S. 144.

174 Ratzinger, Joseph Benedikt XVI.: Jesus von Nazareth, Erster Teil, Freiburg im Breisgau, S. 270.

175 Ratzinger: Jesus von Nazareth, s. Endn. 174, S. 272.

176 Ratzinger: Jesus von Nazareth, s. Endn. 174, S. 271.

177 Ratzinger, Jesus von Nazareth, s. Endn. 174, S. 372.

178 So ist zum Beispiel der bekannte Matthäusspruch: *„Richtet nicht, auf dass ihr nicht gerichtet werdet"* (Mt 7,1) direkt von dem Pharisäer Hillel geborgt. *„Kommet her zu mir alle, die ihr mühselig und beladen seid. Ich will euch erquicken"* (Mt 11, 25) ist ein freies Zitat von Jesaja (LXI, 1f). Zur pharisäischen Tradition gehört auch ein Schriftwort des Rabbi Tarphon, was Matthäus umwandelt in: *„Die Ernte ist groß, aber wenige sind die Arbeiter. Darum bittet den Herrn der Ernte, dass er Arbeiter in seine Ernte sende"* (Mt 9,37). Das wohl wichtigste Gebot des Neuen Testaments, das der Nächstenliebe, wird in jüdischen Texten vorweggenommen. Als ein junger Heide sich an den bekannten Pharisäer Hillel mit der Frage wandte, was die Quintessenz der Gesetze sei, erhielt er die simple Antwort: „Was dir unlieb ist, tue keinem anderen an" . Schabbath 31a, in: Mendelsohn, von: Jesus – Rebell oder Erlöser, s. Endn. 59, S. 138f. Dieses Gebot wirkt zudem überzeugender als die übersteigerte Forderung von Jesus: „Liebe deine Feinde". Das Matthäuskapitel 6,25f.: *„Sorget nicht um euer Leben, was ihr essen und trinken werdet, auch nicht um euren Leib, was ihr anziehen werdet. Ist nicht das Leben mehr als Speise und der Leib mehr als die Kleidung. Sehet die Vögel unter dem Himmel an: Sie säen nicht, sie ernten nicht, sie sammeln nicht in die Scheunen, und euer himmlischer*

Vater ernährt sie doch. Seid ihr denn nicht viel mehr als sie?" hat sein Pendant in den Psalmen Salomos V. 9f.

179 Dibelius, Martin: Botschaft und Geschichte, Band 1, S. 223, in: Augstein: Jesus Menschensohn, s. Endn. 77, S. 188.

180 Sanders, Ed Parish: Sohn Gottes, S. 106, in: Augstein: Jesus Menschensohn, s. Endn. 77, S. 196.

181 Augstein: Jesus Menschensohn, s. Endn. 77, S. 329.

182 Stein, Sol: Über das Schreiben, Berlin 2015, S. 366

183 Lüdemann, Gerd: Die gröbsten Fälschungen des Neuen Testaments, Springe 2010, S. 9.

184 Bultmann: Jesus, S. 12, in: Augstein: Jesus Menschensohn, s. Endn. 77, S. 98. Das evangelische Magazin „chrismon" vertritt in seiner Ausgabe 1, 2009, ebenfalls die Meinung, dass Jesus sich nicht als Messias verstanden hat.

185 So der Tenor seines „Briefes an Jesus", in dem er jedwede Überhöhung jenseits aller menschlichen Möglichkeiten verwirft, in: Gerd Lüdemann: Der große Betrug, und was Jesus wirklich sagte und tat, Springe 2008, S. 9-18.

186 Zahrnt, Heinz: Es begann mit Jesus von Nazareth, S. 67f.

187 Katechismus der Katholischen Kirche, Kompendium, 2005, S. 30, Nr. 18.

188 Ratzinger, Joseph und Schönborn, Christoph: Kleine Hinführung zum Katechismus der Katholischen Kirche, S. 23, in: Augstein: Jesus Menschensohn, s. Endn. 77, S. 12.

189 Precht, Richard David: Wer bin ich, München 2007, S. 171-173.

190 Czermak, Gerhard: Problemfall Religion, Marburg 2014, S. 315-316.

191 Czermak: Problemfall Religion, s. Endn. 190, S. 316.

192 Spitzer, M.: Moral und Mord im Namen Gottes? Zusammenhänge, deren Abwesenheit und Aufklärung, in: Nervenheilkunde, 2007, S. 545f., in: Czermak: Problemfall Religion, s. Endn. 190, S. 317.

193 Pagels und King: Das Evangelium des Verräters, s. Endn. 69, S. 64-66.

194 Festinger, Leon: A theory of cognitive dissonance, in: Foster: Die Akte Jesus, s. Endn. 110, S. 284.

195 Das war offenbar kein Ausrutscher von Kardinal Ratzinger, denn in einem Interview, das er der „Die Presse" in Wien im Jahre 1988 gab, legte

er nach und sagte: „Denn die Kirche lebt in letzter Analyse in guten wie in schlechten Zeiten vom Glauben derjenigen, die einfachen Herzens sind", zitiert nach John L. Allen: Joseph Ratzinger, in: Czermak: Problemfall Religion, s. Endn. 190, S. 318.

196 Eine Frage, die ich in diesem Zusammenhang wirklich interessant finde und die auch Albert Einstein beschäftigte, ist, ob Gott – wenn er denn existiert – die Welt auch auf eine andere Weise geschaffen haben könnte. Damit meine ich, ob die Naturgesetze ihm überhaupt die Freiheit einer Wahl zuließen. Wenn Gott durch die Naturgesetze eingeschränkt wurde, dann sind diese mächtiger als Gott – oder sie sind selbst Gott.

197 Deschner, Karlheinz, Kirchenkritiker und Historiker.

198 Precht: Wer bin ich, s. Endn. 189, S. 349.

199 Precht: Wer bin ich, s. Endn. 189, S. 349.

200 Precht: Wer bin ich, s. Endn. 189, S. 350.

201 Precht: Wer bin ich, s. Endn. 189, S. 360.

202 Precht: Wer bin ich, s. Endn. 189, S. 361f.

336 Seiten, Hardcover
Format 14,8 x 21 cm
19,95 € [D] / 20,60 [A]
ISBN 978-3-8288-3583-2

Hubertus Mynarek

Papst Franziskus

Die kritische Biografie

Die Begeisterung für Papst Franziskus scheint kaum Grenzen zu kennen. Seine im Vergleich zu seinem Vorgänger ungezwungene und sympathische Art nötigt selbst Kirchenfernen eine gewisse Bewunderung ab. Und Gläubige wollen in ihm einen Reformator oder gar einen religiösen Revolutionär sehen. Wo bleiben da die kritischen Stimmen?
Hubertus Mynarek bietet mit seinem Buch eine echte Alternative zu den zahlreichen unkritischen Papstbüchern. Ausgehend vom Werdegang Franziskus' fragt Mynarek: Wer ist und woher kommt dieser Papst? Was denkt er und was ist von ihm zu erwarten? Und finden sich bei ihm wirklich Ansätze zu einer Veränderung? Oder ist dieser Papst doch nur ein Kind der Medien und von Wunschbildern, die Gläubige nach der eher spröden Amtszeit von Benedikt XVI. an ihn herantragen?
Mynareks Antworten auf diese Fragen machen sein Buch über Franziskus zu einer spannenden, ehrlichen und echten Alternative zu den vielen Lobeshymnen auf diesen Papst.

Prof. Dr. Hubertus Mynarek war Dekan der Katholisch-Theologischen Fakultät der Universität Wien. Er hatte eine glänzende Zukunft, auch in der Hierarchie der katholischen Kirche vor sich. Es bedeutete einen peinlichen Skandal für die katholische Kirche, als er 1972 als erster Universitätsprofessor der Theologie im zwanzigsten Jahrhundert aus Gewissensgründen aus der katholischen Kirche austrat. Mynarek ist Autor von über vierzig Werken zu einer breiten Palette weltanschaulicher, philosophischer, theologischer, ökologischer und kultureller Themen. Er ist Mit-Herausgeber der renommierten Philosophie-Zeitschrift *Aufklärung und Kritik* und Träger des Sir-Karl-Popper-Preises für Verdienste um die Offene Gesellschaft.